de vijfde revolutie

omdat hersenwetenschap onze wereld gaat veranderen

Lone Frank

Vertaald uit het Deens door
Gerre van der Kleij

Eerste druk, maart 2010
Tweede druk, april 2010
Derde druk, september 2010

Oorspronkelijke titel
Den femte revolution: Fortællinger fra hjernens tidsalder
© 2007 Lone Frank / Gyldendal, Kopenhagen

Nederlandse vertaling
© 2010 Gerre van der Kleij, Zutphen /
Maven Publishing B.V., Amsterdam

www.mavenpublishing.nl

Ontwerp omslag & binnenwerk G2K

ISBN 978 94 9057 401 7 / NUR 770

Inhoud

Hoofdstuk 1

op het spoor van de vijfde revolutie

8   Wat een pijnlijke situatie. De tranen stromen over mijn gezicht, en ik weet zeker dat de aardige man rechts van me dat heeft gemerkt. Ik probeer het vocht uit mijn ogen weg te knipperen, dicht en open en dicht en open, zonder dat het ook maar iets uithaalt. De formaldehydedampen uit de witte plastic emmer voor me blijven mijn slijmvliezen aantasten. Ik wil bij die emmer weg, maar dat kan niet. Ik sta met een stel mensenhersenen in mijn handen – om precies te zijn halve mensenhersenen – en probeer tegelijk om geconcentreerd naar de man te luisteren, die gebaart en uitlegt en deelname verwacht. De hersenen die op mijn gestrekte rechterhand rusten zijn in de lengte doorgesneden en laten hun binnenste zien, met holtes en kronkelende structuren. De manier waarop de gehalveerde kleine hersenen over mijn hand heen bungelen heeft iets ontluisterends.

'Je wilt een boek over de hersenen schrijven, zeg je. Dan kun je maar het beste beginnen, lijkt me zo, door een stel van dichtbij te bekijken. Herken je de anatomie? Laten we even eenvoudig beginnen: die dikke witte band hier is het *corpus callosum*.'

Hersenbalk, ja. 'Deze 200.000 zenuwvezels verbinden de twee hersenhelften. Ik noem ze de Brooklyn Bridge van de hersenen.'

Het is niet voor het eerst dat George Tejada die opmerking maakt, en het zijn niet de eerste hersenen die hij van dichtbij bestudeert. Als bioloog heeft hij de leiding bij het hanteren van weefsels, hier op het Harvard Brain Tissue Ressource Center, de grootste hersenbank ter wereld. Hij heeft persoonlijk de ongeveer driehonderd menselijke hersenen door zijn vingers laten gaan die elk jaar aan de wetenschap worden geschonken, en die hier eindigen in het Mailmangebouw van het McLeanziekenhuis in Belmont bij Boston. George is een tengere man van middelbare leeftijd, gekleed in de vormeloze groene kleren die iedereen kent uit operatiekamers. Zijn peper-en-zoutkleurig bloempotkapsel en zijn afgemeten gebaren geven hem een efficiënte en ondernemende uitstraling, maar zijn Spaanse accent geeft hem een zacht randje. Kortom, een man aan wie men de zorg voor zijn nagelaten organen gerust kan toevertrouwen.

'Dit is de hippocampus.' George steekt zijn hand uit en laat een pink langs een ronding dicht bij de onderkant van de hersenen lopen. 'Die zorgt ervoor dat al je herinneringen bewaard blijven. Zonder hippocampus ben je niemand.'

Theoretisch ken ik de functie van die kleine, gedraaide, worstachtige structuur prima, maar ik heb hem nooit in het echt gezien, dus ik buig me nog dieper over de hersenen. Ik zie niets bijzonders in de beige massa; ik kan eigenlijk alleen maar denken hoe sterk hersenweefsel lijkt op doorgekookte champignons. De sterke damp maakt dat ik een traan laat vallen op de hersenstam. George merkt het niet of doet alsof, keert alleen de hersenen om en nodigt me uit om te komen kijken hoe de wendingen aan de buitenkant, in de hersenschors, veel minder vol zijn dan ze zouden moeten zijn. In plaats van hard opgepompt te zijn, met een bijna glad oppervlak, hebben deze diepe dalen die ze kriskras doorkruisen zoals bij een uitgedroogde walnoot.

9

'Zware atrofie.'

'Alzheimer?'

George knikt, en ik voel me een knappe leerling. Het onverbiddelijke proces van dementie heeft het dierbare weefsel opgelost en een verschrompeld en aangetast orgaan achtergelaten. Deze vrouw, 'de hersenen waren van een oudere vrouw', ooit een goed functionerend mens, is dieper en dieper een duisternis zonder herinneringen binnengegaan, zonder spraak en ten slotte grotendeels zonder bewustzijn. Vanwege die ziekte is ze hier in een witte plastic emmer geëindigd, met als enige identiteit het nummer B6782. De hersenbank verzamelt zieke hersenen om weefselmonsters te kunnen sturen naar onderzoekers over de hele wereld. KENNIS BRENGT GEZONDHEID staat er op de voorkant van alle foldertjes van de hersenbank. Onderzoekers bestuderen veranderingen in het weefsel om erachter te komen wat er gebeurt bij ziekten zoals alzheimer, parkinson, schizofrenie en bipolaire stoornis, of manisch-depressiviteit zoals dit vroeger heette.

'Ik heb het bedrag niet exact in mijn hoofd, maar het kost duizenden dollars om een enkel stel hersenen door alle standaardprocedures te krijgen,' zegt George. Er klinkt professionele trots door in zijn minutieuze uitleg hoe het kwetsbare orgaan meteen na de dood uit zijn voormalige eigenaar moet worden verwijderd en binnen een etmaal in handen van de hersenbank moet zijn. 'Er heeft altijd iemand oproepdienst, altijd.'

'Bel de hersenbank voordat de hersenen worden verwijderd,' schrijft het protocol voor dat wordt gestuurd naar verpleegtehuizen en ziekenhuisafdelingen waar een donor verblijft. 'De dode mag niet worden gebalsemd voordat de hersenen zijn verwijderd, en leg alstublieft de dode zo snel mogelijk in de koeling, in elk geval binnen zes uur nadat de dood is ingetreden. De hersenbank zal u de nodige materialen voor verzending sturen.'

Als de gekoelde hersenen op het McLeaninstituut aankomen worden ze meteen in tweeën gedeeld. In het laboratorium hangen

foto's van een jonge medewerker, Lou, waarop hij met een plexi-
glasscherm voor zijn gezicht en een grote glimlach naar de foto-
graaf een nog bloedig stel hersenen doorsnijdt. 'Zie je dat hij het
mes van beneden naar boven hanteert?' zegt George. 'Dat geeft
zo'n mooie hersenstam.'

De ene helft gaat direct in de diepvries terwijl de andere in formaldehyde wordt geconserveerd. De helften zweven in de dikke
vloeistof in witte plastic emmers, tot ze eruit worden gehaald,
in plakjes worden gesneden en als weefselmonsters kunnen worden
opgestuurd naar onderzoekers die een aanvraag hebben ingediend
die door de hersenbank is goedgekeurd. Bovendien gaan de hersenen door de handen van deskundige pathologen om ervoor te zorgen dat de juiste diagnose is gesteld, en dwarsdoorsneden worden
ingekleurd en beschrijvingen opgesteld. Er komt bijna dagelijks
een stel hersenen binnen, tegenwoordig liggen er bijna zevendui-
zend opgeslagen. De hersenbank bestaat sinds 1978 en levert nog
steeds nieuwe kennis op. Destijds droegen weefselmonsters van
hier bij aan de identificatie van de genetische afwijkingen die bij
de dragers ervan Huntingtons Chorea veroorzaken, een ongenees-
lijke aftakelingsziekte die wordt veroorzaakt door het afsterven
van bepaalde hersencellen. De laatste paar jaar heeft de directeur
van de hersenbank, Francine Benes, het onderzoek op McLean
vooral toegespitst op schizofrenie en bipolaire stoornissen. Door
middel van onderzoek van gedoneerde hersenen heeft ze de hypothese kunnen weerleggen dat de twee ziekten te maken zouden
hebben met afbraak en celdood, en erop gewezen dat ze eerder
worden veroorzaakt door falende verbindingen in de hersenen.

'Ik doe zelf geen onderzoek,' zegt George; het vaste dagelijkse
werk geeft hem genoeg te doen. Hij doet dit al zes jaar, en toch
wordt de omgang met het dode weefsel nooit tot routine. Hij
spreidt zijn armen.

'Ik ben gek op mijn werk en wordt nooit moe erover te vertellen. Mensen raken diep gefascineerd door hersenen, en ik voel

dat zelf nog steeds even sterk. Je kunt niet onberoerd blijven als je weet dat je een persoon, datgene wat die mens echt was, in je handen houdt.'

Hij heeft gelijk. Het is erg moeilijk om niet ontroerd te raken. Toegegeven, er zit een paar rubberhandschoenen tussen mij en de rechterhersenhelft van de oude vrouw, maar je zou haast geloven dat die 700 gram koud weefsel onder stroom stonden. Het is een raar gevoel, een bevend en schokkend en eigenlijk heel onaangenaam gevoel. Totaal onverwacht.

'Je bent biologe!' zeg ik tegen mezelf. 'Je hebt alles ontleed, van regenwormen tot konijnen, zonder één kik. Jarenlang heb je meegedaan met het opensnijden van ratten om hun hersencellen te kweken, en je handen hebben nooit gebeefd. Je vóélde in elk geval nooit wat bijzonders.'

Maar nu is al mijn koele academische belangstelling vervlogen. Hier te staan met de overblijfselen van B6782 brengt me bijna aan het huilen – tranen die niet van de formaldehyde komen. Dunne koude naalden prikken langs mijn ruggengraat in mijn vlees, en diep onder in mijn maag borrelt het zachtjes van de zenuwen. Het is precies zoals George Tejada zegt: ik houd de essentie van een persoon in mijn handen. Deze massieve zeemleerachtige klomp was nog maar een week geleden en een heel leven lang de binnenste kern van een ander mens. Alle gedachten, gevoelens en onbewuste lusten van die mens bestonden uit elektrische impulsen die onophoudelijk heen en weer sprongen tussen het fijn vertakte netwerk van de uitlopers van individuele cellen. Het is net alsof ik een overtreding bega. Het moment is angstaanjagend intiem.

Tegelijk zijn de omgeving en de situatie zo eindeloos proza-isch. De ruimte waarin we staan is bekleed met grijs linoleum en wordt verlicht door witte neonlampen; ze is schoongeschrobd en anoniem en doet denken aan de behandelruimten in een dierenartspraktijk nadat de klanten zijn vertrokken. Aan het plafond hangt een stalen weegschaal zoals bij een slager, langs de wanden staat een rij kasten met glazen deuren, en op een van de tafels ligt een balpen recht naast een geel schrijfblok. Alles is praktisch en doelmatig en zonder versiering. Dit is een werkruimte, en George is de juiste man om mijn gedachten weer bij concrete zaken terug te krijgen.

'Kijk! Dit gebeurt er als je te veel junkfood eet.'

Hij trekt een stomp van een ader tevoorschijn uit de blootliggende onderkant van de hersenen, en die is lichtgeel en past niet helemaal bij het bleke en uitgewassen kleurenpalet van de rest.

'Voel eens hoe hard die is.'

Plichtsgetrouw druk ik met twee vingers op de dikke ader en voel een bijna scherpe hardheid, als van plastic. George keert zich plotseling om, gaat weg en haalt nog een witte emmer uit de hoek, die hij met een knappend geluid opent. Vlug dompelt hij zijn handen in de vloeistof en tilt er een half stel hersenen uit, dat hij naast het ene stel houdt, zodat ik kan zien dat het andere stel groter en meer gevuld is.

'Kijk, zo ziet een vergelijkingsexemplaar eruit.'

Een vergelijkingsexemplaar. Dus een ongeveer normaal orgaan zoals waarmee George en ik nog rondsjouwen. Ik leg de door ziekte geteisterde B6782 terug in de dikke vloeistof en voel een last van me afglijden. Het lijkt alsof George iets wil zeggen, maar hij trekt alleen maar met zijn mondhoeken.

13

'De wereld kan blijkbaar niet genoeg krijgen van hersenen.' De opmerking komt uit de richting van de deur. 'We hebben altijd bezoek. Jij komt uit Denemarken, volgende week dinsdag komt er een groep onderzoekers van het Karolinska Institutet in Stockholm, en de week daarna krijgen we bezoek van de Duitse tv.'

Timothy Wheelock steekt zijn hand uit, en ik pel mijn natte handschoen af. Dokter Wheelock, zoals hij hier genoemd wordt, draagt een kanariegeel hemd en lijkt sprekend op Bill Clinton. Tenminste, voordat dat jongensachtige uiterlijk werd aangetast

door seksschandalen en onderzoekscommissies. De dokter heeft
bij de hersenbank de leiding over de afdeling histopathologie.
Hij zorgt ervoor dat er micrometerdunne plakjes worden gesneden
van bijzonder belangrijke onderdelen van de binnengekomen hersenen, zodat ze kunnen worden onderzocht en er een nauwkeurige
beschrijving kan worden gemaakt en een diagnose kan worden
gesteld. Wheelock geeft ook graag rondleidingen.

'De mensen komen in grote reisgezelschappen. Natuurlijk hebben we voortdurend mensen van de diverse media over de vloer,
maar ook groepen studenten verpleging, en een eindeloze reeks
middelbare scholieren en bibliothecarissen.'

'Bibliothecarissen?'

'Ja, daar hebben we er veel van. Vraag me niet waarom. Maar
middelbare scholieren, die zijn mijn favorieten. Die jongelui willen
dolgraag alles zien wat we hebben, ze vinden het gaaf en tegelijk
een tikje eng. Ze zuigen het in zich op als ik al mijn gekleurde
doorsneden voor ze uitspreid, en het toppunt is een bezoek aan
de opslagruimte.'

De opslagruimte is een soort visioen van de eeuwigheid. Van
vloer tot plafond liggen hier hersenen van alle leeftijden in door-
zichtige tupperware bakken in plakjes en kleine stukken.
Weer terug, naast het microtoomapparaat waar hij zijn plakjes
snijdt, rommelt Wheelock voorovergebogen in een kartonnen
doos en haalt er een handvol rode balpennen uit met het telefoonnummer van de hersenbank. Er zijn ook een paar stickers en een
stel kleine witte rubberhersenen met logo. Het woord Harvard
verdwijnt bijna in de spleet tussen de twee helften. Een pracht-
speeltje voor een kat, lijkt me.

'Tja, ik weet niet goed… Het is vast de bedoeling dat je erin
knijpt als je opgefokt bent, of zoiets. Stresshersenen.'

De kleine folders over donatie zijn openlijk over hun boodschap.

'Een hersendonatie is een kostbaar geschenk aan de neurologische onderzoeksgemeenschap,' stelt een brochure; en een glanzen-

de folder in vertrouwenwekkend lichtbruin belicht de religieuze kant van donatie na het overlijden.

'Veel mensen vinden dit een moeilijke en ingewikkelde beslissing. Het is een beslissing die veel mensen ertoe brengt serieus na te denken over hun diepste opvattingen over de dood; in hoeverre er leven is na de dood, en wat de ziel is.'

Gelukkig kunnen protestanten, katholieken, Grieks-orthodoxen, moslims, joden en boeddhisten allemaal religieuze onderbouwing vinden voor het schenken van hun hersenen aan de wetenschap. Paus Pius XII was al vroeg voorstander van weefseldonatie, en ook zijn opvolgers hebben haar hoog in het vaandel staan. De orthodoxe rabbi Moses Tendler zou hebben gezegd dat orgaandonatie onder bepaalde omstandigheden haast een plicht is. Als je er levens mee kunt redden moet je gewoon over de brug komen. Toch vindt de hersenbank het gepast om te vermelden dat de Jehovah's Getuigen hun volgelingen niet aanmoedigen om organen af te staan.

15

Psychiatrische en degeneratieve ziekten hebben elk hun eigen folder, zoals er ook een is voor donateurs van normale vergelijkingsexemplaren. Achterop staat een formulier waarop iedereen voorlopig zijn belangstelling kan aangeven. 'Als u in hersendonatie geïnteresseerd bent raden we u de volgende stappen aan: 1) Praat erover met uw familie en licht uw huisarts in. 2) Vul het bijgevoegde vragenformulier in en stuur het terug.'

Een postzegel plakken is niet nodig. Toch is het niet gemakkelijk om donoren te krijgen; vooral de 'normalen' weigeren afstand te doen van hun hersenen. De zieken doen minder moeilijk, want de hersenbank heeft goede contacten met patiëntenorganisaties die voorlichting geven en donatie stimuleren. De meeste normale hersenen komen van echtgenoten van zieke donoren. Ik stel me zo voor dat medewerkers bij de hersenbank zich natuurlijk allang hebben aangemeld, maar zowel George als Wheelock zwijgt als ik ernaar vraag. Beide heren lachen wat ongemakkelijk en kijken eerst naar elkaar en dan naar de tafel. Ze hebben er niet echt over nagedacht, zeggen ze, en Wheelocks stem klinkt merkwaardig onzeker.

'Als ik parkinson zou krijgen zou het zeker niet zo raar voelen, maar nu mankeer ik niks. En jij, George?'

'Ik wil het aan mijn familie overlaten. Die moeten tenslotte met het besluit kunnen leven.'

De hersenbank accepteert geen donaties uit het buitenland, omdat het vervoer te lang duurt. Maar als ze Deense hersenen zouden toelaten, zou ik ze dan die van mij geven? Ik heb al een gewoon donorcodicil in mijn portefeuille, zodat ze naar believen bruikbare reserveonderdelen mogen nemen, mocht ik een ongeluk krijgen. Maar met hersenen voelt het anders. Het idee alleen al, dat Timothy Wheelock ze tot in de kleinste onderdelen zal bestuderen en dat George Tejada ze in kleine stukjes zal snijden, in een weckfles zal stoppen en die in de opslagruimte zal zetten. Of nog erger: dat een of andere harteloze journalist ze zal betasten en die ervaring in zijn flutpublicatie zal beschrijven.

Neem mijn lever, mijn nieren, mijn hart, prima, het zijn maar organen. Maar mijn hersenen, dat ben ík! Ik moet bijna de opmerking van Sherlock Holmes beamen: *I am a brain, my dear Watson, and the rest of me is a mere appendage.*

En zo is het ook – het begint me te dagen dat we allemaal waarachtig onze hersenen zijn. Nog niet eens zo lang geleden was er veel discussie over en weerstand tegen harttransplantatie, omdat aan het hart een bijzondere betekenis werd toegekend. Tegenwoordig weten – en voelen – we allemaal dat het hart alleen maar een gespierde pomp is, die kan worden omgeruild als een carburateur in een auto. Maar ziel en hersenen worden zo zoetjes aan bijna als identiek beschouwd.

Vaak wordt gezegd dat de menselijke hersenen het meest complexe object in het universum zijn. Met hun honderden miljarden cellen, die elk tot wel tienduizend gevoelige communicatieverbindingen hebben met andere cellen, zijn de functies van de hersenen een raadsel en worden ze maar heel oppervlakkig begrepen. In veel opzichten zijn de hersenen een grote, onbekende wereld en onze fascinatie ervoor heeft in onze cultuur zo om zich heen gegrepen dat die elke dag ergens opduikt. De media hebben allang ontdekt dat hersenen een fantastisch onderwerp zijn, en ze leveren een gestage stroom aan krantenartikelen, tijdschriftthema's en tv-programma's. In een vrolijke versimpeling worden complexe gevoelens als liefde en jaloezie aan de leek voorgesteld als het logische gevolg van de dans tussen hormonen en signaalstoffen. Of de subtiele verschillen in hersenfunctie tussen mannen en vrouwen worden omgewerkt tot licht onderhoudende kost, waarbij met inzet van populaire presentatoren en grote gebaren voor iedereen wordt vastgesteld dat vrouwen de weg niet kunnen vinden, en dat mannen niet tot empathie in staat zijn.

Ken u zelve. Dat stond boven de ingang van het orakel in Delphi, en meer dan tweeduizend jaar later jagen we nog steeds achter hetzelfde aan. Wie ben ik en wat is een mens, vragen we. Maar we vragen het op een andere manier. Vroeger werd gespeculeerd over cultuur en over een geest, die op een rare manier werd losgekoppeld van het organisme, maar nu worden de fysieke hersenen langzaam maar zeker bron en eindstation voor al onze vragen over de menselijke natuur en ons bestaan.

Wat gebeurt er in de hersenen wanneer we elkaar liefhebben of haten, vragen we. Welke gebieden in de hersenen zijn actief wanneer mensen gokken en een drang voelen naar alcohol of cocaïne? Wat is er mis in de hersenen van zware geweldplegers? Waar zitten de gevoelens, en waar ontstaan gedachten?

De neurologie is de nieuwe filosofie, zeggen sommigen, en ongetwijfeld zijn hersenonderzoek of neurowetenschappen het meest 'hotte' onderwerp waar je je als wetenschapper mee bezig kunt houden en het fraaiste dat je op je businesscard kunt schrijven.

Waarom dat zo is hoorde ik een tijdje geleden de Amerikaanse filosoof Daniel Dennett onder woorden brengen. Dennett was onderweg van de ene interviewafspraak naar de volgende, maar hij had ingestemd met een ontmoeting op het vliegveld van Boston, waar hij me gul onthaalde op een maaltijd met oesters en heel veel witte wijn. Het interview ging over zijn nieuwste boek, *Breaking the Spell* uit 2005, waarin Dennett beargumenteert dat alle religie een natuurverschijnsel is. Er zijn geen goden maar alleen hardnekkige en irrationele ideeën die tussen onze oren zitten. Ideeën die ontstaan als vonkende elektrische signalen tussen hersencellen en die via taal en opvoeding van generatie op generatie worden doorgegeven. Ergens midden in een lange uitweiding stopte Dennett plotseling en zei toen iets wat leek op een profetie.

'De volgende generatie genieën zal zich binnen het hersenonderzoek voordoen. Ooit trok de deeltjesfysica de knapste jonge koppen aan, en daarna DNA en genetica, maar nu zijn het de neurowetenschappen. Simpelweg omdat we daar de grote vragen kunnen beantwoorden.'

De man leek met zijn witte haar en witte baard op het klassieke beeld van een Bijbelse patriarch; hij wees naar mij met zijn oestervork en keek ernstig. Ik probeerde iets slims terug te zeggen, maar aangezien hij zo vriendelijk was geweest om mijn glas witte wijn meerdere keren bij te vullen bleef het bij wat slappe bijval. Niet lang daarna moest ik weer aan het gesprek denken toen ik heel toevallig stuitte op een uittreksel van de essaybundel van Tom Wolfe, *Hooking Up.* Het boek verscheen al in 2000, toen alles nog in het teken van de informatietechnologie stond, maar Wolfe zag toen al de horizon achter het digitale landschap opdoemen.

'Als ik nu student was zou ik, denk ik, de neurologie niet kunnen weerstaan,' schrijft hij. 'Hier vinden we de twee meest fascinerende mysteries van de 21e eeuw: het mysterie van de menselijke geest, en het mysterie wat er met die geest gaat gebeuren wanneer die zichzelf volledig zal leren kennen.'

Nu stromen de studenten inderdaad binnen. De grote prestige-universiteiten, van Harvard en MIT tot Princeton en Cambridge, hebben allemaal allang dure neurologische centra gesticht, met scanners en speciale onderzoeksfondsen. Als de rijke mecenassen van de wereld universiteitssponsor van uitgerekend neurologische centra willen worden, zegt dat iets over hoe 'hot' die richting is. De begunstigde neurologische centra zelf zijn oasen van onderzoek. Plaatsen waar de grootste talenten op dat gebied worden ingekocht en gelegenheid krijgen om op alle niveaus aan hersenen te snuffelen, van het in kaart brengen van genen via het ontdekken van de functie van signaalmoleculen tot aan neuropsychologisch onderzoek van levende mensen.

Een bijzonder interessante ontwikkeling is het feit dat meer en meer andere vakgebieden hun heil zoeken bij de neurologie. Niet alleen psychologen maar ook sociologen, antropologen, religie-wetenschappers en filosofen. Een goed voorbeeld daarvan is de Amerikaanse filosoof Sam Harris, die uit zijn leunstoel is gekomen en zijn ganzenveer heeft omgeruild voor een MRI-scanner. Daarmee doet hij volop onderzoek op basis waarvan hij zich uiteindelijk doctor in de neurologie zal mogen noemen, en toen ik hem onlangs ontmoette en vroeg waarom hij zo radicaal een andere weg was ingeslagen kwam het antwoord prompt en zonder enige aarzeling.

'Oorspronkelijk was ik van plan om te promoveren in de filosofie en me te specialiseren in de filosofie van het bewustzijn. Maar ik werd doodmoe van het luisteren naar filosofen die in cirkelredeneringen over hersenen kletsten. Als ik meer wilde weten over de menselijke geest – over bewustzijn, rationaliteit, geloof en andere aspecten van ons subjectieve Ik, ja, dan was het zonneklaar dat ik meer moest weten over de hersenen.'

Tegenwoordig is hij druk bezig onze collectieve kennis uit te breiden. Harris gebruikt zijn scanner om te onderzoeken hoe begrippen als 'ergens in geloven', 'ontkenning' en 'ergens aan

19

twijfelen' in feite in de hersenen zichtbaar zijn. Hij brengt de betrokken netwerken en circuits van hersencellen in kaart om inzicht te krijgen in welke processen nou precies betrokken zijn bij het ontstaan van een beeld van de werkelijkheid.

Een generatie geleden waren dergelijke vragen ondenkbaar; ze lagen buiten de reikwijdte van de natuurwetenschappen. Neurologie bracht de anatomie van de hersenen in kaart en bestudeerde de ingewikkelde biochemie van de individuele hersencellen, en details van de elektrische signalen die zich tussen cellen verplaatsten. De onderzoekers bogen zich over petrischalen en reageerbuisjes of peuterden aan kleine stukjes losgesneden weefsel. De neurologie was in feite een onderdeel van de fysiologie. Dat ze vandaag op het punt staat te veranderen in de koning der wetenschappen komt door nieuwe technologie.

Het wonderlijke van technieken die beelden opleveren – PET, MRI, SPECT – is dat ze ons rechtstreeks in levende, werkende hersenen laten kijken. Met scanners hebben we een kijkgaatje, of misschien eerder een panoramavenster gekregen naar het denkende en voelende universum tussen onze oren. Scantechnieken maken rechtstreekse vergelijkingen mogelijk tussen enerzijds activiteiten in de hersenen, en anderzijds handelingen, waarnemingen en keuzes, en zelfs zulke abstracte zaken als gedachten, gevoelens en opvattingen. Hiermee hebben we een echte spiegel van de ziel in handen.

Maar hoe staat het met al die nieuwe kennis over de hersenen? Die stortvloed aan kennis uit laboratoria en centra? Vaak lijkt die in eerste instantie esoterisch, kleine wetenschappelijke rariteiten die ronkend worden beschreven in vaktijdschriften en alleen specialisten interesseren. Toch zijn ze relevant voor ons allemaal. We staan namelijk op de drempel van een neurologische revolutie. Of zoals neuroloog Vilyanur Ramachandran van de University of California in San Diego het noemde: de vijfde revolutie. De laatste in de reeks wetenschappelijke tijgersprongen die wereldbeelden omver hebben gegooid en daarmee geestelijke en maatschappelijke vooruitgang hebben veroorzaakt.

Dat gebeurde voor het eerst in het kielzog van Copernicus in de 16e eeuw, toen hij aantoonde dat de aarde niet het middelpunt van het universum was maar slechts een van de vele planeten die onophoudelijk draaien rond een centrale ster, de zon. Dat was een mokerslag voor de toenmalige opvattingen over de wereld. Het universum was Gods schepping en de aarde was, zoals iedereen wist, het middelpunt waarop hij zijn levende schepselen had geplaatst en waar de hemellichamen in betekenisvolle banen omheen moesten draaien. Onze eigen aardkloot op een zijspoor zetten kwam neer op vraagtekens plaatsen bij de grond van het bestaan – de religieuze opvatting van de wereld. Toen zagen we de eerste confrontaties tussen de onderzoekende aard van de wetenschap en de dogmatiek van de kerk. Bovendien konden wetenschappers die de euvele moed hadden te verdedigen wat waarnemingen uitwezen, eindigen door als ketters op de brandstapel te branden.

In de 19e eeuw vertegenwoordigde Charles Darwin de tweede revolutie met zijn theorie dat alle levende wezens afstammen van dezelfde primitieve vormen en zich in miljoenen richtingen hebben ontwikkeld door aanpassing aan een voortdurend veranderende omgeving. Natuurlijk kwamen er woedende reacties van mensen van de kerk, die volhielden dat de mensheid in zijn huidige vorm door God was geschapen. Het idee van evolutie via natuurlijke selectie zorgde ervoor dat de mens zichzelf niet langer kon zien als een bijzonder begunstigd wezen. We waren opgewaardeerde apen.

De volgende schok kwam met Sigmund Freud. Die grote vaderfiguur van de psychologie introduceerde de menselijke geest als een objectieve eenheid die bestudeerd kon worden. Met de ontdekking van het onbewuste prikte hij bovendien de vastgeroeste aanname door dat we ieder afzonderlijk volledige controle hebben over onszelf. Met het duistere onbewuste was de mens niet langer één ondeelbaar zelf maar een wezen met ongekende spelonken en donkere onbegrijpelijke krachten die hun eigen spel speelden, onafhankelijk van de bewuste ratio.

Nog maar een halve eeuw geleden kantelde het wereldbeeld opnieuw. Toen werden centrale ideeën door de DNA-revolutie neergeschoten als illusies. Door hun ontdekking van de structuur van de erfelijkheid legden James Watson en Francis Crick de grondslagen voor de transformatie van biologie in een wetenschap voor ingenieurs. De 20e eeuw werd de eeuw waarin het leven zich niet langer alleen maar ontwikkelde, maar kon worden gemaakt en gemanipuleerd naar de wil en het goeddunken van de mens. Daarmee verloor het leven zelf zijn bijzondere status en werd op zijn eigen manier gelijk aan alle andere materie. Dat schokt ons. Die schok uit zich in het bijna woedende verzet tegen genetisch gemanipuleerde gewassen en levensmiddelen; hij blijkt uit de afkeer van het klonen en uit de lopende strijd tegen stamcelonderzoek op menselijke embryo's van een paar dagen oud.

Met wat voor schok hebben we nu te maken? Tom Wolfe worstelde met de grootste en meest centrale vraag van dit moment toen hij zei: 'Wat gebeurt er met de menselijke geest als hij zichzelf volledig zal leren kennen?'

Wat gaat dat allemaal betekenen? Hoe zal de vijfde revolutie onze kijk beïnvloeden op wat het is om mens te zijn, en op het Zelf? Welke gevolgen heeft dat? Zal het ons persoonlijke leven veranderen en mogelijk zelfs leiden tot bredere maatschappelijke veranderingen?

Hersenonderzoekers ontleden alles wat ons tot mensen maakt en zien klam celweefsel als de oorsprong van alle mogelijke verschijnselen die we tot nu toe als onstoffelijk beschouwden. Daarmee reduceren ze alles uiteindelijk tot een uitwisseling van chemische stoffen, tot elektrische signalen, en tot processen die slaafs basale natuurwetten volgen. Religie wordt een normaal neurologisch verschijnsel genoemd, morele keuzes zijn niet langer uitdrukking van geestelijke ontwikkeling en integriteit van de ziel, maar worden deels verklaard door automatische processen waarvoor een blinde en amorele evolutie in ons de kiem heeft gelegd. Nu is de jacht geopend op de grote Heilige Graal: een verklaring van het bewustzijn zelf, de basis voor de subjectieve beleving van de wereld door het individu.

We zijn onderweg naar wat we het neurocentrisme zouden kunnen noemen. Een manier van denken waarbij we de essentie van het menselijke in de hersenen plaatsen, en waar je hersenen vertellen wie je bent.

Dat vormt een contrast met het DNA-centrisme, dat de laatste tientallen jaren opbloeide. Daarbij ging de aandacht uit naar de erfelijke massa en werd geloofd dat de genetische code een soort afvinklijstje was van de essentie en het potentieel van ieder afzonderlijk mens. De belangstelling voor genen kwam in een stroomversnelling als reactie op de koppige afwijzing in de jaren zeventig van het belang van erfelijkheid en biologie. Die tendens bereikte een hoogtepunt rond de millenniumwisseling en de afronding van het *human genome project*, toen Clinton en Blair live op tv aankondigden dat het 'boek van het leven' nu was ontcijferd. De weg was vrij voor een inzicht in de samenhang tussen genen en organisme, en in het openbaar werd er gesproken over genen 'voor' dit en genen 'voor' dat. Alles, van zin hebben in een peuk tot een ongelukkige voorkeur voor mannen met een neiging tot vreemdgaan, lag in de genen. Daar was uiteraard niet veel aan te doen, want de DNA-combinatie die je in de genetische loterij hebt gewonnen kan niet worden veranderd.

Ik vermoed dat de beweging richting neurocentrisme belangrijk gaat worden voor ons zelfbeeld. Simpelweg omdat de hersenen overduidelijk een oneindig dynamisch systeem zijn dat gewijzigd kán worden. Er zit veel te weinig informatie in onze krap 30.000

23

genen om ervoor te kunnen zorgen dat ze helemaal alleen de ontwikkeling van het netwerk en de communicatielijnen van de hersenen zouden kunnen bepalen. Die amper anderhalve kilo dicht opeengepakte cellen vormen een orgaan dat levenslang en voortdurend verandert. Cellen worden doorlopend nieuw ingericht, en de bruisende stroom indrukken van het leven leidt tot het afbreken van oude communicatielijnen en het aanleggen van nieuwe. Het is haast niet te vatten, maar elke seconde worden er ongeveer een miljoen nieuwe verbindingen gevormd. Daarnaast zijn er meer subtiele processen die ervoor zorgen dat bestaande verbindingen worden versterkt of afgezwakt zodat informatie meer of minder prioriteit krijgt. Dan zijn er nog cellen die doodgaan en feitelijk ook cellen die geboren worden. Een beter begrip van deze kolossale dynamiek, en vooral van wat die te maken heeft met onze gedachten en ons gedrag, betekent natuurlijk ook dat we processen in de hersenen zullen kunnen veranderen. Daarmee kunnen we uiteindelijk het Zelf creëren, de kern van ons eigen individuele Ik.

Nu gaan hersenonderzoekers bestuderen hoe onze leefwijze de structuur en communicatielijnen in onze hersenen verandert. Hoe onze gevoelens, onze gedachten en sociale verhoudingen onze hersenen verder ontwikkelen. Daarmee beweegt de neurologie zich op terreinen die tot nu toe ruim binnen het territorium van de menswetenschappen vielen. Hier wordt het echt interessant. Door het overschrijden van die vastgeroeste grenzen kan die opgesplitste werkelijkheid – de fysieke werkelijkheid binnen in ons waarover de natuurwetenschappen gingen, en de geest of ziel die als onstoffelijk werd gezien en door de menswetenschappen moest en kon worden bestudeerd – eindelijk samensmelten tot een eenheidswetenschap. De vraag is of dat misschien kan bijdragen aan een veel genuanceerder en vooral vollediger mensbeeld.

Als de neurologie de nieuwe filosofie is, maakt dat de neurologen tot de filosofen van deze tijd. Zij kunnen overzien wat er in de laboratoria gebeurt, en zij kunnen aanwijzen welke technieken er uit de experimenten kunnen voortkomen. Bovendien kunnen zij de uitdagingen zien.

Ze beginnen zich dan ook te uiten. In 2004 hoorden we hoe een groep zeer gerespecteerde hersenonderzoekers samen met Nobelprijswinnaar Eric Kandel waarschuwde tegen een toekomst waarin gezonde mensen onder dwang doping zouden moeten gebruiken, in de vorm van medicijnen die normale hersenfuncties vergroten of optimaal maken. Een doping die als noodzakelijk zou worden gezien in een samenleving die hersenen centraal plaatst. In datzelfde jaar schreef een groep Duitse hersenonderzoekers *Das Manifest*, dat richtlijnen voor onderzoek uitzette en opriep tot een maatschappelijk debat over de ontwikkelingen.[1] In zijn boek *The Ethical Brain* uit 2005 pleit de algemeen gerespecteerde neuroloog Michael Gazzaniga ervoor dat kennis over de hersenen zou moeten leiden tot niets minder dan een universele ethiek. Hij besluit: 'Onze soort wil graag in iets geloven, een natuurlijke ordening, en het is de taak van de moderne wetenschap om te ontdekken hoe die ordening moet worden beschreven.'

In het algemeen groeit het besef dat neurowetenschappelijk onderzoek niet langer alleen maar gaat over het begrijpen en genezen van hersenziekten, maar dat het nog veel ingrijpender invloed gaat krijgen. Dat besef bleek toen in 2006 het tijdschrift *Social Neuroscience* uitkwam. In de inleiding tot het eerste nummer schreven de redacteuren Jean Decety en Julian Paul Keenan onder andere het volgende: 'Naarmate de sociale neurowetenschappen zich ontwikkelen zullen ze gegarandeerd onze houding tegenover verantwoordelijkheid en schuld uitdagen, zoals ze ook invloed zullen hebben op sociaal beleid.'

Het wordt tijd om dieper in te gaan op de vraag welke toekomst de wetenschappers zich zien aftekenen. Ik wil graag weten hóé precies de neurologie volgens hen de samenleving zou kunnen beïnvloeden, en wat de gevolgen van die invloed zouden kunnen

25

zijn. Ik wil dat wetenschappers grondig gaan nadenken over hoe de kennis die ze zelf produceren onze gezamenlijke mentaliteit en manier van denken kan beïnvloeden. Ik wil ook dat ze zich uitspreken over de manier waarop die nieuwe kennis concreet zal worden omgezet in technieken.

Ik heb met een groep wetenschappers afgesproken. Het zijn geen willekeurige personen met 'neuro' in hun titel, maar leidende figuren binnen het onderzoek, en mensen die werken aan het verwerven van inzicht in onderwerpen die er werkelijk toe doen. Mensen die vanuit hun onderzoek naar de geheimen van de hersenen vraagtekens zetten bij fundamentele verschijnselen als religie, geloof en moraal. Mensen die onze kijk op verstand en gevoel aan het wankelen brengen door te ontdekken dat rationaliteit en het onbewuste in ons binnenste slaags zijn, en dat de uitkomst daarvan onze kijk op de wereld en onze dagelijkse keuzes bepaalt. Mensen die bezig zijn te ontrafelen hoe een van de meest bepalende en verbluffende eigenschappen van de mens – empathie – ontstaat in een kleine verspreide groep neuronen.

Ik wil ook praten met anderen dan alleen onderzoekers. Want terwijl die bezig zijn met hun academische exercities is elders het omzetten van kennis in commercie in volle gang. In de ene hoek van de arena werkt de reclamewereld aan het afzetten van consumptiegoederen die direct op ons ontvankelijke zenuwstelsel zijn gericht. In een andere hoek proberen ijverige gangmakers om hersenscanners op de markt te zetten als de onfeilbare leugendetectoren van de toekomst. Dat roept allemaal vragen op. Vragen die we hoognodig uit het werkveld van de specialisten moeten halen en moeten uitbreiden tot een algemeen debat. Hersenonderzoek gaat ons allemaal aan, want we staan allemaal aan het begin van de vijfde revolutie.

De hersenen, een ultrakort overzicht

27

'Het meest complexe object in het universum' weegt 1300 gram en bevat honderden miljarden hersencellen – neuronen – die kriskras met elkaar zijn verbonden via honderden biljoenen communicatieverbindingen. De anatomische structuur weerspiegelt in grote lijnen de evolutiegeschiedenis. Onze hersenen zijn een samengesteld geheel waarbij in de loop van de ontwikkeling steeds geavanceerdere structuren over elkaar heen werden gelegd.

Helemaal binnenin zitten onze meest primitieve delen, de kleine hersenen en de hersenstam. Die zorgen respectievelijk voor de basale controle over de bewegingen en voor het op gang houden van de hart- en longfuncties, en samen corresponderen ze grofweg met het reptielenbrein.

het limbisch systeem

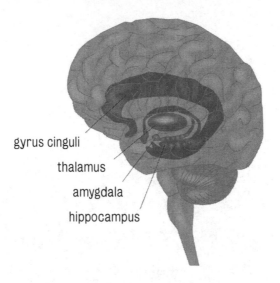

gyrus cinguli

thalamus

amygdala

hippocampus

Tijdens de ontwikkeling van reptiel naar zoogdier kwamen er andere structuren bij, die tegenwoordig boven de hersenstam gestapeld liggen. De binnenste daarvan zijn de basale ganglia, die voornamelijk betrokken zijn bij het regelen en aanpassen van beweging, en daarna komt het limbisch systeem, dat vaak wordt aangeduid als het fundament van ons gevoelsleven. Dit systeem bestaat uit gespecialiseerde structuren zoals de gyrus cinguli, hippocampus en amygdala en ook de thalamus en hypothalamus. Die laatste twee ontvangen signalen van de rest van het centrale zenuwstelsel en reguleren door middel van hormonen basale driften zoals honger, dorst en seksuele opwinding. De hippocampus is verantwoordelijk voor een aantal taken in verband met het

cortex

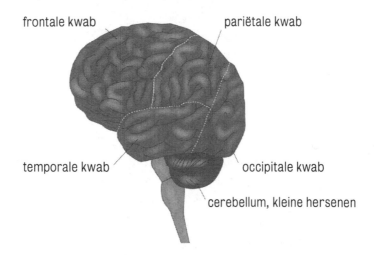

frontale kwab

pariëtale kwab

temporale kwab

occipitale kwab

cerebellum, kleine hersenen

29

geheugen, terwijl de amygdala op verschillende manieren betrokken is bij ons repertoire aan emoties.

Om die opeenstapeling van structuren heen ligt de hersenschors of de cortex – dat karakteristieke gekronkelde oppervlak – en het is daar dat de mens zich werkelijk onderscheidt. Onze cortex maakt maar liefst 80 procent van de gezamenlijke hersenmassa uit, terwijl dat bij bijvoorbeeld ratten maar 30 procent is. De cortex wordt grofweg in vier kwabben ingedeeld: de occipitale kwab achterin, de pariëtale kwab boven op het hoofd, de temporale kwab rond de slapen en oren en de frontale kwab aan de voorkant. De indeling weerspiegelt een zekere werkverdeling en specialisatie, in de zin dat de occipitale kwab het gezichtsvermogen bestrijkt terwijl de overige zintuigen in de pariëtale en temporale kwabben worden bestuurd, die ook verantwoordelijk zijn voor de spraak. Het is hier, in de 'directeur van het brein', zoals de frontale kwab wordt genoemd, dat bewuste beslissingen worden genomen, en elke handeling die een element van keuze bevat ontstaat hier.

De hersenschors heeft twee helften of hemisferen, die anatomisch elkaars spiegelbeeld lijken. Grof gezegd zijn alle onderdelen in een linker- en een rechterversie aanwezig, en de twee hersenhelften communiceren intensief met elkaar via drie massieve zenuwbundels, waarvan de grootste het corpus callosum of de hersenbalk wordt genoemd. Elke hersenhelft controleert de beweging van de tegengestelde lichaamshelft. Wat betreft mentale functies is er een zekere specialisatie: grammaticale taalverwerking en lineaire wiskundige berekeningen vinden bijvoorbeeld bij voorkeur in de linkerhemisfeer plaats, terwijl meer abstracte wiskunde, ruimtelijk inzicht en geluidsaspecten van spraak, zoals intonatie, voornamelijk tot de rechterhemisfeer behoren.

Onze kennis over welke hersengebieden verantwoordelijk zijn voor wat voor soort taken is gebaseerd op talloze onderzoeken door de jaren heen. Onderzoek van personen met specifieke hersenschade en dierproeven hebben een reeks functionele gebieden aangetoond, vooral de cortex, en de verbindingen daartussen in kaart gebracht. Toch is ons inzicht in het functioneren van de hersenen in werkelijkheid nog rudimentair. Met de moderne scantechnieken en experimenten op levende hersenen zijn de mogelijkheden explosief toegenomen voor een meer diepgaand inzicht in het ontstaan van functies via een samenspel van systemen van neuronen en hersengebieden. Onderzoekers staan voor een gigantische klus, en het werk is nog maar net begonnen.

Meettechnieken

PET. **Positron Emission Tomography.** Een scanmethode die de straling van geïnjecteerde radioactieve stoffen meet. Kan bijvoorbeeld het glucoseverbruik van de hersenen meten als indirecte indicatie van de mate van activiteit.

FMRI. **Functional Magnetic Resonance Imaging.** Meet met behulp van radiogolven de doorbloeding van de hersenen, en daarmee de activiteit in de verschillende delen.

EEG. **Electroencephalography.** Meet via elektroden buiten op de schedel elektrische ontladingen van grotere groepen hersencellen of gebieden binnen de hersenen.

31

Hoofdstuk 2

God
op commando

34 Religie heb ik nooit goed begrepen. Zelfs als klein kind was het me een raadsel hoe er zoveel mensen een rotsvast geloof konden hebben in iets waarvoor ze geen enkel bewijs hadden.

Heb je God dan ooit gezien? kon ik vragen. Nee, maar ik gelóóf, antwoordden verder heel verstandige volwassenen. Heb je dan met hem gepraat? Nee, maar ik weet dat hij er is. Oké, als je hem dus ergens om vraagt dan geeft hij dat? Nee, zo simpel is het niet, lieve schat – hier hoorde vaak een klopje op mijn hoofd bij – God is geen automaat, hij heeft een groter plan dat wij mensen niet kunnen begrijpen. Zo is het nou eenmaal, dat moeten we aanvaarden.

Aha. Dat was zwaar te verteren voor een doorsnee zesjarig intellect. Vooral omdat diezelfde volwassenen geen moment eraan twijfelden dat noch de Kerstman noch de tandenfee bestond. Aangezien die twee mijn wensen toch werkelijk vervulden met cadeautjes en munten onder mijn kussen, zaten daar duidelijk meer aardse krachten achter.

De meest gelovige atheïst van Denemarken noemt mijn vader
me als we over religieuze zaken spreken, en minder vriendelijke
gesprekspartners hebben het label 'natuurwetenschappelijke funda-
mentalist' gebruikt. Nu ben ik begonnen aan het soort pelgrims-
tocht dat bij zo'n persoon past. Ik ben afgereisd naar het afgelegen
en weinig charmante Canadese mijnstadje Sudbury voor een religieuze ervaring, opgeroepen met behulp van modern neurologisch
onderzoek. Ik heb een afspraak met professor Michael Persinger,
van de plaatselijke Laurentian University. De professor heeft een
techniek ontwikkeld om bepaalde delen van de hersenen te prikkelen en daarmee een soort mystieke ervaringen op te roepen die
kunnen lijken op religieuze openbaringen of ontmoetingen met
hogere machten.

Zijn oorspronkelijke apparaat, het prototype, wordt de 'helm
van God' genoemd. Het gaat om een doodgewone gele valhelm,
maar dan grondig opgewaardeerd. Van binnen is hij voorzien
van magnetische spoelen, die Persinger en zijn staf ingewikkelde
patronen van zwakke magnetische pulsen laten uitzenden die op
strategisch gekozen delen van de hersenschors worden gericht.
In de loop der tijd heeft de professor van Laurentian meer dan
duizend personen aan zijn experimenten onderworpen, en bijna
acht op de tien personen hebben iets ervaren wat de professor een
'sensed presence' noemt. Een waargenomen aanwezigheid.

De proefpersonen hebben duidelijk en onweerlegbaar het gevoel dat ze samen met 'een ander' of 'iets anders' zijn, ook al zitten
ze moederziel alleen in een hermetisch gesloten en geluidsdichte
kamer. Bij de meeste mensen gaat die ervaring niet verder dan dat,
maar sommigen komen de kamer uit met het verhaal dat ze gezelschap hadden van met naam genoemde religieuze figuren. Dat is
meestal een gestalte uit de religie waartoe ze behoorden. Goede
katholieken zagen een flakkerend visioen van de Heilige Maagd,
moslims vonden de profeet Mohammed, en Canadese indianen
kregen bezoek van met naam genoemde voorouders. Er is zelfs

35

een verslag van een man die meende dat hij geplaatst werd voor het aangezicht van de christelijke God zelve.

Moet je religieuze zaken niet met rust laten, in plaats van erin te roeren? Religieuze gevoelens moet je respecteren, en religie is iets tussen het individu en God, zegt men. Maar dat is een oud cliché, en het klopt niet. Religie is geen persoonlijke zaak maar een strijdperk, en tegenwoordig hét grote moderne strijdperk. We zien die confrontatie bijvoorbeeld in zelfmoordaanslagen, en we horen haar in de retorica van het politiek machtige christelijk rechts in de Verenigde Staten.

Ja maar, de slepende crisis in het Midden-Oosten en die internationale terreurgolf gaan helemaal niet over religie, reageren veel mensen, die gaan over politiek. Natuurlijk spelen elementen van politieke zaken mee, maar daaronder schuilt een fundamenteel verschil. Niet tussen Oost en West of tussen islam en christendom, Israëliërs en Palestijnen, maar tussen twee fundamenteel verschillende manieren om de wereld te verklaren en twee verschillende leefwijzen.

Er is enerzijds de religieuze benadering en anderzijds de natuurwetenschappelijke. Die twee zíjn essentieel verschillend en elkaars tegenpool. Het ene waardesysteem vraagt geloof, kritiekloze aanvaarding en gehoorzaamheid aan geërfde dogma's, terwijl het andere uitgaat van voortdurende nieuwsgierigheid en een behoefte om beweringen en regels te testen. Twee zo duidelijk tegenstrijdige waardesystemen kunnen niet gewoon vredig naast elkaar leven, maar komen onvermijdelijk met elkaar in botsing. Als wetenschappelijke ontdekkingen bijvoorbeeld religieuze dogma's weerleggen, of als standpunten die voortkomen uit interpretaties van heilige geschriften de bewegingsruimte van wetenschap en onderzoek inperken.

We hebben te maken met botsende wereldbeelden, zoals bij de frontale botsing tussen de biologie en de aanhangers van het zogeheten intelligent design, of ID. Intelligent design is een leer die voortkomt uit een christelijke visie dat de wereld door God is geschapen. De voorstanders presenteren ID trouwens als een wetenschappelijk alternatief voor de evolutieleer en de theorieën van Darwin over ontwikkeling via natuurlijke selectie. Ze beweren dat de evolutieleer er onvoldoende in slaagt te overtuigen, omdat sommige verschijnselen en waarnemingen niet te verklaren zijn als gevolgen van toevallige mutaties en natuurlijke selectie. Ze zijn daarvoor te complex.

Het meest populaire voorbeeld van de ID-beweging zijn de flagellae of zweepstaartjes van bacteriën. Dat zijn de kleine eiwitmotoren die in het membraan van bepaalde bacteriën zitten, waar ze een soort staart aandrijven en zo zorgen voor de voortbeweging van de microbe. Dit mechanische wondertje heeft precies die onderdelen die nodig zijn om het te laten werken, niet meer en niet minder. Dat kan onmogelijk vanzelf zijn ontstaan als gevolg van blinde evolutionaire processen. Daar móét simpelweg een intelligente ontwerper achter zitten.

Die ontwerper van de ID-aanhangers ging ooit in een ver begin vrijuit zijn gang en vond een paar heel slimme basisstructuren uit – waaronder die fantastische zweepstaart. Pas daarna werd de schepping tot op zekere hoogte overgelaten aan wat we evolutie noemen.

De aanhangers geven liever geen naam aan die grote intelligentie. Ze praten liever niet rechtstreeks over de christelijke God, maar houden het erop dat er een hogere, werkzame macht is. Maar de werkelijkheid is anders. Barbara Forrest, filosoof aan de Southeastern Louisiana University, heeft in haar boek *Creationism's Trojan Horse* gedocumenteerd hoe de ID-beweging rechtstreeks is voortgekomen uit het vanouds bekende creationisme. Mensen die met de Bijbel in de hand beweren dat de aarde tienduizend jaar geleden werd geschapen, en dat God bij die gelegenheid zes werkdagen uittrok om alle levende wezens in hun huidige vorm in elkaar te knutselen.

Het zenuwcentrum voor de verspreiding van het idee van ID is de conservatieve denktank Discovery Institute in Seattle. Het instituut wordt geleid door evangelische christenen en wordt financieel royaal gesteund door mecenassen en fondsen uit hetzelfde kamp. Die connectie blijkt ook duidelijk uit het langzamerhand beruchte *Wedge Document*, een vrij korte, aanvankelijk geheime intentieverklaring die in 1999 werd achterhaald en op internet gezet.

'De aanname dat mensen naar Gods beeld zijn geschapen is een van de fundamentele principes waarop de westerse beschaving is gebouwd,' staat er in de inleiding. In een andere passage wordt geklaagd over het wetenschappelijke materialisme en wordt het de oorlog verklaard. 'Denkers als Charles Darwin, Karl Marx en Sigmund Freud schilderen mensen niet af als morele en spirituele wezens maar als dieren of machines (…) waarvan het gedrag en de gedachten worden gedicteerd door de onvermurwbare krachten van de biologie, de chemie en de omgeving. (…) De culturele gevolgen van de triomf van het materialisme zijn verwoestend geweest. (…) Het Center for the Renewal of Science and Culture van het Discovery Institute streeft naar niet minder dan de nederlaag van het materialisme en zijn culturele erfenis.'

Er moet een wig worden geslagen in de dikke stam van het rationalisme, gaat het document verder. Dat probeert men vooral te bereiken door ID onderdeel te laten worden van de lesstof van de Amerikaanse onderwijsinstellingen. Lagere scholen hebben de voorkeur als strijdperk, en vooral de staat Kansas staat erom bekend dat de strijdende partijen elkaar regelmatig voor de rechter tegenkomen.

We zijn gewend het conflict te associëren met de Verenigde Staten, maar ook het verder zo wereldse Denemarken kreeg er een voorproefje van toen voorstanders voorstelden om intelligent design te onderwijzen op scholen.

Na die aanvallen begon de wetenschap van zich af te bijten. Onderzoekers verdedigen doorlopend hun werkterrein en hun methodes in openbare debatten, en nieuw is dat ze nu boeken schrijven die erg lijken op polemieken. In 2004 kwam de jonge Amerikaanse filosoof Sam Harris met *The End of Faith*, dat een fenomenale bestseller werd. Aanvankelijk was het moeilijk een uitgever voor het boek te vinden, want het rekende ongehoord agressief af met het verschijnsel religie. Alle religie is strijdig met het verstand en schadelijk voor de samenleving, zegt Harris.

Hij schaamt zich er ook niet voor te zeggen dat sommige religies gevaarlijker zijn dan andere, en noemt de islam als de ergste waar we tegenwoordig mee te maken hebben. Maar in het grootste deel van het boek hekelt hij het christendom en klaagt erover dat de Verenigde Staten blootstaan aan krachtige fundamentalistische bewegingen.

Een jaar na het dynamiet van Harris publiceerde een andere Amerikaanse filosoof, Daniel Dennett, zijn boek *Breaking the Spell*. Het is een wat meer gematigde bijdrage tot het debat, en volgens Dennett zelf een poging om vat te krijgen op religieuze mensen en ze vraagtekens te laten zetten bij hun geloof. Dat doet hij door religie te behandelen als een natuurverschijnsel. Hij opent heel pregnant met het beeld van een mier in een grasveld. Het kleine insect worstelt zich moeizaam naar de top van een grasspriet, om meteen weer op de grond te vallen en opnieuw te beginnen met de tocht. Dat doet het telkens weer. Een voorbijganger die naar het schouwspel kijkt zal tegen zichzelf zeggen dat dat een bedoeling moet hebben, dat de mier iets moet bereiken.

Dat is onjuist. Wat je ziet zijn de gevolgen van het feit dat een parasiet zich in de hersenen van de mier heeft genesteld en de controle heeft overgenomen. De wormachtige *dicrocelium dendriticum* heeft namelijk zijn eigen plan – die wil zich nestelen in de maag van een koe of schaap om daar zijn leefcyclus voort te zetten. Daartoe kaapt hij de mier en dwingt die iets te doen wat hem zelf meer kans geeft te worden opgegeten door een grazende herkauwer. Beslist niet in het belang van de mier, maar nuttig voor de parasiet.

39

Functioneren religieuze ideeën bij nader inzien niet net zo, suggereert Dennett? Omwille van het idee van een eeuwig leven – misschien zelfs met gewillige maagden of harpspel – kan iemand zichzelf opblazen. Zeker niet in het belang van de martelaar zelf, maar misschien wel voor het idee in zijn hersenen?

Ook de Britse evolutietheoreticus Richard Dawkins van Oxford University reduceert religie tot een natuurverschijnsel, in zijn boek *The God Delusion* uit 2006. Het boek heeft vaak een bijtende, sarcastische toon. Ergens omschrijft Dawkins de oudtestamentische god Jahweh als 'het meest onaangename literaire karakter ooit'. Ook betoogt hij dat religie een waanidee is dat alleen niet als een aanval van waanzin wordt gezien omdat genoeg mensen het delen.

Dawkins wordt de beroemdste uit de kast gekomen atheïst ter wereld genoemd, en hij heeft lange tijd openlijk 'gepreekt' voor het afschaffen van elke religie. Daniel Dennett probeerde een paar jaar geleden meer systematisch munitie te verschaffen voor een werkelijk atheïstische beweging door het begrip Bright daarvoor te introduceren. Dennett wees erop dat goddeloosheid de enige factor is die er in de Verenigde Staten onverbiddelijk toe leidt dat iemand niet voor een openbaar ambt wordt gekozen. Een politicus in *God's Own Country* moet een retorica gebruiken die ook religie erbij haalt, en moet een gemeente of parochie als thuisbasis kunnen aanvoeren. Want wie kan een mens zonder geloof vertrouwen? In de laatste jaren hebben diverse enquêtes aangetoond dat Amerikanen atheïsme duidelijk als de ergste culturele 'handicap' beschouwen. Ze geven aan dat ze eerder zouden stemmen op een homo, een zwarte of een vrouw als president, dan op een atheïst.

Hoewel de Brightbeweging tegenwoordig 20.000 leden telt heeft ze geen doorslaggevende invloed gehad, en heeft ze niet veel van zich laten horen. Ook de American Atheists, die met wetgevers in de clinch gaan en de rechten van ongelovigen voor de rechter verdedigen, hebben met hun amper 2500 leden en een jaarbudget van één miljoen dollar niet echt veel macht. Maar er lijkt nu een aanzet te zijn tot een agressievere en meer slagvaardige variant. In elk geval is er in de Verenigde Staten sprake van het nieuwe atheïsme – New Atheism – dat figuren als Dennett, Dawkins en Harris als aanvoerders heeft en dat rechtstreeks en luidkeels de confrontatie met religie aangaat.

'Het wordt tijd dat we kwaad worden, en niet alleen op de islam,' zoals Richard Dawkins tegen *Newsweek* zei. Een van de belangrijkste punten voor Sam Harris is dat er een eind komt aan het taboe op kritiek op religie.

Intussen is de wetenschap begonnen het verschijnsel religie serieus onder de loep te nemen. Dit gebeurt nadat de natuurwetenschappen religieuze zaken lange tijd op veilige afstand hadden gehouden. Ze zijn zogezegd opgehouden de keizer te geven wat des keizers is en Gode wat Gods is. Religie en natuurwetenschappen werden beschouwd als twee wezensvreemde verschijnselen die elkaar niet overlapten en die elk geen recht hadden om iets over de ander te zeggen. Er was een soort wapenstilstand waarin beide kanten beleefd – of in elk geval conflictmijdend – de andere kant op keken en min of meer deden alsof de ander niet bestond. 41

Nu is de zweer opengebarsten en zowel theoretici als empirici melden zich. De darwinisten vormen één richting. Die voeren het bestaan van religie rechtstreeks terug tot evolutionaire mechanismen. Volgens hun opvatting hebben alle mensen in alle bekende culturen religieuze denkbeelden en gedragingen, omdat dat in onze vroegere ontwikkeling een evolutionair voordeel gaf. Dat idee wordt onder andere door de bioloog David Sloan Wilson uitgewerkt in zijn boek *Darwins Cathedral*. Hij benadrukt dat leden van het geslacht 'homo' miljoenen jaren lang en bijna tot in onze tijd in kleine groepen leefden, en dat religie binnen deze groepen samenhang gaf.

Als individuen het samen eens waren over een bepaalde opvatting van de wereld konden ze tegelijk een band met elkaar en een tegenstelling tot 'de anderen' voelen. Dat wil zeggen, groepen die anders aankeken tegen hoe de wereld in elkaar steekt. Volgens die theorie kon die duidelijke identificatie een voordeel geven bij de strijd tegen vijandelijke groepen die een minder hechte gemeenschap vormden. De theorie stelt verder dat groepen zonder religieuze grondgedachten een dergelijke gemeenschapszin niet zouden hebben.

Niet iedereen valt voor dat idee. Sommigen menen dat religie eerder is ontstaan als pure bijwerking van andere evolutionaire processen. Een van hen is Richard Dawkins, wiens hypothese is dat er vroeger evolutionaire voordelen waren bij het hebben van hersenen met een ingebouwd vermogen om zoiets veelomvattends en complex als religieuze opvattingen te scheppen. Religie is met andere woorden ontstaan als evolutionaire 'bijvangst' bij de hoogontwikkelde menselijke intelligentie. Eigenlijk zat de oude Darwin ongeveer op hetzelfde spoor. In *The Descent of Man* behandelde hij religie heel in het kort en beschreef haar als een product van het bewustzijn. Over bloedoffers en ander bijgeloof schreef hij dat 'deze ellendige en indirecte consequenties van onze hoogste eigenschappen kunnen worden vergeleken met toevallige fouten die we soms bij de instincten van lagere diersoorten zien'.[2]

Een van degenen die probeerden een samenhangende verklaring te geven voor het ontstaan van religie als 'bijvangst' is de antropoloog en psycholoog Pascal Boyer van Washington University. Boyer is een van de sterren op het nieuwe vakgebied dat cognitieve religiewetenschap wordt genoemd, en zijn grote bijdrage is een theorie die religie ziet als een opportunistische infectie van onze mentale vermogens. Hij legt dat uit in zijn boek *Religion Explained* uit 2001, waarin hij zich baseert op een breed scala aan waarnemingen uit de religiewetenschappen, de antropologie en de psychologie. Samen wijzen die erop dat het door de manier waarop onze hersenen en psychologie functioneren wel erg gemakkelijk is voor religieuze opvattingen om binnen te komen. Daarbij gaat het niet alleen om religie in strikte zin. Voor cognitieve religiewetenschappers ontstaan Jezus en de Kerstman namelijk op dezelfde manier, en alle ideeën over bovennatuurlijke zaken zijn parasieten die bij wijze van spreken een hele reeks mentale systemen hacken die we gebruiken om de wereld te begrijpen.

Dat zien we bijvoorbeeld bij onze, waarschijnlijk aangeboren, neiging om aan te nemen dat de dingen om ons heen een doel hebben. We hebben een soort mentale doeldetector die ervoor zorgt dat we de wereld automatisch in een raamwerk van betekenissen plaatsen waarbij aan handelingen en gebeurtenissen een doel wordt toegekend. De Amerikaanse ontwikkelingspsychologe Deborah Kelemen heeft dat verschijnsel 'ongebreidelde teleologie' gedoopt. Ze nam het waar bij zowel jonge als wat oudere kinderen. Kelemen vroeg onder andere aan vier- en vijfjarige kleuterschoolkinderen waar verschillende dingen – zowel levende als niet-levende – 'voor waren'. Kinderen vinden die vraag normaal en antwoorden graag. Zo is een leeuw 'bedoeld om in de dierentuin naar te kijken', en een wolk is bedoeld 'om regen te geven'. Als kinderen een boom vinden die geschikt is om in te klimmen, denken ze niet dat die toevallig in de tuin staat, nee, die is door iemand gemaakt en precies daar neergezet om in te klimmen. De kleintjes geven actief de voorkeur aan dit soort verklaringen boven 'volwassen' verklaringen over toeval en fysieke omstandigheden, en ondanks invloed van de wereld van de volwassenen zet deze tendens zich volgens Kelemen voort tot een leeftijd van negen of tien jaar.

Afgezien van hun ongebreidelde teleologie hebben kinderen ook een aangeboren neiging om zich een voorstelling te maken van onzichtbare vrienden die hen volgen, zegt Kelemen. Ze concludeert dat ze vanaf hun vijfde jaar 'intuïtieve theïsten' zijn.[3] Kinderen zijn voorgeprogrammeerd om natuurlijke verschijnselen

43

met bovennatuurlijke oorzaken te verklaren. Het blijkt dat het idee van goden of magische wezens helemaal vanzelf bij drie- tot vijfjarigen opkomt. Onder anderen de antropoloog Jesse Bering van Queens University in Belfast heeft aangetoond dat kleine kinderen intuïtief voelen dat anderen weten dat ze iets verkeerds hebben gedaan, zelfs als dat in een gesloten kamer zonder getuigen was.

Ja maar, dat zijn maar kinderen, kun je zeggen. Dat soort dingen gaat over, wanneer verstand en rijpheid groeien. Dat is tot op zekere hoogte ook zo, maar het punt van de cognitieve religieonderzoekers is nou juist, dat we zelfs als we verstandig zijn geworden nog steeds hulpeloos worden beheerst door psychologische neigingen die in hoge mate afkomstig zijn van wat we onze sociale antenne zouden kunnen noemen. Als sociale diersoort zijn we erop gebouwd om oorzaken bij uitstek in sociale verhoudingen te zoeken. Tegelijk hebben onze hersenen een fantastisch goed ontwikkeld vermogen om andere individuen te begrijpen, om de wereld vanuit hun standpunt te bekijken en om aan anderen motieven en intenties toe te schrijven. Die eigenschap verandert heel gemakkelijk in een intuïtief gevoel dat er dus ook achter alle processen waar we niet meteen een oorzaak voor kunnen zien motieven, intenties en personen – onzichtbare handelende wezens met werkzame krachten – steken. Religieuze voorstellingen sluiten gewoon naadloos aan bij onze manier van denken. Of zoals Boyer het zo mooi zei: religie parasiteert op ons denkvermogen.

Nu storten hersenonderzoekers zich watertandend op dat denkvermogen zelf. Ze zijn met hun elektroden en scanners metingen in de hersenen gaan doen, in een poging om geloof in het algemeen en mystieke, bovennatuurlijke en religieuze ervaringen in het bijzonder te begrijpen aan de hand van wat er in het hoofd van mensen gebeurt. Er is zelfs sprake van neurotheologie als onderzoeksrichting. Neurotheologen hebben het er onder meer over dat er in de hersenen gebieden of netwerken van zenuwcellen zijn die verschillende soorten religieuze ervaringen produceren.

De meest spectaculaire poging is wel die van Michael Persinger, die zelfs probeert om mystieke ervaringen op te roepen door de slaapkwabben te bewerken. Zijn experimenten lopen al vanaf de jaren tachtig, toen hij zijn geluidsdichte kamer C002B inrichtte en zijn nadien wereldberoemde 'helm van God' bouwde. Door de jaren heen heeft hij in samenwerking met een reeks wisselende assistenten een lange reeks artikelen gepubliceerd, soms gebaseerd op klassiek dubbelblind onderzoek. Bij zo'n onderzoek krijgen normale proefpersonen de helm op zonder te weten waar het experiment over gaat, en wordt alleen de helft van hen daadwerkelijk blootgesteld aan magnetische velden.

Persinger werkt vanuit een overkoepelende theorie waarbij hij een reeks op het eerste gezicht verschillende soorten mystieke of 'bovennatuurlijke' ervaringen over één kam scheert en beweert dat die dezelfde oorzaak hebben. Of het nu gaat om schrijvende handen op muren, ontmoetingen met engelen of ontvoering in ruimteschepen uit verre sterrenstelsels, in wezen gaat het om elektrische activiteit in dezelfde delen van de hersenen. Persinger denkt dat er een prototypische beleving bestaat van een 'waargenomen aanwezigheid'. Verschillende mensen werken die beleving vervolgens verschillend uit omdat ze die vanuit een bepaalde culturele, psychologische en persoonlijke context interpreteren.

Michael Persinger is bepaald niet onomstreden, en zijn onderzoek valt niet bij iedereen even goed. Hij onderzoekt de werking van zwakke magnetische velden op weefsel en cellen, vooral hersencellen, en die richting zit, toegegeven, in een wetenschappelijke uithoek. Met andere woorden, niet iets waar ambitieuze academici zich op zullen storten. Er is erg weinig bekend over wat magnetische stimulering doet met afzonderlijke cellen, en nog minder over wat die in de hersenen als geheel losmaakt. Wel bestaat er een toenemende belangstelling voor het gebruik van sterke magnetische velden – de zogeheten TMS of Transcraniële Magnetische Stimulatie – bij behandeling van onder andere depressie. Maar het

45

verschijnsel magnetisme is voorlopig niet iets dat toonaangevende onderzoeksgroepen interesseert of grote fondsen aantrekt.

In 2004 kwam Persinger in botsing – schriftelijk dan – met een Zweedse groep onder leiding van Pehr Granqvist, die tot nu toe als enige geprobeerd heeft Persingers resultaten met de 'helm van God' te herhalen. Granqvist beweert dat de waarneming door een proefpersoon van een aanwezigheid uitsluitend wordt bepaald door hoe psychologisch beïnvloedbaar hij of zij is. Het zijn dus niet de magnetische velden die dat doen. Onzin, schoot Persinger terug, en hij wees erop dat de Zweden zijn apparatuur niet correct hadden gebruikt en dat ze niet dezelfde patronen in de magnetische velden hadden geproduceerd als hijzelf.

De professor in Sudbury is niet de enige die zo'n 'aanwezigheid' tevoorschijn kan toveren. In het najaar van 2006 publiceerde een Zwitsers onderzoeksteam onder leiding van Olaf Banke een opzienbarend artikel in *Nature* waarin een groep patiënten met zware epilepsie werd beschreven bij wie het zieke hersenweefsel moest worden weggeopereerd. Voorafgaand aan de operatie kregen ze elektroden geïmplanteerd om precies af te bakenen hoeveel weefsel de artsen veilig zouden kunnen verwijderen zonder tegelijk vitale functies aan te tasten. Bij inschakeling van de elektroden gebeurde er zo nu en dan iets onverwachts.

Een vrouw bij wie de elektroden aan de linkerkant van de hersenschors waren ingebracht, reageerde bijvoorbeeld door telkens als de artsen de stroom inschakelden over haar rechterschouder te kijken. Ze nam duidelijk een donkere schim waar, die onder haar bed lag en waarvan ze het gevoel had dat die weinig goeds in de zin had. Olaf Blanke merkte op dat het verleidelijk is om wanneer zoiets gebeurt een beroep te doen op het bovennatuurlijke, maar dat er alleen sprake is van een misbaksel van diep uit de hersenen.

Waar Persinger actief belevingen oproept die als religieuze verschijnselen kunnen worden uitgelegd, hebben anderen zich beziggehouden met onderzoek naar wat er gebeurt als mensen zelf religie beoefenen en spiritualiteit beleven. Tot die oude rotten behoort ook Andrew Newberg, die het Center for Spirituality and the Mind van de University of Pennsylvania leidt. Hij heeft onder andere een lange reeks onderzoeken uitgevoerd naar mensen van verschillende geloofsovertuigingen terwijl ze diverse spirituele handelingen uitvoerden.

Een voorbeeld is het spreken in tongen, of glossolalie zoals het in de psychiatrische literatuur wordt genoemd. Daarbij is sprake van een tranceachtige toestand waarbij de spreker een stroom schijnbaar betekenisloze geluiden uitstoot en hij of zij ogenschijnlijk rechtstreeks contact heeft met het goddelijke. Spreken in tongen is al duizenden jaren lang in verschillende religies bekend, en tegenwoordig komt het vooral voor bij charismatische christelijke sekten. Dat geldt in de eerste plaats voor de Pinksterbeweging, waar men het als heel normaal beschouwt als gemeenteleden in de loop van een dienst, flink aangevuurd door gezang en gezamenlijk gebed, uitbarsten in onverstaanbaar koeterwaals.

47

Het was dan ook in een van de Pinkstergemeenten van Philadelphia dat Newberg en zijn assistenten proefpersonen voor hun experiment vonden. Vijf ervaren vrouwen meldden zich aan en waren bereid om deels psalmen te zingen en deels in tongen te spreken en daarbij in een SPECT-scanner te gaan liggen om hun hersenactiviteit tijdens die bezigheden te laten meten. Eerst werd getest of de vrouwen geen psychiatrische stoornissen hadden, en toen dat achter de rug was begonnen ze een uur lang gospels te zingen. Direct daarna werden ze een half uur lang gescand, omdat de onderzoekers de hersenactiviteit tijdens het zingen wilden vergelijken met die tijdens het spreken in tongen. Dat laatste gebeurde na het zingen. De vrouwen werden uit de scanner gehaald en naar een aangrenzende ruimte gebracht, waar ze begonnen met nog meer zang, maar al snel overgingen tot het spreken in tongen. Toen ze dat vijf minuten hadden gedaan werden ze weer teruggebracht naar de scanner.

De beelden van hun hersenen onthulden dat het spreken in tongen, vergeleken met gewoon psalmengezang, leidde tot meer activiteit in de pariëtaalkwabben achter in de hersenen, terwijl de activiteit in de beide frontale kwabben aanzienlijk afnam.[4] Zoals Newberg na afloop in *Science* schreef: 'Dat deel van de hersenen dat normale mensen laat voelen dat ze de zaak in de hand hebben, was grotendeels stilgelegd.'

Interessant genoeg zijn de veranderingen bij het spreken in tongen grofweg het tegendeel van wat er gebeurt als mensen zich in een religieuze meditatieve staat bevinden, iets waar Newberg eerder naar heeft gekeken. Hij heeft namelijk eerder SPECT-scanners gebruikt om de hersenactiviteit te meten bij zowel mediterende Tibetaans-boeddhistische monniken als bij biddende katholieke franciscaner nonnen. Hij beschreef hoe hun oefeningen werden gevolgd door een karakteristiek patroon van hersenactiviteit, dat mooi aansloot bij de belevingen die de beoefenaars zelf meldden.

Erg opvallend was het verschil in hersenactiviteit bij een monnik voor en na diepe meditatie. Terwijl de scannerbeelden voor de sessie een kleurenpalet van rood, oranje en geel lieten zien – dat wil zeggen hoge activiteit – ontstond er tijdens meditatie een duidelijke blauwe vlek. De activiteit in de linker posterieure superieure pariëtaalkwab verminderde drastisch. De pariëtaalkwab houdt zich onder meer bezig met ruimtelijke oriëntatie. Hij integreert een grote hoeveelheid zintuiglijke informatie en vormt voorstellingen van de omgeving, zodat we ons daarin kunnen bewegen. Volgens Newberg sluit dat naadloos aan bij de waarneming dat mediterende en biddende mensen zich 'één met het universum' voelen wanneer er minder gaande is in de pariëtaalkwab. Wanneer die geen zintuiglijke indrukken van de omgeving verwerkt zal dat voelen alsof er buiten niets is – je versmelt met al het andere.

Newberg zelf omschreef die blauwe pariëtaalkwab als 'een foto van God', en van tijd tot tijd hebben de media het over een 'God-module', de '*God Spot*' en dergelijke. Maar recenter onderzoek duidt erop dat dat te simpel is. Het is niet voldoende om alleen een groep zenuwcellen te kietelen, alsof er een knop is waar je op kunt drukken. Mario Beauregard van de Université de Montréal heeft in elk geval aangetoond dat mystiek-religieuze ervaringen een beroep kunnen doen op grote netwerken van hersengebieden. Beauregard, die zijn onderzoek classificeert als 'spirituele neurologie', onderzocht eind 2006 een aantal karmelietessen, die in een functionele MRI-scanner (fMRI) werden gelegd en vervolgens *unio mystica*, eenwording met God voelden terwijl er metingen werden verricht.[5] De scanner, die de mate van doorbloeding meet als een indirecte indicatie van hersenactiviteit, liet zien dat er bij de nonnen verhoogde activiteit was in een aantal verspreide gebieden die betrokken zijn bij gezicht, gevoel, lichaamsbewustzijn en bewustzijn van het eigen Ik.

Geavanceerde scanners zijn het lievelingsspeelgoed van de moderne tijd, maar de verankering van geestelijke ervaringen in kleverige hersenkronkels gaat verder terug dan de uitvinding van die dure ijzerwinkel. Psychiaters waren er al tientallen jaren bekend mee dat patiënten met zogeheten temporaalkwabepilepsie een neiging tot intense religiositeit hebben. Daarbij gaat het niet om epilepsie zoals we die normaal kennen, met patiënten die bewusteloos raken en stuiptrekkend omvallen, maar om een aanval die zich uit als een sterk plaatselijke elektrische activiteit in de pariëtaalkwabben van de hersenen. Dat zijn de delen van de hersenschors die lopen vanaf de slapen tot vlak achter de oren.

Een van de eerste professionals die het verschijnsel systematisch begon te onderzoeken en beschrijven was de (inmiddels overleden) Amerikaanse neuroloog Norman Geschwind, die in de jaren zestig en zeventig een klassieke reeks artikelen publiceerde. Hierin beschreef hij onder andere hoe patiënten een karakteristieke 'epileptische' persoonlijkheid ontwikkelen, die is doordrenkt van religiositeit. Er is zelfs sprake van 'hyperreligiositeit', een karaktertrek die al deze mensen gemeen hebben maar die verschillend tot

uiting komt, afhankelijk van waar men woont. In de Verenigde
Staten, waar het religieuze aanbod groot is, gebeurt het vaak dat
patiënten met temporaalkwabepilepsie in hoog tempo van het ene
geloof naar het andere overstappen. Een niet gering aantal van
hen werkt als lekenprediker.

Naast hun opmerkelijke persoonlijkheid hebben ze ook religieuze 'aanvallen'. Neuroloog Vilyanur Ramachandran van de
University of California in San Diego beschreef hoe een kwart van
zijn patiënten met temporaalkwabepilepsie het had over overwel-
digende religieuze ervaringen. Terwijl die ervaringen optraden
was er tegelijk op een e.e.g. epileptische activiteit te zien. Het
kon gaan om intense belevingen van gelukzaligheid en extati-
sche gevoelens van eenwording met het goddelijke. Ook konden
de ervaringen het karakter hebben van echte openbaringen met
zowel visuele als auditieve hallucinaties. Constante factoren waren
dat het besef van tijd en plaats verdween wanneer de activiteiten
aan de gang waren, en dat vrijwel alle patiënten hun belevenissen
subliem noemden.

Door de brieven van de schrijver Fjodor Dostojevski te lezen
kun je een indruk krijgen van hoe subliem dat is. Dostojevski was
zelf epilepticus, en in een beschrijving van een aanval schreef hij
aan een vriend: 'Ik weet niet of het een minuut, een uur of een
maand duurde. Maar ik weet dat ik de rest van mijn leven zou
willen geven om het opnieuw mee te maken.'

Ook in zijn fictie put Dostojevski flink uit zijn ervaringen;
hij leed aan zowel de stuipaanvallen van de klassieke grand mal als
aan wat later zou worden gediagnosticeerd als temporaalkwabaan-
vallen. In zijn romans komen meerdere epileptische personen met
religieuze visioenen voor. Vorst Mysjkin uit *De idioot* is een prachtig voorbeeld, en ook de middelste van de gebroeders Karamazov,
Ivan Fjodorovitsj, doet goed mee.

De meeste religieuze mensen zullen daartegen inbrengen dat
er veel meer bij religiositeit komt kijken dan visioenen en openba-

ringen, en het overgrote deel van de gelovigen belijdt zijn geloof zonder ooit overdonderende spirituele ervaringen te hebben gehad. Dat is natuurlijk juist. Maar tegelijk zijn die overdonderende ervaringen cruciaal geweest voor de religiegeschiedenis, vooral omdat verhalen over de ervaringen van sommigen in vrijwel alle geloofsovertuigingen centraal staan.

We hoeven maar te kijken naar enkele van de personen die religies hebben gesticht en hervormd. Zoals bekend kreeg de profeet Mohammed de hele Koran rechtstreeks van Allah gedicteerd via openbaringen, en gebruikte hij die om de islam te stichten. De apostel Paulus werd onderweg naar Damascus door visioenen tegen de grond geslagen en begon spoorslags het christendom te organiseren tot een echte kerk. In India kreeg Boeddha een visioen en stichtte het boeddhisme. Uit een meer recente tijd kunnen we Joseph Smith noemen, de stichter van de mormonenkerk, die werd aangespoord door een paar buitengewoon interessante belevenissen. Hij ontmoette meerdere keren een engel, Moroni, en bouwde zijn sekte op rondom een gestage stroom openbaringen. Dat rechtstreekse contact met God was zó belangrijk, dat de mormonenkerk nog steeds verdeeld is over de traditie dat belangrijke kerkelijke beslissingen alleen kunnen worden genomen in het licht van relevante openbaringen die de hoogste kerkelijke leiders ontvangen.

Bemoeizieke neurologen hebben zich in de loop der tijd beziggehouden met postmortale diagnoses van bekende religieuze personen, en veel van die personen hadden ervaringen die opvallend goed passen bij de diagnose temporaalkwabepilepsie. Anderen vonden God nadat ze een klap op hun hoofd hadden gehad. Zo wordt bijvoorbeeld beschreven hoe Ellen White, die de kerk van de zevendedagsadventisten stichtte, als negenjarige een hersenbeschadiging opliep die haar persoonlijkheid ingrijpend veranderde. Tegelijkertijd begon ze grote religieuze visioenen te krijgen.

51

Een ontmoeting in een geluiddichte kamer

'Wie probeert mystieke ervaringen te begrijpen zonder ze zelf te hebben gehad is als een eunuch die probeert om seks te begrijpen,' zei de Amerikaanse wetenschaps- en religiejournalist John Horgan eens. Misschien heeft hij gelijk, ik weet het niet. Zelf heb ik nooit iets meegemaakt dat mystiek genoemd zou kunnen worden, maar nu sta ik hier aan de rand van Sudbury, klaar om het een kans te geven.

Hier ligt de kleine groep gebouwen van de Laurentian University, afgezonderd en door bomen omgeven. De kleine campus is bijna een plattelandsidylle, met de felle gele en rode kleuren van de herfstbladeren, het spiegelende meer waar je op uit kijkt, en de stilte. Een academische oase. Ik loop erheen, een wandeling van veertig minuten langs de B-weg, en niet één auto rijdt voorbij. Het is vrijdagmiddag, maar Persinger heeft me gewaarschuwd dat alleen de weekenden beschikbaar waren als ik een beroep wilde doen op zijn tijd en aan een experiment wilde deelnemen. Op werkdagen bevindt de professor zich alleen op godsonmogelijke tijdstippen 's avonds en 's nachts op de universiteit, wanneer zijn medewerkers naar huis zijn.

Overdag heeft hij namelijk een neuropsychologische praktijk waar hij patiënten behandelt en ook het geld verdient dat zijn onderzoek betaalt. Ooit, in de jaren tachtig, kreeg hij tienduizend dollar van een particulier die was geïnteresseerd in het effect van magnetische velden op de hersenen, en er kwam ook wel eens een kleine beurs van een particulier Canadees fonds. Maar afgezien daarvan heeft de professor zelf zijn werk in het laboratorium gefinancierd, terwijl de universiteit alleen zijn salaris en de standaard infrastructuur leverde. Dat klinkt haast als de gentlemen-geleerden uit de 18e eeuw, die als vanzelfsprekend hun eigen vermogen gebruikten ter bevordering van de wetenschap. Bij hedendaags onderzoek is het echter volstrekt ongehoord.

'Ja maar, dat ís het ook!' benadrukte Persinger, toen ik hem voor het eerst opbelde om te bedelen om toegang tot zijn laboratorium. 'Maar op die manier ben ik helemaal onafhankelijk. Ik kan natuurlijk overheidstoelagen aanvragen, maar die stellen allemaal bepaalde voorwaarden aan hoe je die mag gebruiken. Wat je wel en wat je niet mag onderzoeken. Tegenwoordig, nu er steeds meer politiek komt kijken bij onderzoek, wordt de bewegingsruimte van onderzoekers meer en meer ingeperkt.'

Lang niet alle plaatselijke bobo's zijn er even enthousiast over dat Michael Persinger zomaar experimenten doet die religie tot een interessant elektrisch artefact verklaren. Dat zou immers wel eens aanstoot kunnen geven. Maar Persinger is het soort man dat bevelen van bovenaf niet klakkeloos aanneemt. De reden dat hij als Amerikaan, geboren in Florida, überhaupt is afgedwaald naar het koude Canada is dat hij destijds weigerde om als dienstplichtige naar Vietnam te gaan.

'Professor Persinger is altijd bereid om zijn opvattingen openlijk te verdedigen,' vertelt Vivien Hoang, die me op parkeerplaats 4 is komen ontvangen. Juffrouw Hoang, wier voorouders trouwens vanuit Vietnam naar Sudbury zijn gekomen, is promovenda en lid van Persingers team van twaalf mensen.

'Sudbury is een kleine plaats en erg conservatief,' legt ze uit. 'Professor Persinger is ongetwijfeld de beroemdste academicus die we hebben, en het bestuur aarzelt niet om hem als reclame voor de universiteit te gebruiken als het in hun kraam te pas komt. Maar in het dagelijks leven maken ze het hem en de hele groep moeilijk vanwege het onderzoek naar religieuze zaken.'

De groep blijkt in een donkere kelder te huizen. Onderweg door een labyrint van gangen passeren we drie van Viviens medestudenten, onherkenbaar in hun schorten en maskers, terwijl ze achter openstaande deuren een aantal proefratten ontleden.

'Dat is onderzoek naar kanker,' legt Vivien uit. Een van de bedekte figuren zwaait met een scalpel in zijn hand vanuit de kamer.

53

Om de hoek hangt een reclameposter van de universiteit, met een grote foto van Michael Persinger op een witte achtergrond. Hij heeft een stel hersenen in zijn handen, en het onderschrift luidt: *What are you thinking?* We lopen er langs en slaan scherp rechts af, een ruimte in die het kloppende hart van het werk van het team blijkt te zijn, het gemeenschappelijke kantoor waarin wordt rondgehangen, gelezen, geschreven en gedebatteerd. De hele technische inventaris bestaat uit een computer en een koffiezetapparaat, de rest is papier. Boeken, tijdschriften, stapels gegevens, anatomische tekeningen van hersenen en aan de muur een verzameling krantenknipsels met artikelen over Michael Persinger. In een hoek achter de deur is een wastafel, rondom langs de wanden zijn kasten en schoolborden, en in het midden een grote ronde tafel.

De sfeer is ontspannen en tegelijk uitgelaten. Net als in de keuken van een studentenflat wordt elke nieuwkomer snel opgenomen in de losse conversatie. Een paar medewerkers zijn bezig zich voor te bereiden voor het jaarlijkse congres van de Society for Neuroscience, vlak om de hoek. Er is binnen het team van alles gaande, maar nu is er niemand die werkt met de helm en de mystieke ervaringen. Iedereen die dat wel deed is net afgestudeerd en de wijde wereld in getrokken.

Vivien heeft de helm nog nooit uitgeprobeerd maar wil ontzettend graag. Paul Whissell, een jongeman met lang donker haar die bijna klaar is met zijn promotie, heeft een paar jaar geleden aan één experiment deelgenomen, maar kwam er later achter dat hij in de controlegroep zat, die geen magnetische impulsen door hun hersenen gestuurd kregen. Aan de ronde tafel gonst het van de verhalen over de ervaringen waar iedereen over heeft horen vertellen.

'Ik hoorde iemand zeggen dat ze voelde dat haar kat daarbinnen zat.'

'Sommigen beleven angstaanjagende dingen, maar anderen zeggen dat het heerlijk is. Wit licht en dat soort dingen.'

'Er was een keer een Japanse dame bij wie na afloop de tranen over de wangen stroomden, terwijl ze er in het Japans op los praatte. Ze vertelde dat het absoluut subliem was geweest.'

'Hallo!' Iedereen houdt zijn mond als Persinger binnen komt stuiven. Hij is gekleed in een trenchcoat en een krijtstreeppak met vest en horlogeketting. Hij is een gemoedelijke heer van tegen de zestig met golvend grijs haar en een stalen brilmontuur, en hij ziet er veel opgewekter en hartelijker uit dan op de paar foto's die op internet staan.

'Aha, ons bezoek uit Denemarken? Welkom. Ik heb het helaas de rest van de dag druk met vergaderingen, maar praat vooral verder met mijn studenten.'

'Maar de helm dan?'

'We hebben voor morgen een afspraak. We zetten je om zes uur in de kamer, maar eerst moet je worden getest, dus zorg dat je om drie uur hier bent.'

Dan is hij weer weg.

De volgende dag klokslag drie 's middags stapt de professor weer het gemeenschappelijke kantoor binnen en vraagt me hoe laat ik die ochtend ben opgestaan. Ongeveer half acht, antwoord ik, en hij kijkt op de wandklok en mompelt 'Uitstekend, uitstekend.' 'Dat komt dan mooi uit, we zetten je rond zes uur in de kamer.' Eerst moeten er nog wat psychologische tests worden afgewerkt, en Persinger laat me achter met een paar vragenlijsten die ik moet invullen. Er zijn bijna vierhonderd vragen waarop ik 'ja', 'nee' of 'weet niet' moet antwoorden.

Allereerst wil de test weten of ik graag tijdschriften over techniek lees. Nee, dat doe ik beslist niet. Verderop gaan de vragen erover of ik denk dat mensen achter mijn rug om over mij praten,

55

en of ik altijd in het openbaar mijn mening geef of dat ik liever
blijf zwijgen. In een andere vragenlijst wordt me gevraagd of ik
geloof in de wederkomst van Christus, of ik naar de kerk ga, en
of ik vaak het gevoel heb buiten mezelf te treden.

Aha, een persoonlijkheidstest en een test over religieuze en
spirituele neigingen. Met frisse moed begin ik aan mijn taak.

Hoort u wel eens stemmen? Ik kruis het vakje met 'nee' aan, maar
bedenk dat dat bepaald niet komt omdat ik het niet zou willen.
Als klein kind van een jaar of vier, vijf wilde ik maar al te graag
stemmen horen. Mijn moeder was toen verpleegster in een psychi-
atrisch ziekenhuis, en bij het middageten waren de gesprekken rijk
gekruid met verhalen over wat de krankzinnigen op haar afdeling
deden en verzonnen. Het was allemaal enorm inspirerend, en het
leidde ertoe dat ik mezelf telkens weer in de badkamer opsloot in
de hoop dat ik in die stilte mystieke innerlijke stemmen zou horen.
Maar er was nooit iemand die wat zei.

Heeft u ooit deelgenomen aan ongebruikelijke seksuele activiteiten?
Neen! Snel maar verder.

Is wat uw vader doet altijd juist? Hier aarzel ik eventjes. Dat moet
iets te maken hebben met vertrouwen in gezagsfiguren. Ondanks
al mijn goede wil moet ik toch antwoorden met 'nee'.

'Klaar? Dan neem ik de papieren mee.'

Linda St. Pierre is een jonge psycholoog, universitair docent
en Persingers vaste medewerker bij projecten die met de helm te
maken hebben. Ze neemt me door de keldergangen mee naar het
laboratorium waar het allemaal zal gaan gebeuren. Eerst wringen
we ons door een klein voorportaal, dat om een of andere reden
vol staat met papier. Artikelen, boeken, alle mogelijke tijdschriften, sommige weggeslingerd en opengeslagen. Achterin, door een
kleine verbindingsgang, ligt een kamer met een hoog plafond die
doet denken aan een uitdragerij. In elk geval krijg ik het vreemde
gevoel dat ik enkele tientallen jaren terug in de tijd ben gestapt.
Het interieur is een wonderlijke mengelmoes van de jaren vijftig,

zestig en zeventig. Iemand lijkt een verzameling te hebben aange-
legd van het meest vreselijke uit die tijd. Het kamerbrede tapijt is
een onbestemde kleur bruin, en in het midden staan drie kleine,
bij elkaar geschoven metalen bureaus van een lomp ontwerp.
Daarop staat een schemerlamp, die gezelligheid verspreidt.

'Die heb ik meegebracht,' zegt St. Pierre, die het monster uit
de jaren zeventig dat er jarenlang stond niet kon verdragen.

'Echt gezellig,' antwoord ik. Tot helemaal hoog aan het plafond
zijn de boekenkasten langs alle wanden volgestapeld met donker-
bruine archiefdozen, en op de lagere schappen vechten diverse
spulletjes en voorwerpen om een plek. Ik bekijk met enige aandacht een e.e.g.-apparaat dat rijp lijkt voor een museum. Ik krijg
te horen dat het veertig jaar oud is maar dat het werkelijk feilloos
werkt, ja, dat het zelfs betrouwbaarder is dan de moderne versies.
Je hoeft er alleen maar voor te zorgen dat de schrijfstiften worden
bijgehouden.

Aan de muur naast de deur – die zelf in een licht instituuts-   57
groen is geverfd – hangt zomaar pardoes een decoratie. Een
tekening van een vaas met bloemen, gemaakt met kleurkrijt. Hij
hangt scheef, en ik kan de handtekening niet ontcijferen. De enige
andere versiering bestaat uit een half dozijn diploma's met in zwie-
rige letters de naam Michael Persinger erop gedrukt. Er hangen
een doctoraalbul, een vergunning als klinisch psycholoog en nog
een paar andere. In een houten doosje staat een verzameling geur-
flesjes, waarschijnlijk voor experimenten met zintuigen. Ik loop
stilletjes rond als Linda plotseling vanuit een aangrenzend lokaal
naar binnen roept: 'Kijk vooral niet in de kamer. Ik heb Persinger
beloofd dat je die niet te zien krijgt voordat je wordt ingesloten.'

Ik zal er anderhalf uur met de helm op inzitten. Dat klinkt
verschrikkelijk lang. Maar eerst wil ze me nog meer testen. Ik
moet een reeks getallen herhalen die ze langzaam uitspreekt, en
dat gaat prima zolang het maar drie of vier getallen zijn, maar
met vijf of zes gaat het fout en ik voel me als een schoolkind dat

het toelatingsexamen niet heeft gehaald. Dan zijn er nog wat vergelijkbare proeven, zoals het nadoen van het traject dat haar vingers volgen over een reeks blokken. Opnieuw zijn vijf of zes blijkbaar te veel voor mijn hersenen. Ik ben boven de veertig, zeg ik verontschuldigend. Linda glimlacht alleen maar. Dan zet ze mij een koptelefoon op en sluit me aan op een bandrecorder. Een vrouwenstem zegt woorden in mijn oren, waarna ik ze moet herhalen en aan Linda moet vertellen in welk oor ik ze hoorde. Ik red me uitstekend, vind ik, en krijg weer zelfvertrouwen. Dan zegt de stem plotseling twee verschillende woorden tegelijk, in elk oor één, en Linda wil ze allebei horen. Concentratie is geboden.

'Kant' en 'correct', herhaal ik, terwijl zij met een uitgestreken gezicht aantekeningen maakt op haar schrijfblok. Er komt een pauze, en langs Linda's schouder heen valt mijn oog op een stel hersenen, die in een aquarium met gelige vloeistof zweven. Met mijn belevenissen in de hersenbank in Harvard nog vers in het geheugen is het alsof ik een oude bekende zie. Ik betrap me erop dat ik ertegen zit te glimlachen.

'Voor de volgende moet je een blinddoek voor je ogen hebben.' O nee! Nu wordt het erger. Ik krijg een blinddoek voor, een oud ogenmasker van het soort dat wordt uitgedeeld op trans-Atlantische vluchten, maar dat is opgevuld met Kleenex om het helemaal lichtdicht te maken.

Voor me wordt een plank neergezet met daarin uitgesneden gaten in verschillende vormen en een bijbehorende serie blokken, die ik met mijn rechterhand in de gaten moet doen. Linda start een stopwatch, en ik begin met de blokken te worstelen, die niet in de gaten willen. Het is om gek van te worden, ik ben gereduceerd tot een hulpeloze kleuter. Ik wind me op, maar krijg ze eindelijk op hun plek en sta op het punt de blinddoek van mijn ogen te rukken.

'We doen het allemaal nog een keer met links,' zegt Linda volslagen toonloos. Dat doen we; het enige verschil is dat het nu nog moeilijker is en mijn opwinding des te groter.

'Dat was goed. Bij de derde keer mag je beide handen gebruiken.'

Wat later komt Persinger binnenstuiven met ferme lange passen en volkomen gesoigneerd. De man komt totaal onvermoeibaar over.

'Hoe gaat het?' galmt hij.

'Ik ben uitgeput.'

'Uitstekend, uitstekend! Uitputting is goed. Dat kunnen we gebruiken,' zegt hij en gaat bij de tafel staan om mijn testresultaten door te bladeren. De kleine bureaulamp beschijnt hem van onderen, en er lijkt iets diabolisch te liggen over de professor in zijn nette vest.

'Ha! Fantastisch,' zegt hij na enkele ogenblikken en wrijft zich in zijn handen. Dan werpt hij een snelle blik op een grafiek en glimlacht breed.

'Maar dat is prachtig. Beseft u wel dat u binnen het hoogste percentage vrouwen valt wat betreft geldingsdrang en doorzetten?'   59

'Echt waar? Dat kan ik me haast niet voorstellen...'

Ik vertel hem maar niet dat mijn vriend herhaaldelijk iets in die richting heeft gezegd, maar dat hij daarbij niet helemaal hetzelfde enthousiasme kon opbrengen.

'En dan bent u fantasierijk en creatief, onconventioneel, sociaal en extrovert, zie ik. De meest geschikte combinatie.'

Geschikt waarvoor, denk ik en hoop maar dat hij niet verder kijkt naar dat gedoe met die getallen die achterstevoren moesten worden herhaald. Of dat hij er in elk geval niks over zegt.

'Wat mij hier werkelijk interesseert is lateralisatie, of er bij u veel verschil is in hoe goed de twee hersenhelften functioneren. Dat ziet er allemaal goed uit. Zullen we naar binnen gaan?'

Eindelijk. We gaan de kamer binnen, de beroemde kamer C002B, geluiddicht met dikke dubbele deuren en klein als een hok, met een laag plafond. Op de vloer ligt een dik gelig ruig tapijt en er staat een velours leunstoel in donkerbruin met bijbehorende voetenbank, allebei half bedekt met een witte deken die eroverheen is geworpen.

'Ga zitten, en maak het u gemakkelijk. Comfort is het allerbelangrijkste.'

Linda St. Pierre loopt buiten rond, dan komt ze binnen om de elektroden te bevestigen met een kleverige massa die op kauwgom lijkt. De twee onderzoekers bespreken over mijn hoofd heen wat technische details, wat ik niet helemaal begrijp. Het kost ze moeite om de elektroden op hun plaats te houden, want mijn haar is te dik en te warrig. Meer kauwgom, dan lukt het eindelijk. Samen tillen ze de helm op alsof het een kroon is en laten hem voorzichtig over mijn hoofd zakken. Persinger bekijkt me kritisch van voren en van opzij.

'Die zit wel goed. Ja, u krijgt de velden recht op uw slaapkwabben, en dat past hier goed bij.'

De professor gaat in de hoek staan en neemt met mijn camera een paar foto's. Dan krijg ik een duikbril die is gevoerd met servetjes over mijn helm vastgetapet.

'Is het nu helemaal donker?'

Ik zweer dat ik helemaal niks kan zien, maar dan roept Linda vanuit de controlekamer dat Persinger maar beter naar mijn e.e.g. kan komen kijken. Ze mompelen samen daarbuiten. Dan komt de professor terug.

'U moet wel ontspannen.'

'Ja maar, ik bén helemaal ontspannen!'

'Uw hersengolven laten iets anders zien. Hou op zoveel na te denken.'

Dan doen ze het licht uit en gooien eerst de ene en dan de andere deur dicht. Even later klinkt er geknars van een luidspreker, die in een hoek zit gemonteerd.

'Doctor Frank?'

Doctor? Wat is dat nu voor doctor die ze erbij hebben gehaald? Het duurt even eer ik besef dat hij het tegen mij heeft. Mijn langzamerhand tien jaar oude doctorstitel voelt als iets uit een vorig leven.

'Doctor Frank, bent u klaar?'

'Me dunkt...'

'Dan beginnen we.'

Er klinkt een gedempt geluid als ze de microfoon uitzetten, en ik ben helemaal alleen. Voorlopig lijkt het op het gevoel in een watertank ondergedompeld te zitten die gevuld is met ondoordringbare duisternis in plaats van met water. Het enige wat ik kan horen is mijn eigen ademhaling. Ik probeer me te ontspannen, denk nog het meest over hoe de hele scène eruit moet zien. Een grote gele valhelm en een vastgelijmde duikbril met blauw glas en een dikke fleecetrui om warm te blijven. Een absurde proefopstelling. Dan denk ik wat na over alles wat ik over de experimenten heb gehoord, en ik begrijp niet waarom er niet echt iets met me gebeurt, wacht, daar glimt misschien wat licht en ja, daar is inderdaad een piepklein geluidje als van krekels, beneden in de linkerhoek onder de voetensteun, maar dat is niet bepaald iets dat voor een religieuze ervaring kan doorgaan. Zo verglijdt de tijd in het donker, en mijn gedachten zweven vrij, ook al zijn ze misschien wat traag.

Klonk. De luidspreker laat me schrikken.

'Dat was het eind van de eerste fase, ik kom naar binnen.'

Persinger gaat op zijn hurken zitten – hij is opmerkelijk fit voor een zestigjarige – en geeft me een vragenlijst in handen. Ik antwoord op vrijwel alles 'nee'. Nee, ik was niet duizelig, nee, er waren geen vreemde geuren, afgezien van de bedompte lucht in de gestoffeerde kamer, maar dat zal wel niet tellen. Persinger neemt zijn lijst mee en sluit de dubbele deur weer.

Ik prop de papieren servetjes onder de duikbril en ben teleurgesteld. Maar goed, ik ben tenminste in goed gezelschap. Linda St. Pierre had me verteld dat niemand minder dan Richard Dawkins, de wereldberoemde evolutiebioloog, hier een paar jaar

61

geleden was met een filmploeg van de BBC, en ook hij merkte niets in de kamer. Misschien moet je van tevoren een tikje religieus zijn om je iets te kunnen inbeelden.

'Klaar daarbinnen? Dan komt de volgende puls. Denk er nu aan, doctor Frank, dat er sprake is van subtiele effecten, we hebben het hier niet over *virtual reality*. Probeer niet om wat u meemaakt te beredeneren, neem alleen waar wat er gebeurt.'

Al heel snel wordt duidelijk dat deze nieuwe puls echt iets kan uitrichten. Nu voelt het heel anders in de kamer. Eerst heb ik alleen de indruk dat mijn opmerkzaamheid is verscherpt en de sfeer als het ware geladen is. Dan zijn er geluiden. Een paar duidelijke geluiden die niet van mijzelf komen. Dit is niet mijn ademhaling maar iets heel anders en haast verontrustends. Het is net alsof er iets of iemand daar bij het voetenbankje schuifelt of liever gezegd kruipt.

Het klinkt precies alsof er een lichaam bij die geluiden hoort. Ja, er ís verdorie een wezen in de kamer, en niet bepaald iets aangenaams om in de buurt te hebben. Het kan wel zijn dat anderen hierbinnen ontmoetingen hebben gehad met profeten en zegenende jonkvrouwen, maar vandaag ligt dat anders. Hij — ja, het is een hij, als ik er een geslacht aan moet toekennen — hij is een ongure en dreigende gestalte. Een beetje zoals Gollum uit *The Lord of the Rings*. Mijn blik wordt erheen gezogen terwijl ik als vanzelf probeer de geluiden te volgen en ik heb het gevoel alsof de gestalte ergens links vooraan staat. Tegelijk is er een klassiek gevoel van angst, dat zomaar onder in mijn maag groeit en zich over mijn hele lichaam uitbreidt. Een van die gevoelens waarbij de stresshormonen de bloedsomloop in worden gepompt. Ik heb zin om 'stop!' te roepen, om ze te smeken om binnen te komen. Het is alsof hij/ zij/het elk moment op het idee zou kunnen komen om een arm uit te steken en me aan te raken, dat zou... Ik heb echt erg veel zin om mijn handen en voeten in te trekken, maar ik blijf zitten. Ergens in mijn achterhoofd doemt een beeld op: het e.e.g.-apparaat aan de andere kant van de muur is vast bezig op hol te slaan met al zijn schrijfstiften, die wild heen en weer slingerend een curve van hysterie tekenen op het rollende papier.

Rustig nou, het is maar een experiment. In het echt is er niets in het donker.

Langzaam verdwijnen de vage indrukken, de dingen op de vloer houden op met bewegen en blijven eindelijk weg. Ik probeer om beheerst te ademen en richt me op mijn ontspanning. Maar het duurt niet lang eer er weer iets mis is.

'Mijn hand... die doet heel raar.' Mijn stem klinkt dun en zwak en geluidloos in de geluiddichte kamer. Maar ik kan mijn mond niet houden, want mijn rechterhand is afgeschroefd en staat nu dwars op mijn arm. Ik weet met heel mijn logisch denken dat hij rustig op de armleuning ligt en van mijn lichaam af wijst, maar het voelt alsof hij naar mijn buik gekeerd ligt. Tegelijk voel ik een kracht die als het ware op de handpalm drukt, en wel harder en harder, alsof daar iemand staat te duwen. Dan komt er ook leven in mijn linkerarm, en ten slotte staan ze allebei in diezelfde ge- knakte hoek.

Ik beweeg me niet maar neem alleen waar, zoals de profes- sor me vroeg. Het is een benauwd gevoel. Even later gaan beide armen omhoog totdat ze in de buurt van mijn oren zweven alsof de armleuning daar zit.

Eindelijk, eindelijk komt Persinger binnen met zijn vragenlijst. Het licht gaat aan en ik zie vaag een lichtflits; dat moet de profes- sor zijn die een foto neemt. Ik help mee met het optillen van de helm. Voorzichtig peuter ik de elektroden los en laat ze in de stoel achter. De witte pasta, die nu tot gipsachtige klompjes is gehard, mag voorlopig in mijn haar blijven zitten, en op de laatste vragen- lijst is mijn eindoordeel over mijn belevenis: 'uiterst onplezierig'.

'Gaat u zitten.' Persinger ziet er beslist niet ontevreden uit, en nu, in de zijkamer in de gloed van de schemerlamp, is hij beschikbaar

63

voor vragen. Hij leunt naar voren over een van de drie bij elkaar geschoven bureaus.

'U zegt dat het eng was? Probeert u zich dan voor te stellen hoe dit soort ervaringen overkomen wanneer ze spontaan gebeuren, om drie uur 's morgens terwijl u in bed ligt. En hoe u zich zou voelen wanneer uw vrienden zouden zeggen dat het Satan zelf was die achter u aan zat.'

Ja, dat zie ik zo voor me. Ik kan deze belevenis niet zomaar van me af schudden. Zelfs hier, na afloop, klinkt mijn stem dunnetjes en onzeker.

'Het voelde echt alsof iemand heen en weer aan het kruipen was.'

'Ja, het gebeurt niet zo vaak dat er sprake is van beweging, maar dat komt vast omdat uw hersenen zo actief waren, zoals we op de e.e.g.-lijnen konden zien.'

Ik verzeker hem dat het volstrekt onmogelijk was om achterover te leunen en alleen maar waar te nemen. 'Het was doodeng,' zeg ik en klink als een kind.

'Ja, dat begrijp ik. Maar zodra u probeerde om dat wat u waarnam te lokaliseren veranderde u tegelijk het activiteitenpatroon van uw hersenen en daarmee ook de wisselwerking tussen de activiteit in de cellen en het magnetische veld. Dat is niet ongewoon. Ongeveer een op de tien proefpersonen vertelt dat 'het' opzij bewoog toen ze probeerden zich erop te richten. U kunt zich voorstellen dat die beweging mensen de indruk geeft dat er een bewust wezen aanwezig is, dat actief probeert om hen te ontwijken en om buiten hun gezichtsveld te blijven.'

Wezen, ja, mijn hemel, maar een religieuze ervaring was het bepaald niet. Geen blonde Scandinavische Jezus in een heldere stralenkrans en witte gewaden, geen heilige profeten, niet eens iets wat je als een geest zou kunnen duiden.

'Kijk, acht op de tien mensen die de helm dragen merken een verandering in hun bewustzijn, maar verschillende factoren bepalen hóé dat dan tot uitdrukking komt. Ten eerste hangt het af van hoe gevoelig de temporaalkwabben van dat individu zijn, dat is beslist niet voor iedereen gelijk. Dan is er nog een belangrijk element, de culturele bagage die ieder met zich meedraagt. Die beïnvloedt zowel ieders verwachtingen als hoe we in het algemeen ongewone gebeurtenissen karakteriseren, en daarbij hoort ook de religieuze traditie waardoor we zijn gevormd.'

Een typische redenering van atheïsten is dat wat er gebeurde een simpele truc van hun hersenen was, en ze kunnen zich ervan distantiëren. Dan zijn er proefpersonen met een indiaanse achtergrond, die naar een voorvader verwijzen, en weer anderen verklaren de aanwezigheid vanuit hun eigen geloof.

Maar wat gebeurt er eigenlijk? Dat is degenen die de werking van hersenen bestuderen nog niet echt duidelijk. Michael Persinger werkt op basis van de hypothese dat we niet één 'zelf' of zelfbewustzijn hebben maar meerdere, en dat die als het ware op verschillende plaatsen in de hersenen verblijven of ontstaan. Je zou kunnen zeggen dat het Zelf verschillende aspecten heeft, die we normaal niet als zelfstandig beschouwen maar die onder bepaalde omstandigheden opeens als zodanig gaan fungeren.

'Ik zie het zo: ons normale zelfbewustzijn, dat we allemaal "Ik" noemen, is vooral verbonden met de linkerhersenhelft. Daar vindt een heleboel activiteit plaats rondom de spraak, en zelfbewustzijn heeft in hoge mate met spraak te maken. Intussen heeft de rechterhersenhelft zijn eigen tegenhanger van het zelfbewustzijn van de linkerhelft, maar in wakende toestand wordt die belemmerd of onderdrukt door de communicatie die tussen de helften plaatsvindt. Als door een of andere oorzaak gunstige omstandigheden ontstaan, kan de rechtertegenhanger als stoorzender in het bewustzijn ingrijpen en als een "ander" overkomen. Dat is dan die waargenomen aanwezigheid, het "wezen" dat we in de helm voelen.'

Ja, dat is de theorie, of in elk geval één theorie. Ze sluit aan bij de hypothese van de bekende neurowetenschapper Michael

Gazzaniga, dat de linkerhersenhelft datgene herbergt wat hij de 'vertaler van de linkerhemisfeer' noemt. Dat is een netwerk dat ervoor zorgt dat wij als individu een eenheid blijven doordat het voortdurend informatie die vanuit alle andere netwerken in de hersenen binnenkomt vertaalt en omzet in een samenhangende persoonlijke geschiedenis. Die zou je het verhaal van het Zelf kunnen noemen.

Maar alles wat dat ongrijpbare Zelf betreft, waaruit het bestaat, waar het zit en hoe het wordt opgebouwd, is nog steeds erg speculatief. Men weet bijvoorbeeld in de verste verte niet hoe het pulserende magnetische veld in de hersenschors werkt. Jarenlang experimenteren op mensen en dieren heeft aangetoond dat het veel uitmaakt welk magnetisch veld er wordt gebruikt. De velden die Persinger gebruikt zijn niet sterker dan wat een gewoon computerscherm kan produceren, en weinig mensen hebben zittend voor hun scherm God of de duivel ervaren. Door de jaren heen hebben teams van de Laurentian University geëxperimenteerd met een eindeloze variatie aan magnetische velden en er lijken specifieke pulspatronen te werken, waarbij hun intensiteit allesbepalend is. Wat er met de helm gebeurt, is dat je eerst twintig minuten een zwak pulserend magnetisch veld krijgt op de rechterhersenhelft, en daarna twintig minuten op de beide slaapkwabben. Die speciale puls wordt de Thomaspuls genoemd, naar een voormalige student die hem heeft ontwikkeld.

Dat er ook andere werkzame pulspatronen zijn valt te lezen in een artikel uit 2001 in het vaktijdschrift *Perception and Motor Skills,* waar het geval wordt beschreven van een ongelukkig geplaatste wekkerradio die visioenen van het heilige opriep.[6] Het artikel beschrijft een jonge Canadese vrouw die klaagde over onverklaarbare nachtelijke visite. Op een gegeven moment begon ze bezoek te krijgen van een onzichtbare aanwezigheid die zij zelf identificeerde als de Heilige Geest. Hij kwam niet om haar te bekeren of om met haar te praten, maar blijkbaar om zijn eerdere succes met het veroorzaken van zwangerschappen en maagdelijke geboorten te herhalen.

De vrouw kon zijn aanhoudende pogingen heel nauwkeurig beschrijven. Gewoonlijk begon het ermee dat ze haar bed krachtig voelde trillen. Daarna merkte ze hoe een wezen langs haar linkerzijde langzaam omlaag bewoog en dan via de vagina haar lichaam in kwam, waar het zich meestal in haar baarmoeder nestelde.

Na wat gerommel daar voelde de vrouw de aanwezigheid van een onzichtbaar kind, dat als het ware boven haar linkerschouder zweefde. Op het laatst was ze uitgeput en dat aanhoudende nachtgedoe zat, en ze zocht medische hulp. De arts riep op zijn beurt Michael Persinger erbij, die de magnetische velden in de slaapkamer van de vrouw opmat en analyseerde en zo ontdekte dat haar wekkerradio, die vlak bij het hoofdeinde van haar bed stond, een magnetische puls uitzond. Die puls kwam precies overeen met de zogeheten 4 microteslapuls, die zowel bij ratten als bijzonder gevoelige mensen epileptische aanvallen kan oproepen. Toen het apparaat werd verwijderd hielden de bezoekjes op.

Maar wanneer ik vraag naar een concreet mechanisme draait Persinger wat in zijn stoel. 'De puls stimuleert waarschijnlijk enkele zenuwcellen en doet ze elektrische signalen afgeven, waarop andere zenuwcellen dan reageren. We weten dat de zwakke pulsen en velden die wij gebruiken elektrische stroompjes in de hersenen veroorzaken met een sterkte in de hersenschors in de orde van grootte van microvolts en nanoampères. Dat is ook het effectieve gebied voor elektrische stimulatie van weefsel. Uit experimenten met ratten weten we dat bepaalde effecten kunnen worden geblokkeerd door chemische stoffen die zich binden aan bepaalde receptoren op het oppervlak van zenuwcellen. Dat zijn dezelfde receptoren die reageren op morfine en andere opiaten.'

67

Persinger en zijn medewerkers menen dat de belangrijkste effecten die een proefpersoon merkt berusten op het feit dat grote groepen cellen met nieuwe activiteiten aan de gang gaan. 'We schakelen het gezicht en het gehoor uit in het donker. Dus die miljoenen zenuwcellen die normaal bezig zijn met het ondersteunen van deze twee primaire zintuigen hebben nu niet veel te doen. Daardoor kunnen ze door onze apparatuur worden gerekruteerd voor de activiteiten van subtiele magnetische velden.'

Persinger vermoedt dat hetzelfde effect ook optreedt wanneer sjamanen en andere goede lieden uit verschillende culturen zich afzonderen in grotten en soortgelijke afgelegen plaatsen om in contact met het goddelijke te komen.

'Mohammed ging ook grotten in en ontving daar goddelijke boodschappen. Ook zijn er woestijnverhalen over Christus die wegging, de grote woestijn in, waar hij veertig dagen vastte en een incarnatie van Satan ontmoette. Alle mogelijke culturen hebben zich beziggehouden met afzondering en het zich ontdoen van alle zintuiglijke indrukken.'

Persinger krijgt een ironisch trekje om zijn mond. 'Vroeger noemden we onze kamer daarbinnen "De grot van Mohammed", maar dat was voor september 2001...'

Je moet niet geloven, je moet weten

'Het belangrijkste zou uiteraard een duidelijk antwoord zijn op de vraag hoe religieuze verschijnselen überhaupt ontstaan. Er moet een reden zijn waarom mensen in alle tijden en culturen zich voorstellingen maken die duidelijk religieus van aard zijn.'

Aldus de filosoof en theoloog Johannes Sløk in 1960 in zijn boek *Det religiøse instinkt*, en tegenwoordig heeft de biologie een paar goede suggesties. Als goede atheïst kan ik het niet laten na te denken over wat de nieuwe kennis van hersenonderzoekers voor religie zal gaan betekenen. Wordt die uit de markt geduwd, of kan het geloof deze aanval afslaan?

Naarmate de tijd verstrijkt wordt het bestaan van God er niet zekerder op; integendeel, een stortvloed aan gegevens wijst erop dat het heilige tussen de oren zit. Dat zijn niet alleen de spectaculaire resultaten met de gele valhelm, maar ook klinische beschrijvingen door psychiaters van hyperreligieuze epileptici met overactieve slaapkwabben. Daar komt doorlopend onderzoek bij naar het scala aan spirituele mentale toestanden, waardoor het inzicht groeit in hoe onze eigen hersenen dat wat we altijd als van buiten komend beschouwden, in feite zelf maken. Schokkende aanrakingen door de vinger Gods, engelenvleugels of de ademtocht van het grote onbekende universum blijken langzamerhand elektriciteit te zijn in een bepaald patroon van synapsen tussen de hersencellen.

Wat zal er gebeuren als die fascinerende academische kennis werkelijk uit de ivoren torens naar buiten sijpelt, in de cultuur wordt opgezogen en algemene kennis wordt? Kan een combinatie van enerzijds gedetailleerde informatie over het functioneren van de hersenen, en anderzijds goed onderbouwde theorieën over het ontstaan van religie binnen het proces van de evolutie, de houding van mensen tegenover religie in de praktijk veranderen?

'Vergeet het maar,' zullen sommigen antwoorden. Geloof in gezond verstand is het meest naïeve geloof van allemaal. Kennis en ratio hebben simpelweg niet de tanden om een gat te kunnen bijten in de olifantenhuid van religies. 'Kijk toch naar de geschiedenis,' zullen ze zeggen en erop wijzen dat al vanaf de Verlichting wetenschappelijk ingestelde stemmen zelfverzekerd hebben beweerd dat geloof en bijgeloof – of dat nou hemelse goden of onderaardse trollen zijn – vanzelf zullen omvallen door de onstuitbaar oprukkende wetenschap en het verstand. Voorlopig hebben die stemmen tragisch ongelijk gekregen. Zelfs tegenwoordig, na driehonderd jaar en een haast onvoorstelbare wetenschappelijke en technologische vooruitgang, gelooft een aanzienlijk deel van de mensheid nog steeds rotsvast in maagdelijke geboorten, de zwavelpoelen van de hel en paradijzen voor martelaren. Kijk wat er de laatste tientallen jaren is gebeurd – religie heeft zich niet teruggetrokken maar zelfs nieuwe marktaandelen veroverd.

Zelfs mensen die de wetenschap als beroep hebben en religie als een biologisch verschijnsel onderzoeken, zijn niet erg optimistisch. Volgens Richard Dawkins is religie 'te vergelijken met het pokkenvirus, maar moeilijker om uit te roeien'. Pascal Boyer, die religie beschrijft als een cognitieve parasiet, heeft gezegd dat hij geen moment gelooft dat zelfs een stevig onderbouwde biologische verklaring voor het ontstaan en de aard van religie ook maar iets zal veranderen aan de bereidheid van mensen om religieuze ideeën te slikken. Die luie parasiet is zo goed aangepast aan onze mentale bouw dat hij zich onaangetast in onze hersenkronkels zal blijven ontvouwen, generatie na generatie. De bioloog Andrew Newberg lijkt het met die interpretatie eens te zijn. Hij schreef samen met de inmiddels overleden psychiater Eugene d'Aguili het boek *Why God Won't Go Away*. Op zijn homepage geeft hij een korte uitleg.

'God zal niet verdwijnen, omdat onze hersenen niet toestaan dat God verdwijnt. Ze zijn dusdanig gebouwd dat God en religie tot de krachtigste gereedschappen van de hersenen behoren waarmee ze kunnen doen wat ze moeten doen: zichzelf aan de gang houden en overstijgen. Tenzij er een aardverschuiving plaatsvindt in de manier waarop de hersenen werken zal God nog zeer lange tijd bij ons zijn.'

Maar klopt dat? Religieus geloof is toch niet ongevoelig voor de gang van zaken en omstandigheden in de wereld. Uitkijkend over het internationale landschap zien we bijvoorbeeld grote verschillen in hoeveel mensen er per land en cultuur gelovig zijn. De laatste jaren is een reeks internationale onderzoeken verschenen waarin meer dan 95 procent van de ondervraagde mensen in landen als Nigeria en Indonesië antwoordt dat ze absoluut altijd in God hebben geloofd. In het Westen vinden we zulke hoge aantallen maar in een paar landen, de zogeheten statistische *outliers* of extreme gevallen. Dat zijn de Verenigde Staten en Ierland, waar ongeveer negen op de tien antwoorden dat ze gelovig zijn, terwijl het aandeel in landen als Denemarken, Zweden en Nederland met tussen vier en zes op de tien veel lager ligt.

'Op sommige plaatsen worden religieuze teksten niet als "de waarheid" onderwezen. De Bijbel wordt gezien als een stuk literatuur,' merkte de filosoof en neuroloog Sam Harris op, toen ik hem ontmoette om de toekomst van religie te bespreken. De veertigjarige Harris praat zacht en zonder grote gebaren, maar achter zijn rustige uiterlijk schuilt een vechter. Hij zegt graag ronduit dat religie moet worden bestreden. 'In elk geval als de mensheid heelhuids uit de 21e eeuw tevoorschijn wil komen.'

Hij beweert ook dat religie niet het enige effectieve mentale virus is waar we mee te maken hebben.

71

'Als er iets is wat bij onze cognitieve toerusting past, dan is dat de wetenschap. Wij mensen verlangen ten diepste dat onze opvattingen over de wereld kloppen met wat er om ons heen gebeurt. De geschiedenis laat zien dat we religieuze verklaringen best los willen laten als de wetenschap de werkelijke oorzaken van gebeurtenissen en verschijnselen aanlevert.'

Een van de beste voorbeelden is de vooruitgang van de medische wetenschap. We willen – en dat is vermoedelijk altijd zo geweest – wanhopig graag begrijpen waarom we ziek worden en wat we daaraan moeten doen. Voor de moderne wetenschap op het toneel verscheen verschafte de religie die verklaring. Viel je flauw met stuiptrekkingen en schuim om je mond, dan had waarschijnlijk iemand het boze oog op je geworpen en moest je je toevlucht nemen tot een toverdokter, of welwillende familieleden zover krijgen dat ze innige gebeden voor je omhoog zonden. Als een zoon of dochter praatte met personen die niemand anders kon zien of horen, dan waren ze bezeten geraakt door een demon die natuurlijk door een priester moest worden uitgedreven. De vraag naar duiveluitdrijvers en toverdokters nam drastisch af naarmate schijnbaar demonisch gedrag kon worden verklaard als epilepsie, schizofrenie of andere ziekten met een fysieke oorzaak, vooral ook omdat die ziekten vanuit hun medische oorzaak kunnen worden behandeld.

Je kunt je een vergelijkbaar effect indenken als de wetenschap een werkelijk goede beschrijving van spirituele ervaringen zou kunnen geven. Anders gezegd, als we tot in details zouden kunnen verklaren wat er zuiver fysiologisch gebeurt wanneer een mens bijvoorbeeld een gevoel van egoïsme overwint en ervaart dat hij zijn naaste liefheeft als zichzelf. Zoals ook Sam Harris zegt, is het belangrijk dat de wetenschap dat soort psychologische vermogens probeert te begrijpen, zoals religieus geloof maar ook andere schijnbaar vage en onstoffelijke verschijnselen zoals ethiek en menselijk geluk.

'Want als we dat doen en als dat begrip zich verspreidt, worden ideeën als een god of een profeet die een boek schreven over hoe de wereld in elkaar zit, waardeloos,' zegt hij. Behalve intellectueel inzicht, zo stelt hij zich voor, zou de neurologie ook gebruiksvriendelijke technologie kunnen bijdragen.

'Stel je eens voor dat Persingers helm beter werkte. Dat je niet zo nu en dan, maar elke keer en gegarandeerd een genuanceerde en krachtige spirituele ervaring kreeg, die in twintig verschillende versies kon worden geleverd: de Jezushelm, de Boeddhahelm en waar verder maar vraag naar is. Dan zouden we op een gegeven moment alleen nog maar praten over wat er bij die geestelijke toestanden in de helm gebeurt.'

In feite is Michael Persinger met net zoiets bezig. Hij heeft mensen met een sterk geloof in kamer C002B zien gaan om eruit te komen met serieuze twijfel die nadien steeds toenam. De professor gelooft in een toekomstscenario waarbij zijn technologie kan worden ontwikkeld tot een soort spiritueel hulpmiddel. Hij ziet een wereld waarin we niet samenkomen in kathedralen, tempels of moskeeën, maar gewoon naar onze slaapkamer gaan of in een hoekje gaan zitten, onze privémagneethelm goed over de slaap-kwabben trekken en een religieuze ervaring krijgen. Eén worden met het universum, God ontmoeten, of hoe we het ook willen noemen. Een praktijk die de existentiële angst zal verminderen in een samenleving waarin we meer en meer geïndividualiseerd en geïsoleerd raken.

Een van Persingers voormalige collega's, Todd Murphy, heeft al een eerstegeneratieproduct op de markt gezet. Hij heeft de zo-geheten Shakti geproduceerd, een toestel dat zowel als helm als in de vorm van een soort hoofdtooi met elastische band leverbaar is, met twee, vier of acht magnetische spoelen die je kunt verschui-ven zodat ze inwerken op verschillende gebieden in de hersen-schors. *Spirituele technologie voor een alternatieve staat van zijn*, luidt de slogan op de homepage van Shakti Technology. Het product is al verkocht aan een paar honderd gebruikers, vertelt Murphy, die tegenwoordig in San Francisco woont. De meeste kopers waren mannen van middelbare leeftijd die volgens de uitvinder meestal uit waren op 'het op een of andere manier onderzoeken van hun bewustzijn.'

Shakti wordt gekoppeld aan de geluidskaart van de eigen pc, die de magnetische pulsen controleert, en het toestel wordt gele-verd met een gebruiksaanwijzing die suggereert waar op het hoofd de magnetische spoelen kunnen worden geplaatst en waar men voorzichtig moet zijn. Op de homepage is een zorgvuldige selectie van getuigenissen van gebruikers te lezen.

'Een heerlijk gevoel van welbehagen en geestelijke alertheid,' schrijft iemand. 'Drie dagen na mijn laatste sessie was ik vol ener-gie en in een fantastisch humeur, hoewel het weer slecht was en alle anderen somber waren,' deelt iemand anders mee. Een derde beschrijft hoe hij na een stimulatie van een uur een sterke toename

73

van gevoelens van liefde voelde en warmte in zijn hoofd en borst, waarna hij in slaap viel.

'Veruit de meesten zijn helemaal niet uit op uitzonderlijke spirituele ervaringen,' verklaart Murphy. 'Ze kunnen ze best krijgen door het testprotocol van Persinger toe te passen, waarbij prikkeling van het gezicht en gehoor worden buitengesloten. Maar veel mensen zijn geïnteresseerd in de effecten die je kunt krijgen ná de sessies. Ze willen zich graag beter voelen.'

Er zijn dus speciale instructies voor hoe je je humeur kunt oppeppen door je linkerfrontaalkwab twintig minuten lang te stimuleren, eens per week, zes weken lang. Dat bouwt voort op resultaten die Persinger en zijn voormalige medewerkster Laura Baker-Price publiceerden na de behandeling van patiënten die na hoofdletsel leden aan depressies en angsten.[7] De patiënten rapporteerden dat de depressie wegtrok naarmate het e.e.g.-signaal veranderde. Ook de onderzoekers konden, in de loop van de zes weken die de behandeling duurde, de verandering waarnemen.

'Ik weet zeker dat de techniek met meer tijd en meer onderzoek zodanig kan worden ontwikkeld dat ze doelgericht kan worden ingezet voor specifieke effecten en ervaringen die alle gebruikers – onafhankelijk van hun neurologische toestand – kunnen bereiken. Op dit moment worden we beperkt door het feit dat alle hersenen verschillend zijn, en door het feit dat we niet weten welke condities we moeten scheppen voor ieders individuele neurologische staat.'

Todd Murphy gelooft niet dat het oproepen van spirituele ervaringen met magnetische stimulatie religie ooit zal vervangen. 'Althans in die zin dat mensen een intern paradigma nodig hebben, een raamwerk om hun ervaringen te verklaren. Ze hebben een vocabulaire nodig om hun ervaringen en de veranderingen die ze meemaken mee uit te drukken, en tot nader order biedt religie, die al zo lang bestaat, het beste vocabulaire. Ik heb meegemaakt hoe zelfs hardnekkige atheïsten teruggrijpen op religieuze termen om te beschrijven wat ze ervaren. Maar goed, als ze het mechanisme erachter moeten uitleggen, verwijzen ze naar de neurologie. Ik geloof niet dat de wetenschap een terminologie kan bieden die emotioneel net zo aanspreekt als religieuze termen. We zullen een heleboel mensen zien die puur intellectueel heel goed *weten* dat transcendente ervaringen uit hun hersenen komen, maar die *voelen* dat die voortkomen uit iets anders, iets hogers. Er is een kennis-domein en er is een gevoelsdomein. Ik denk dat mensen dingen zullen verklaren vanuit hun kennis, maar handelen vanuit hun emoties. En zo'n verdeling vind ik eigenlijk een uitstekende oplos-sing,' zegt Murphy. Ik kan in mijn mobieltje de ironische glimlach bijna hóren als hij voortzet: 'Zoals Jezus zei, laat uw rechterhand niet weten wat uw linker doet. '

Een krachtige pleitbezorger voor spirituele ervaringen die chemisch zijn gezuiverd van religieuze inhoud is de Britse psycho-loge Susan Blackmore. Blackmore is bekend vanwege haar onge-wone haar – dat kan bij tijd en wijle groen en roze zijn – en om haar serieuze onderzoek naar het paranormale. Ze heeft een lange universitaire carrière achter de rug bij onder andere Warwick Uni versity, maar is nu freelance onderzoekster. In een interview met *Nature* uit 2004 beschreef ze hoe ze de 'ervaring van haar leven' had in Persingers gele helm, maar bovendien is ze veterane op het gebied van mystieke ervaringen – 'met en zonder drugs'. Susan Blackmore heeft uittredingen meegemaakt en gevoelens van een-heid met het universum, ze heeft de lange tunnels en het heldere witte licht gezien die mensen met bijna-doodervaringen gewoon-lijk beschrijven. Velen van hen interpreteren dat als de toegang tot het hemelrijk en een onweerlegbaar bewijs voor een leven na de dood. Blackmore is het daar niet mee eens.

'Laat ik hier heel duidelijk over zijn,' zegt ze. 'Ik ben niet alleen atheïst, maar ik geloof zelfs dat een geloof in God zowel onjuist als ronduit schadelijk is. Ik ben er echter van overtuigd dat ervaring met het mystieke positief en waardevol kan zijn en inzicht kan geven.'

Blackmore vindt het belangrijk dat deze ervaringen worden onderzocht, gewoon omdat dat kan bijdragen tot het afwijzen van religie.

'Ik zou graag een wereld zien waarin mensen de valse en schadelijke religies die we tegenwoordig kennen achter zich lieten, en waarin ze werkten aan het verwerven van mystiek inzicht en begrip. Er zijn mystieke zijnstoestanden waarin je de wereld in zijn samenhang ziet en jezelf ervaart als een volledig geïntegreerd deel van al het andere. Dat kan een uiterst positieve ervaring zijn, die leidt tot zowel minder egoïstisch gedrag als een grotere persoonlijke tevredenheid. Ik zou willen dat meer mensen dat soort ervaringen zouden kunnen hebben zonder daarmee traditionele religie aan te moedigen.'

Religie is aan verandering onderhevig. Met wat goede wil zien we hoe sommige traditionele interpretaties opschuiven in de richting van iets wat probeert samen te gaan met de natuurwetenschappen, of in elk geval elementen ervan absorbeert. Het zou kunnen dat de 'zachte' moderne religie zich op een gegeven moment laat opslokken door een wetenschappelijke denkwijze. Maar aan de andere kant is het net zo goed voorstelbaar dat de fundamentalisten van deze wereld zich juist door de oprukkende wetenschap laten provoceren tot herbewapening.

Ik kan me maar moeilijk voorstellen dat we een echt conflict tussen het wetenschappelijke wereldbeeld en het fundamentalistische godsvertrouwen kunnen voorkomen. Het conflict zit ingebakken en valt op den duur niet te ontwijken, omdat ze allebei beweren dat ze de werkelijkheid vertegenwoordigen. Het is gewoon onmogelijk om twee radicaal tegengestelde wereldbeelden te hebben die allebei respect opeisen maar elkaar wederzijds uitsluiten.

Hoofdstuk 3

morele reflexen

Het is acht uur 's morgens; buiten voor mijn hotelraam ligt
Boston, uitnodigend. Maar ik heb geen tijd om nu naar buiten
te gaan. Ik zit met een vraag die zich moeilijk laat negeren.
Hoe bepalen mensen wat goed is en wat slecht staat er breeduit op mijn
scherm. Ik heb nog geen koffie gehad maar merk dat ik nu vanzelf
wakker wordt. Waar komt moraal in 's hemelsnaam vandaan? Dat
is zo'n basisbegrip, zo simpel maar tegelijk zo vaag en ongrijpbaar.
Mensen brengen morele regels immers niet onder woorden, maar
in een concrete situatie weet je meestal precies wat 'goed' is en wat
'fout'. Die kennis ligt ergens van binnen opgeslagen, een soort programma dat wordt opgestart en dat je voelt in je lijf. Maar dat klopt
niet met de standaardverklaring dat moraal en kennis over goed en
kwaad moeten worden aangeleerd. Sommige mensen menen nog
steeds dat een morele leefwijze rechtstreeks is gebaseerd op religieuze geboden. Anderen storten zich op de filosofie, psychologie
of sociologie en beweren dat moraal bestaat uit een stel praktische
leefregels die een samenleving bij elkaar houden, en die worden

doorgegeven via de cultuur van dat moment. Maar niemand beantwoordt mijn vraag: hoe bepalen mensen wat goed is en wat slecht? Welk mechanisme zorgt ervoor dat ik moraal voel met mijn maag?

Ik ben nu klaarwakker en ga terug naar het okergele beeld op mijn scherm, waarop de Romeinse godin van de rechtvaardigheid pronkt, de blinde Justitia. Ze heeft een stevig zwaard in haar linkerhand, klaar om op overtreders in te hakken. 'Moral Sense Test' staat er naast, en daaronder kun je drie mogelijkheden aanklikken: 'Engels', 'Spaans' en 'Chinees'. Als ik moet worden doorgezaagd over mijn moraal, dan maar liever in het Engels.

Welkom bij de Moral Sense Test. De test is een internetonderzoek naar de morele standpunten van mensen over de gehele wereld. Hiervoor hebben we een reeks vraagstukken ontworpen die de mechanismen achter onze morele keuzes in beeld brengen.

Wie kan weerstand bieden aan de wetenschap?   79

Hier klikken. Ik klik. Voordat we ter zake komen moeten de grondige onderzoekers eerst een indruk krijgen van de nieuwste vrijwillige deelnemer. In het eerste vakje geef ik aan waar ik vandaan kom door in een lang keuzemenu Denemarken op te sporen. Dan moet ik kleine vakjes aanvinken – mijn etnische groep ('white non-hispanic'), in welke religieuze traditie ik ben opgegroeid ('Christian, protestant'), hoe religieus ik ben ('not at all'). Bij 'beroep' kan ik journalist of schrijver niet vinden, en dus zeg ik maar 'overig'. Hoe meer ik invul, des te meer zie ik mezelf in steekwoorden opdoemen: oudste kind, 41 jaar, ongetrouwd, geen kinderen, geen religie. Daar denk ik even over na.

Nu waarschuwen ze dat ze met ongeveer vijftig scenario's zullen losbranden die allemaal op een of andere manier draaien om het redden van meerdere mensen ten koste van enkele. Ik krijg de verzekering dat alle informatie over mijn morele houding tussen hen en mij blijft. Dat is een opluchting.

Het is oorlog, en Jeff en zijn twee kinderen van acht en vijf jaar wonen in een gebied dat door de vijand bezet is. In het hoofdkwartier van de vijand is een arts die pijnlijke experimenten op mensen uitvoert, experimenten die steevast tot de dood leiden.

Wat is hier in 's hemelsnaam aan de hand? Bij een serieus Harvard-onderzoek verwacht je toch niet zo'n dokter Mengele-scenario.

De arts is van plan om experimenten uit te voeren op een van de kinderen van Jeff, maar hij wil Jeff laten kiezen met welk kind er zal worden geëxperimenteerd.

Wat pervers.

Jeff heeft 24 uur om een van zijn kinderen naar het laboratorium van de arts te brengen. Als hij weigert om een van de kinderen naar het laboratorium te brengen zal de arts ze allebei nemen en op beide kinderen experimenten uitvoeren.

Dan de vraag: is het 1) verboden, 2) toelaatbaar, 3) verplicht dat Jeff een van zijn kinderen naar het laboratorium brengt.

Jakkes, wat een scenario. Dat stinkt naar de 20e eeuw met al zijn verschrikkingen, en natuurlijk zie je nu een uitgemergelde Meryl Streep uit *Sophie's Choice* opdoemen. Maar wat is het antwoord? Oei! Ik denk dat het toelaatbaar is. Die arme Jeff heeft namelijk de keus tussen één kind houden of géén kind houden. Toegegeven, ik heb weinig met kinderen en heb nooit overwogen om er zelf een paar aan te schaffen, maar diep van binnen kan ik me er wel wat bij indenken. Ik klik op keuze 2) en word doorgestuurd naar het volgende dilemma.

Vijandelijke soldaten hebben het dorpje van Susan ingenomen, en ze hebben bevel gegeven om alle overgebleven burgers te doden.

Susan en een paar van haar buren hebben zich verstopt in een kelder onder een groot huis. Susan hoort buiten de stemmen van een paar soldaten die het huis komen doorzoeken op waardevolle spullen. De pasgeboren baby van Susan begint hard te huilen. Susan houdt haar hand voor de mond van het kind om het geluid te dempen. Als Susan haar hand van de mond van het kind weghaalt zal het geschreeuw de aandacht trekken van de soldaten, en die zullen Susan, haar kind en alle anderen die in de kelder verstopt zitten doden. Om zichzelf en de anderen te redden moet Susan wel haar kind laten stikken.

Is het 1) verboden, 2) toelaatbaar, 3) verplicht om het kind te laten stikken?

Tja, dat weet ik zo niet. Maar o ja, eigenlijk is dat hetzelfde – toelaatbaar. Want je kunt toch niet zeggen dat het arme mens verplicht is om haar huilbaby te verstikken?

Het volgende dilemma gaat voor de verandering niet over oorlog.   81

Denise staat op een loopbrug over een spoorweg en ziet een trein zonder machinist over het spoor aan komen razen, recht op vijf mensen af die zullen worden geraakt en gedood. Denise kan nog aan een hendel trekken en de trein een zijspoor op sturen. Op het zijspoor staat een man. Door aan de hendel te trekken redt ze de vijf mensen op het hoofdspoor, maar de ene man op het zijspoor wordt gedood.

Daar hoef ik niet over na te denken. Natuurlijk is het moreel aanvaardbaar dat Denise aan de hendel trekt. Potverdrie, er gaat er één dood maar ze redt wel vijf mensen.

We gaan verder met de trein.

Frank staat op de brug en ziet onder zich de onbeheersbare rij wagons die op het punt staat vijf mensen te doden. Frank weet

dat hij de trein kan laten stoppen door een zwaar gewicht op het
spoor voor de trein te duwen. Maar het enige zware voorwerp in
de buurt is een man die samen met hem op de brug staat. Frank
kan de vijf mensen redden door de man naast hem van de brug
te duwen, waardoor de man echter zal sterven.

Oké, die is wat ingewikkelder. De situatie met Denise was afstandelijk en haast academisch, maar deze voel ik haast fysiek. Stel je
voor dat je op die brug staat en dat de naderende ramp tot je doordringt, en je eigen doorslaggevende rol daarbij. Je verzamelt moed
en loopt naar de dikzak toe, zet je handen tegen zijn rug, merkt
de weerstand van het gewicht en ziet nog net de totaal verblufte
blik, als hij een seconde voor hij valt even omkijkt. Nee, dat kan
onmogelijk moreel te verdedigen zijn, zo maar in koelen bloede
een man de dood in gooien! Ik klik vastberaden op 1) verboden.

Moderne moraalmeesters

Een paar uur later ben ik klaar met het testen van mijn persoonlijke moraal. Na een rit met de trein door Boston en met de
ondergrondse naar Cambridge kom ik op Harvard Square weer
boven. Gehaast ren ik Harvard Yard over en wring me langs het
bronzen beeld van John Harvard in kniebroek. De rode gebouwen
in neptudorstijl zijn niet mooi, maar wie maalt daarom als de zon
ongehinderd straalt vanuit een prachtig blauwe lucht? Op de asfalt-
paden glijden kalme stromen jonge studenten langs, en het is net
een reclamefoto van het ideale Amerika. Dan loopt er een jongen
recht op mij af, met dik zwart haar en een dieprood T-shirt met
op de voorkant een foto van George Bush. De president tuit zijn
lippen zodat hij precies op een chimpansee lijkt. 'Blame Yale' staat
er in geel onder het plaatje.[8]

Ik loop langs het grote platte Science Center naar de bizarre
Memorial Hall, die is gebouwd ter ere van Harvardstudenten

die sneuvelden in de Burgeroorlog maar lijkt op iets wat uit de Kaukasus is gehaald. Schuin daarachter torent William James Hall omhoog. Dat is een grijsbruine betonnen silo met alle kenmerken van de jaren zeventig maar tegelijk met iets van een moderne ivoren toren. In dit lelijke gebouw huizen een paar van de beroemdste onderzoekers van de menselijke natuur. Daar zit psycholoog en linguïst Steven Pinker, die in de academische wereld zo langzamerhand de status van een popster heeft. Daar huist de ontwikkelingspsychologe Elisabeth Spelke, wier onderzoek naar pasgeborenen een doorbraak heeft veroorzaakt in ons inzicht in de soorten basiskennis waarmee we van nature worden geboren. En er zit de man die ik ga bezoeken, professor in de biologie en biologische antropologie, Marc Hauser. Hij doet onderzoek naar de evolutionaire ontwikkeling van de mentale eigenschappen van de mens. Hij heeft met name geprobeerd om door middel van jarenlange experimenten met apen de oorsprong van de taal te begrijpen. Maar de laatste tijd heeft hij een voorkeur voor moraal, waarbij de Moral Sense Test zijn voornaamste gereedschap is en de mens zijn proefdier.

83

Het laboratorium voor Cognitive Evolution is op de zevende verdieping, en het kantoor van de baas ligt knus in een hoekje bij de lift. Het lijkt alsof ik een oase binnenstap. De gangen in William James Hall zijn anoniem en saai alsof er een stel accountants werkt, maar bij Hauser binnen is het net een zitkamer. Warme kleuren en veel spullen, en overal prulletjes. Er is haast geen plek die niet wordt bedekt door platen van dieren of voorwerpen die uit Afrika en Azië lijken te komen en uit alle andere plaatsen waar de goede man apen gaat bestuderen. De sfeer van huiselijke gezelligheid wordt versterkt door de oude langharige hond – deels golden retriever lijkt het – die met een zakdoek om zijn hals rondsloft. Hij ziet er jichtig uit en groet even, om dan moeizaam onder de ronde tafel te gaan liggen. Op het tafelblad stel ik mijn minidiskrecorder op, zet de microfoon aan en controleer of er geluid op de schijf komt, terwijl Hauser aan zijn bureau de laatste e-mails bekijkt.

'Goed om je weer te zien,' zegt hij afwezig. Ik bezocht hem eerder dat jaar om te praten over onderzoek naar de mentale eigenschappen van dieren, en ik weet uit ervaring dat hij niet veel tijd beschikbaar heeft in zijn agenda. De kunst is om klaar te zijn eer je eruit wordt gegooid – beleefd uiteraard – voor de volgende afspraak van die dag. Ik weet ook dat Hauser zo snel praat dat elke poging om hem met pen en papier te volgen vergeefs is. Zijn woorden lijken wel kogels en je moet oppassen dat je niet wordt geraakt. De beschieting begint zodra hij aan tafel komt zitten.

'Het is erg druk geweest,' zegt hij ongevraagd.

Ik kan het niet laten te denken hoezeer hij lijkt op een gerehabiliteerde versie van Lucifer. Een smal gezicht met fijne trekken, een hoog voorhoofd omkranst door kort zwart haar en met een kleine *goatee* die ook vrijwel helemaal zwart is. Hij draagt een typisch wetenschappersuniform – broek en overhemd in onbestemd kaki en blauwe tinten – maar ik kan me hem goed voorstellen in een elegant zwart kostuum en een schoudermantel met zijden voering. Maar terug naar wat hij zegt: het is druk geweest. Samen met zijn promovendi Fiery Cushman en Liane Young – 'een paar van de beste die ik ooit heb gehad' – heeft Hauser drie jaar lang het morele besef van de mens onderzocht. Dat is erg kort voor wetenschappelijke begrippen, zeker voor een nieuw onderzoeksgebied. Al in het voorjaar van 2006 publiceerde hij een boek over het onderwerp, *Moral Minds*, en er komt nog steeds een stroom vakartikelen uit handen van de vakgroep. De drie onderzoekers hebben samen de gegevens van in totaal ruim 6000 mensen geanalyseerd, die in 120 landen over de hele wereld via de computer de Moral Sense Test hebben gedaan. Ik vertel dat ik die net zelf heb gedaan en beschrijf een paar keuzes die ik me kan herinneren.

'Helemaal volgens het boekje,' zegt hij.

'Neem het scenario met Denise en Frank en de op hol geslagen trein. In wezen zijn die twee situaties volkomen identiek: je redt vijf personen door er een op te offeren. Maar negen op de tien mensen antwoorden net als jij dat dat alleen in de eerste situatie, waarbij je aan de wissels trekt, moreel aanvaardbaar is.'

De hond onder de tafel kreunt. Hij gaat steeds op mijn ene voet liggen en weigert op te schuiven, ook al por ik hem met mijn tenen.

'Een centraal punt in ons onderzoek is dat morele intuïtie over de hele wereld gelijk lijkt te zijn. Eerlijk gezegd verbaast die culturele uniformiteit me erg. We hebben antwoorden van vrouwen en mannen tussen 13 en 70, van mensen die aangeven erg religieus te zijn en van anderen die, zoals jij, volslagen areligieus zijn. We hebben hoogopgeleide mensen – gepromoveerden – en mensen met niet meer dan een paar jaar lagere school. Geen van die factoren lijkt invloed te hebben op wanneer mensen het moreel aanvaardbaar vinden om andere mensen schade te berokkenen.'

Hauser leunt met een sluw lachje achterover, en ik denk dat ik weet wat er gaat komen.

'Het is vooral erg interessant dat een religieuze achtergrond geen invloed heeft. In delen van Europa ligt het misschien anders, maar in dit land is de opvatting wijd verbreid dat moraal simpelweg ontstaat en blijft bestaan dankzij religie. Er heerst een mythe dat we zonder religie volslagen amoreel zouden zijn. Het huwelijk tussen moraal en religie is een gedwongen huwelijk dat schreeuwt om een echtscheiding.'

'En vervolgens tonen jullie aan dat opvoeding en cultuur geen enkele invloed hebben?'

'Correct.'

Ik sta op het punt om weerwoord te bieden en maak me klaar om met voorbeelden te komen van culturele specialiteiten op moreel gebied. Hoe zit het met culturen waar eerwraak op vrouwen die schande over de familie hebben gebracht helemaal

wordt geaccepteerd? Hoe zit het met bloedwraak als veelvoorko-
mend middel om conflicten op te lossen? Of vrouwenruil op de
ijsvlakten van Groenland? Of Afrikaanse Masaikrijgers die formeel
seks mogen hebben met prepuberale meisjes?

Maar Hauser is me uiteraard voor en gaat alweer verder eer ik
mijn mond heb opengedaan. Hij vertelt dat de resultaten nog iets
interessants laten zien. Hoewel onze morele beslissingen verrassend
consistent zijn, zijn we niet in staat om ze te beargumenteren. We
hebben geen idee waarom we vinden wat we vinden. In een artikel in het tijdschrift *Mind and Language* beschrijven Hauser en zijn
collega's gedetailleerd hoe ze een groep proefpersonen vroegen om
uit te leggen waarom ze een reeks dilemma's verschillend interpre-
teerden.[9] Die dilemma's waren gegoten in de vorm van variaties
op in wezen identieke thema's.

'Het was zielig om te zien met wat voor verklaringen mensen
kwamen aanzetten als we contact met ze opnamen. Ze waren
volslagen onsamenhangend en konden volstrekt niet uitleggen
welke overwegingen erachter zaten.'

Daar is dat lachje weer.

'Interessant genoeg geldt dat onvermogen om principes onder
woorden te brengen ook voor mensen die behoorlijk wat van moraalfilosofie weten.' Die opmerking opent een of andere verborgen
deur in mijn geheugen. Ik moet denken aan de *all-time* superster
van de moraalfilosofie, Immanuel Kant, en aan een van zijn meest
geliefde uitspraken. 'Twee zaken vullen mij steeds meer met
verwondering, hoe langer en dieper ik erover nadenk: de sterren-
hemel boven mij en de morele wetten in mij,' schreef hij in 1788
in zijn *Kritik der praktischen Vernunft*. Maar zitten die wetten echt
ín ons? En zo ja, waar komen ze dan vandaan en hoe worden ze
daarbinnen aangestuurd?

Daarover heeft Marc Hauser een nieuwe en opzienbarende
theorie. Hij meent dat wij mensen beschikken over een 'morele
grammatica', zoals hij het noemt. Hij ziet paralellen met de

oorsprong van de taal zoals uitgelegd door de linguïst Noam Chomsky, die in 1950 de linguïstiek op revolutionaire wijze veranderde en met zijn theorie over een universele grammatica een nieuwe stroming vestigde. Chomsky en zijn leerlingen menen dat de spraak met heel zijn basisstructuur als eigenschap in de menselijke hersenen zit ingebakken, als een aparte module.

'Hetzelfde geldt voor moreel besef,' zegt Hauser. In een van zijn artikelen heeft hij daadwerkelijk gesproken over een 'moreel orgaan'.[10] Wat hij bedoelt is dat onze morele uitgangspunten ten diepste voortkomen uit onbewuste en intuïtieve processen in onze hersenen, die berusten op een reeks fundamentele regels die aangeboren en identiek zijn voor alle leden van de soort homo sapiens.

Als Hauser ademhaalt, kan ik er eindelijk een woord tussen krijgen. Ik smijt de professor eerwraak en bloedwraak in het gezicht, als voorbeelden van morele praktijken die zeker niet overal worden geaccepteerd. Hoe hangt dat dan samen met gemeenschappelijke aangeboren spelregels?

'Dat is helemaal waar. Er zijn verschillen in de algemene dagelijkse moraal. Maar ons onderzoek duidt erop dat er bepaalde categorieën van moreel onderscheid bestaan die wel eens universeel zouden kunnen zijn.'

Hauser kijkt heel even naar het plafond, en ademt uit alsof hij zich schrap zet voor iets moeilijks.

'Luister. Ik geloof dat er mogelijk een universele reeks principes en parameters bestaat die we allemaal vanaf de geboorte meedragen. Dat zijn heel algemene of basale principes waar we onder andere zicht op krijgen door middel van die dilemma's. Er lijkt bijvoorbeeld een principe te zijn dat we het intentieprincipe noemen. Mensen vinden vrijwel altijd dat schade die met opzet wordt toegebracht moreel gezien erger is dan wanneer hij een bijproduct is van een handeling die een ander doel had. Zo is er ook het handelingsprincipe. Schade is moreel verwerpelijker wanneer die door actief handelen ontstaat dan wanneer hij ontstaan door het áfzien van een handeling. Dan is er het contactprincipe, dat zegt dat schade berokkenen bij rechtstreeks contact met het slachtoffer erger is dan diezelfde schade te berokkenen zonder rechtstreeks contact. Begrijp je?'

Eer ik kan knikken is hij alweer verder.

'Oké, wat wij zeggen is dat er een aantal basisprincipes bestaan. Maar alle culturele effecten waaraan we tijdens onze opvoeding blootstaan werken op die principes in. Om een analogie met taal te gebruiken: de plaatselijke cultuur vormt een Engelse, Franse en Chinese moraal met elk hun eigen kenmerken en specialiteiten. Maar de morele grammatica, zoals we dat noemen, stelt grenzen aan wat een cultuur met ons kan doen. Er zijn grenzen aan wat invloed van buitenaf ons "juist" kan laten vinden.'

Dat roept vragen op, en een daarvan is hoe flexibel onze morele systemen zijn. Als onze opvoeding eenmaal heeft ingewerkt op onze onderliggende morele grammatica, hoe stabiel is dan het resultaat?

'Daar is niet genoeg onderzoek naar gedaan.' Hauser schudt zijn hoofd. 'Toen ik met dit werk begon las ik wat in de wetenschappelijke literatuur, en ik was totaal geschokt toen ik merkte dat er geen enkel onderzoek bestond naar het verwerven van morele systemen die ons vreemd zijn, niet één! Hoe is het mogelijk in een wereld als de onze?'

Een heel goede vraag.

'Dat moet absoluut worden onderzocht. Ik denk dat juist daarbij zal blijken dat de analogie met taal naadloos aansluit. Ik ben ervan overtuigd dat het bij het aanleren van morele systemen net zo ligt als bij het leren van vreemde talen. Ik kan horen dat je al vroeg Engels hebt geleerd, maar als je nu zou proberen een vreemde taal te leren zou dat veel lastiger zijn en niet zo goed lukken. Vermoedelijk is het net zo met nieuwe morele systemen. Het is echt moeilijk en vreemd om andere morele normen over te nemen, en dat wordt lastiger naarmate men ouder is.'

Tot nu toe is de karakteristieke reactie op het werk van Hauser geweest dat vakgenoten het bijzonder interessant vinden – als theorie. Critici verlangen wat meer inhoud, niet alleen een catalogus van morele 'grammaticale' regels, maar experimenten die kunnen aantonen hoe die principes als een soort code in de hersenfuncties liggen. Om welke structuren gaat het en hoe fungeren ze. De snel pratende Hauser geeft zonder meer toe dat hij in dat opzicht tot nu toe heel weinig te bieden heeft.

'Maar het is nog vroeg! We hebben nog maar net een nieuw vakgebied ontgonnen! Chomsky begon een halve eeuw geleden, en tegenwoordig weten we nog steeds vrijwel niets over de biologie van de taal, en over hoe taalstructuur heel concreet berust op mechanismen in de hersenen. Dus weten we uiteraard nog minder over de moraal. Ja, het zal nog heel lang duren, en als ik dood ben zullen ze nog steeds volop aan het onderzoeken zijn. Als we eerst maar een beschrijving van de principes hebben en zien wat voor ideeën er zijn. Dat zou een grote stap voorwaarts zijn.'

Ding, zegt de computer. Er komt weer een mailtje binnen, en bij het geluid wijst Hauser naar het apparaat.

'Er is enorm veel belangstelling. Ik krijg voortdurend vragen van collega's en tot nu toe hebben zestig – ja, zéstig – studenten zich gemeld met de vraag of ze hier bij de onderzoeksgroep kunnen komen om te promoveren. Het is uitermate hot.' Even is er een pauze en weer een glimp van dat lachje. 'Als er één groep is die niet veel met deze ontwikkelingen opheeft, dan zijn het de moraalfilosofen.'

Dat de natuurwetenschappen als het ware het speelveld van de moraal binnendringen is ook nieuw. Traditioneel was het voorbehouden aan de filosofen, en later ook de psychologen, om uit te vorsen wat moraal is, waarop die berust en waar die vandaan komt. Moraal werd typisch beschouwd als iets wat de mens van de dieren onderscheidt, een unieke menselijke eigenschap. Wat betreft

verklaringen hoe mensen aan hun morele normen en uitgangspunten komen, zien we dat er in de loop van de tijd meerdere
sporen zijn gevolgd. In het oude Griekenland meenden denkers
zoals Plato en Aristoteles dat normen voor goed en kwaad in de
natuur verankerd lagen. Correct handelen was niet iets dat mensen zomaar konden definiëren; het lag eerder in de aard van goede
mensen, net zo onbewust als het de aard van een zaadje is om te
groeien en zich te ontvouwen tot een plant.

Veel later zien we twee tegengestelde hoofdrichtingen: sentimentalisten, grotendeels in Engeland, en rationalisten die vooral
op het Europese vasteland zaten. De twee richtingen gingen uit
van respectievelijk het gevoel en het verstand.

Een krachtige exponent van de richting die de betekenis van
gevoelens voor de moraal benadrukte was de Schotse filosoof
David Hume. Hij leefde en werkte in de 18e eeuw en was vooral
geïnteresseerd in de menselijke natuur. Hume concludeerde dat
ons Zelf niets anders is dan een 'bundel waarnemingen'. In samenhang met die aanname stelde hij dat morele standpunten net zo
moeten worden beschouwd als elk ander standpunt over indrukken van de wereld om ons heen.

Volgens Hume bestonden er geen universele principes – of
principes überhaupt – waarop een moraal kan worden gebaseerd.
Er bestaan alleen concrete situaties, en wanneer een mens zich in
een gegeven situatie bevindt roept dat gevoelens op, die leiden
tot een handeling of een oordeel. Mensen willen iemand in nood
graag helpen omdat ze daar een sterke innerlijke drang toe voelen,
en niet omdat ze denken dat dat juist is. Als er al een redenering
of gedachte aan te pas komt, dan is dat achteraf geredeneerd.

Humes landgenoot en vriend, de grote econoom Adam Smith,
was dezelfde mening toegedaan. Sterk geïnspireerd door Hume
schreef hij in zijn traktaat *The Theory of Moral Sentiments* dat mensen alleen hun gevoelens nodig hebben om te kunnen beoordelen

of iets goed is of slecht. De ratio heeft daar niets aan toe te voegen, behalve om te overwegen welke middelen men moet gebruiken.

De superrationalist Kant is de radicale tegenpool van de sentimentalisten. De Duitser woonde zijn hele, uiterst geregelde leven in zijn geboortestad Königsberg, waar de burgers hun klokken gelijk konden zetten op zijn dagelijkse middagwandeling, maar toch brak hij bij wijze van spreken met al zijn voorgangers. Kant veroorzaakte een revolutie in de moraalfilosofie door zijn bewering dat morele waarheden niet kunnen worden ontleend aan menselijke emoties, God of de natuur. Ze zijn onderworpen aan rationele condities, net zoals de wiskunde, en door middel van rationeel denken kunnen we universele morele principes beredeneren. Met zijn beroemde categorisch imperatief formuleerde Kant de enige door en door logische manier om de zaak aan te pakken: 'Handel dusdanig dat je kunt willen dat het subjectieve principe op basis waarvan je handelt een algemene wet wordt.'[11] Of, vlotter geformuleerd: 'Doe alleen datgene waarvan je rationeel kunt vinden dat ieder ander in dezelfde situatie dat ook zou moeten doen.'

Kants denkwijze heeft vanaf het begin een grote invloed gehad op de moraalfilosofie. Ook binnen de moderne moraalpsychologie heeft Kant grotendeels gewonnen van Hume en de sentimentalisten; hier heerst een krachtige rationalistische stroming. De twee absoluut toonaangevende figuren op dat gebied, de Zwitser Jean Piaget en de Amerikaan Lawrence Kohlberg, hebben allebei theorieën geformuleerd die behelzen dat moraal bij kinderen zich ontwikkelt via stadia van gestaag toenemend intellectueel raffinement en capaciteit.

Vooral Kohlbergs theorie, die voortbouwt op die van zijn leermeester Piaget en die werd ontwikkeld in de jaren zestig, heeft grote invloed gehad. Het model werkt met drie hiërarchische niveaus en in totaal zes stadia van morele ontwikkeling. Het is gebaseerd op de basisaanname dat we morele principes vanuit de omgeving oppikken en ons eigen maken; het zijn 'actieve reconstructies door ervaring'.

Aanvankelijk leren kinderen, die van nature ongevormd zijn, door pure gehoorzaamheid aan gezag wat aanvaardbaar en on-aanvaardbaar is. Ouders die boos zijn, schelden of misschien zelf klappen uitdelen zijn een aanwijzing dat we een overtreding heb-ben begaan, terwijl prijzen en aaitjes geven een signaal zijn dat we het 'goede' hebben gedaan.

Later breiden we ons sociale territorium uit en gaan we in de leer bij de ons omringende samenleving. Nu baseren we ons oordeel op kennis van de maatschappelijke conventies en ver-wachtingen, die we ervaren en aanleren. In de meest gevorderde stadia, die we normaal gesproken na de puberteit bereiken, worden morele oordelen en keuzes gebaseerd op abstract denken. Hier, bij het volledig gevormde individu, is een bewustzijn aanwezig van sociale contracten, grondwaarden en universele ethische principes. Dat is de mens op zijn morele hoogtepunt.

Verstand en gevoel

'Wat we in onze experimenten waarnemen wordt goed beschreven als Kant en Hume die in de hoofden van mensen slaags zijn.'

Joshua Greene huist zeven etages boven Marc Hauser, en het uitzicht is hier beslist beter. Onder ons strekt Cambridge zich uit als een vallei, en je kunt je hier een bewoner van de Olympus voelen. Zolang je maar niet te veel let op het kantoor zelf. Geen decoratieve Afrikaanse spullen bij de jonge Greene, geen lachende familiefoto's, hier is het kaal en somber. De ene muur wordt he-lemaal in beslag genomen door het grote panoramavenster, en de andere door een boekenkast halfvol met vakboeken. Daartussenin staan drie stoelen, dezelfde ronde tafel als bij Hauser en een bureau met twee enorme flatscreens. Naast de deur hangt een whiteboard waarop met een dikke groene stift de woorden 'oorzaak', 'begeren' en 'bedoeling' losjes zijn gekrabbeld. Een woestenij van een kantoor. Ik zeg dat je goed kunt zien dat hij nog maar net hierheen is verhuisd vanuit Princeton, maar hij antwoordt dat hij niet verwacht dat de ruimte in de loop der tijd minder kaal zal gaan worden.

Joshua Greene is een ietwat gezette jongeman met een grote bos krulhaar en ronde wangen. Je stelt je zo voor dat hij altijd een brave jongen is geweest, ijverig op school, vriendelijk en behulpzaam en gegarandeerd de lieveling van zijn oma. Greene komt over als iemand die onmogelijk uit zijn evenwicht te krijgen is. Hij is ook een vreemde eend in de bijt. Een klassiek geschoolde filosoof die overgelopen is en neurowetenschapper is geworden, compleet met hersenscanner en alle toeters en bellen. Hij is de meest uitzonderlijke binnen die kleine exclusieve club, want hij heeft het op zich genomen om te werken met de biologische aspecten van moraal. Je kunt zeggen dat hij een van de weinigen is die bijna met hun handen bij de morele versnellingsbak in de hersenen hebben kunnen komen.

'Ik ben geen koffiemens,' zegt Greene, die rondjouwt met een enorme beker kraanwater, 'maar ik wil best een kop koffie voor je uit de machine halen.' Het koffieapparaat staat beneden op de tweede verdieping, en de liften in William James Hall zijn niet echt de snelste. De weg op en neer duurt lang maar geeft Greene de gelegenheid zijn kronkelende carrièrepad te schetsen.

'Ik kan me eigenlijk geen tijd herinneren dat ik niet geïnteresseerd was in de grote vragen,' zegt hij luid, en hij merkt niet hoe een meisje hem van opzij aankijkt en op de vijfde etage uitstapt.

De kleine Joshua was dat jongetje dat altijd van die irritante vragen stelde: Waarom doen mensen dat, papa? Waarom mag dit wel maar dat niet, papa? Papa, papa, leg eens uit waarom!

Vader gaf het voorlijke knaapje een stripboek over Plato en Aristoteles, en het ventje vond dat 'vet', al die volwassen kerels die rondliepen in toga's en hun hele leven doorbrachten met het stellen van knappe vragen en het verkondigen van wijze leerstellingen. Als twaalfjarige was Joshua vaste prik bij de filosofiedebatten op school, en toen hem duidelijk werd dat er zoiets als een loopbaan als beroepsfilosoof bestond, was er nog maar één mogelijkheid.

'Maar naarmate ik beter thuis raakte in de filosofie en de morele puzzels, besefte ik meer en meer dat ons morele denken gebrekkig is. Ik was vooral geïnteresseerd in goed en fout, en als je je verdiept in de moraalfilosofie ontdek je dat er iets vreemds aan de hand is. Vaak maak je mee dat er bij morele keuzes omstandigheden bestaan die op grond van elke logica níéts voor de beslissing zouden moeten betekenen maar dat in de praktijk wel doen.'

Zo is er bijvoorbeeld het vreemde verschijnsel waarover de Amerikaanse filosoof Peter Unger heeft geschreven. 'Stel je voor dat je langs een vijver loopt waar een kind op het punt staat te verdrinken, en jij zegt dan: "Ach, ik kan helaas niks doen want ik heb mijn schreeuwend dure nieuwe Italiaanse schoenen aan, en die zouden maar worden bedorven." Dan ben je gewoon een monster, nietwaar? Maar hetzelfde geldt als je naar huis gaat en een acceptgiro van Oxfam of het Rode Kruis weggooit omdat je je geld liever wilt besteden aan een paar schreeuwend dure Italiaanse schoenen. Met die acceptgiro kun je nog meer kinderen redden dan dat ene dat in je plaatselijke vijver aan het verdrinken was. Toch ben je geen monster als je weigert om iets met die acceptgiro te betalen. Maar wat is het verschil? En zou er verschil moeten zijn?'

Ik denk vagelijk aan de stapels acceptgiro's voor goede doelen die ik in de loop der tijd heb weggegooid, maar het lukt me niet om me een monster te voelen.

'Filosofen hebben geprobeerd om een principe aan te wijzen dat het verschil rechtvaardigt. Als jij de enige bent die het verdrinkende kind kan redden, dan is er sprake van een morele imperatief. Maar je zou het voorbeeld wat kunnen aanpassen door meerdere potentiële redders rondom de vijver te zetten; dan is het nog steeds niet in orde dat sommigen van hen hun schoenen belangrijker vinden dan het kind.'

Dit soort spitsvondigheden voerde de filosofiestudent naar de moraalpsychologie. Uiteindelijk sloot hij zijn studie aan het elitaire Princeton af met een scriptie over hoe de mensheid in morele zin vooruitgang kan boeken door een beter begrip van de psychologie van de moraal.

'U bent toch idealist?' stamel ik, terwijl de lift ons er eindelijk op de veertiende etage uitlaat.

'Jazeker, ik blijf erbij dat mijn onderzoek een politiek doel heeft. Als student besefte ik steeds meer dat we om enige vooruitgang te kunnen boeken geen behoefte hadden aan nog meer leunstoelfilosofie, maar aan meer inzicht in hoe onze hersenen daadwerkelijk werken.'

Greene opent de deur van zijn kantoor.

'En dus ging ik neurowetenschappen doen.'

Zijn aankomst daar veroorzaakte grote rimpels in de vijver. Samen met de ervaren psychiater en hersenonderzoeker Jonathan Cohen van Princeton was Joshua Greene de eerste die onderzocht hoe morele beslissingsprocessen in de hersenen verlopen. Dat was in 2001, en de publicatie van het Princeton-team verscheen in het prestigieuze tijdschrift *Science*.[12]

'Ik kan me precies de dag herinneren waarop ik het idee voor het experiment kreeg,' zegt Greene. Hij zet beide handen tegen zijn slapen. 'Dat was in 1995, en ik was samen met mijn ouders in Israël. Ik was filosofiestudent en had jarenlang geworsteld met morele dilemma's. Toen las ik *De vergissing van Descartes* van Antonio Damasio.'

De internationale bestseller van die beroemde hersenonderzoeker beschrijft onder andere een patiënt die hij Elliot noemt en die bijzonder interessante beschadigingen had aan zijn frontaalkwabben.

'Hij dacht zonder gevoelens,' zegt Greene. Alle onderzoek door Damasio had uitgewezen dat Elliot bovengemiddeld intelligent

95

was en ruimschoots in staat was om over van alles na te denken en bij diverse standaardtesten de juiste antwoorden te geven. Maar in het dagelijks leven maakte hij een paar volstrekt onmogelijke keuzes als het op sociale situaties aankwam. De beschadigingen zaten in het deel van de hersenschors dat de ventromediale prefrontale cortex heet. Daardoor was alles wat gevoel heet permanent uit het leven van Elliot verwijderd, en verstand alleen was niet voldoende om met mensen om te kunnen gaan.

'Het trof mij dat het verschil tussen Elliot en normale mensen haast het vleesgeworden verschil was tussen Denise en Frank in het klassieke treindilemma!'

Voor Frank is dat 'persoonlijk' omdat hij zijn handen vuil moet maken en daadwerkelijk een man de dood in moet duwen. Denise kon echter op 'onpersoonlijke' wijze doden door alleen een wissel om te zetten.

'Dat was echt een eurekamoment,' herinnert Greene zich. De uitgeputte student, op vakantie met pa en ma in het warme Midden-Oosten, zag voor zich hoe patiënten met frontaalkwabschade zoals die arme Elliot het verschil tussen die twee situaties niet kunnen zien, of liever gezegd: voelen, en dus zullen antwoorden dat beide moreel gezien aanvaardbaar zijn. Eer de jonge Greene bij de filosofie kon vertrekken om de kant van het hersenonderzoek op te gaan, was neuroloog Mario Mendez van de University of California hem voor. Die confronteerde een groep patiënten met morele dilemma's en kon vaststellen dat Greene het goed had gezien.

'Er was dus iets wat erop wees dat emotie absoluut noodzakelijk was bij bepaalde soorten morele afwegingen. Toen ik later hoorde over functionele MRI-scans bedacht ik dat we die technologie zouden kunnen gebruiken om emoties en verstand in actie te zien.'

Zo gezegd, zo gedaan. Greene, die inmiddels met zijn promotieonderzoek bezig was, kreeg een groep proefpersonen aangeleverd die in een scanner werden gelegd en daar hun standpunt moesten bepalen ten aanzien van een reeks klassieke dilemmascenario's. De onderzoekers hadden de scenario's van tevoren opgedeeld in 'persoonlijk' en 'onpersoonlijk'.

'Je ziet het heel duidelijk, nietwaar?'

We hebben wat gebladerd door het oude *Science*-artikel, en ik geef de auteur gelijk: de gescande hersenen gedragen zich waarachtig verschillend bij de twee soorten scenario's. We zien een stel fraaie grijze hersenen in dwarsdoorsnede met zeven kleine vlekken in rood en geel. Die vlekken corresponderen met de zeven gebieden in de hersenschors waar de activiteit verandert wanneer de betreffende persoon in de scanner een moreel standpunt inneemt. Men neemt daarom aan dat die delen van de hersenen daarbij betrokken zijn.

'De delen waar de denkprocessen plaatsvinden,' zegt Greene en wijst voorzichtig met zijn vinger naar een mediofrontale gyrus en naar twee gebieden in de linker- en rechterpariëtaalkwab. Van die gebieden is bekend dat ze actief worden wanneer we ons werkgeheugen gebruiken en vooral wanneer we koel analyseren. Ze lichten op als lampjes als er sprake is van onpersoonlijke dilemma's. Maar het is ook bekend dat juist die gebieden minder actief worden wanneer de hersenen emotionele informatie verwerken. Dat is precies wat er gebeurt bij persoonlijke dilemma's. Daarbij gaat het licht van het verstand uit en vlammen vier andere gebieden op, waarvan bekend is dat ze bij emotionele processen betrokken zijn. Die gebieden worden actief wanneer we ons bedrukt voelen of bang, of op een andere manier van slag.

Volgens Greene en zijn collega's is de conclusie simpel. Als we – dat wil zeggen, negen op de tien mensen, zoals Marc Hauser heeft aangetoond – het onaanvaardbaar vinden om de dikke man de spoorlijn op te duwen om de trein te stoppen en vijf passagiers te redden, komt dat omdat er dan gevoelens aan te pas komen. Die gevoelens belemmeren puur logisch redeneren.

'Het was fantastisch om die resultaten te zien toen de eerste foto's verschenen. Het was alsof complementaire systemen in de hersenen elkaars concurrenten waren.'

97

'Verstand en gevoel in een agressieve strijd gewikkeld. Kant tegen Hume, zoals je zei?'

'Hmm...' Greene lijkt afwezig maar dat duurt maar even, totdat hij een ander artikel heeft gevonden. Dat is verschenen in het prestigieuze tijdschrift *Neuron* en gaat dieper in op die innerlijke strijd.[13]

'Tijdens ons eerste experiment merkten we dat de beslissing bij proefpersonen die een onconventionele keus maakten veel langer duurde. Dat waren die paar mensen die antwoordden dat het oké was om die dikkerd de dood in te duwen.'

Er werd tijd in de scanner geboekt om beter te kunnen bekijken wat er gebeurde bij die strikt logische mensen. Allereerst bleek dat hun lange beslissingstijd samenhing met een hoge mate van activiteit in de cortex cingularis anterior. Dat gebied wordt actief wanneer er een intern conflict in de hersenen is doordat reacties of informatie verschillende kanten op duwen.

'Als het dus moeilijk en onaangenaam is om een standpunt in te nemen bij dilemma's waarbij we iemand anders persoonlijk schade moeten berokkenen, komt dat omdat er een conflict is tussen de automatische emotionele reactie en een meer cognitieve component.'

Dat logisch ingestelde mensen over hun aanvankelijke onbehagen heen stapten en ervoor kozen om bloed aan hun handen te krijgen omwille van een grotere zaak, kwam omdat ze meer nadachten dan degenen die weigerden. Ze bleken vooral meer activiteit te vertonen in de cognitieve hersendelen, die betrokken zijn bij analyse en controle over het denken.

'Als je hier op de scannerfoto kijkt zie je dat er vooral verhoogde activiteit is in de dorsolaterale prefrontale cortex aan de rechterkant,' zegt Joshua Greene en wijst op de glanzende pagina. Het verstand geeft het gevoel een standje.

Hersenen en de Raad voor Ethiek

Misschien zouden we ietwat brutaal kunnen zeggen dat het stil-
zwijgende conflict dat in onze hersenen gaande is ook woedt op
globaal niveau, maar dan in een luidruchtigere versie.

In het Westen is ethiek in de laatste twee decennia in het
middelpunt van de belangstelling komen te staan, vooral door de
opkomst van nieuwe, verstrekkende mogelijkheden voor medische
behandeling en de stormachtige ontwikkeling van de biotechnologie. Overal zijn ethische commissies ingesteld om te discussiëren
over wat toelaatbaar is en wat niet. Die discussie is overal dezelfde.
Er is een essentiële botsing tussen enerzijds de ethiek van het algemeen belang en anderzijds die van algemeen geldende principes.
De spanning daartussen heeft de afgelopen tweehonderd jaar de
filosofie van het Westen vrijwel gedefinieerd.

De ethiek van het algemeen belang, of het utilitarisme, werd
geformuleerd door de Engelsen Jeremy Bentham en John Stuart
Mill. De ethiek van het algemeen belang is gebaseerd op het uitgangspunt dat moraal en ethiek gericht zijn op het doen ontstaan
van een zo algemeen mogelijk geluk. Of het minst mogelijke leed,
als je het anders wilt bekijken. In die visie kan om het even welk
probleem of dilemma worden aangepakt door het door een morele
rekenmachine te halen en een uitkomst te krijgen: handeling x
geeft een hogere geluksopbrengst dan handeling y, ergo is handeling x de juiste.

Tegenover de morele rekenmeesters staan de universalisten.
Dat is een groep mensen die zich onder andere kunnen beroepen
op uitspraken van Kant. Volgens hen bestaan er enkele universele
principes en vaste grenzen, die onder geen enkele omstandigheid
mogen worden overschreden. Dan heeft het geen zin om met
getallen en berekeningen te komen. Een principe is een principe
is een principe.

Om Denise en Frank niet opnieuw van stal te halen kunnen we ook kijken naar het dilemma van de vrouw in het oorlogsgebied. Susan heeft de keus tussen haar kind doden en zo haar hele dorp redden, of het kind laten leven en zo de dood van iedereen te veroorzaken. Hier zal de strenge utilitarist, aanhanger van de ethiek van het algemeen belang, zonder aarzelen zeggen dat het moreel aanvaardbaar – ja zelfs verplicht – is dat Susan zichzelf dwingt om de huilbaby te wurgen. Die oplossing stuit echter op afwijzing door de universalisten; die zullen beargumenteren dat het simpelweg verkeerd is om te doden. Punt uit. Ook als het doden gebeurt omwille van een groter goed.

In de buitenwereld horen we een echo van deze argumenten in de discussie over embryonale stamcellen. Die discussie is bijna over de hele wereld gevoerd en loopt op sommige plekken nog steeds. Hij draait om de vraag in hoeverre het ethisch verantwoord is om enkele vroege menselijke embryo's te gebruiken om cellen te produceren die eventueel ziek weefsel zouden kunnen vervangen, zodat diverse groepen patiënten geholpen zouden kunnen worden.

Grofweg gezegd kiezen de aanhangers van de ethiek van het algemeen belang voor stamcelonderzoek, omdat hun innerlijke rekenmachine zegt dat de negatieve kant van het opofferen van enkele celklompjes zonder bewustzijn ruimschoots opweegt tegen de positieve kant van een uitzicht op genezen diabetici en parkinsonpatiënten. Dat pikken mensen die menselijk leven als heilig beschouwen niet, hetzij op religieuze gronden, hetzij omdat ze embryo's als mensen zien en zich niet kunnen verenigen met het idee dat mensen als gereedschappen worden gebruikt. Dat ze worden gereduceerd tot een ding, zoals wel wordt gezegd.

De eeuwige loopgravenoorlog tussen utilitaristen en universalisten heeft in de neuroloog Joshua Greene de filosoof naar boven gehaald. Hij meent dat we de spanningen tussen die twee wezenlijk verschillende perspectieven op de wereld kunnen zien als een fysieke uiting van de sporen die de evolutionaire ontwikkeling van de hersenen heeft achtergelaten. Enigszins provocerend kun je zeggen dat de universalisten de meer primitieve, emotionele delen van de hersenen gebruiken met hun 'Nee, dat is toch te erg!'-reactie, terwijl de utilitaristen de meer ontwikkelde en recentere delen van de hersenschors flink opstoken. Dat is de prefrontale cortex, die ons in staat stelt tot abstract denken, het beheersen van denkprocessen op een hoger niveau en dus ook tot het maken van ingewikkelde ethische berekeningen.

Maar bestaat er überhaupt een moreel besef bij andere soorten dan homo sapiens? zullen sommigen vragen. Is dat niet een unieke uitvinding van de mens, een kenmerk dat ons definitief onderscheidt van andere dieren?

Nee, voor zover we het kunnen beoordelen is het een onderdeel van de evolutionaire erfenis, een eigenschap die berust op basale biologische systemen en die ons van heel vroege voorouders is doorgegeven. We kunnen de jungle intrekken en daar veel lager op de evolutionaire ladder aanwijzingen voor een gevoel voor rechtvaardigheid aantreffen, oftewel het vermogen om goed en kwaad te kunnen onderscheiden. Er is al vastgesteld dat zowel chimpansees als kapucijnaapjes iets vertonen wat lijkt op een moreel oordeel, als ze onrechtvaardig worden behandeld.

Primatoloog Frans de Waal heeft een leven lang vooral met chimpansees gewerkt. Hij werd zich bewust van het verschijnsel toen hij een paar jaar terug een chimpanseekolonie observeerde. Daar werd pas gegeten wanneer de hele groep binnen de omheining verzameld was. Toen kwam er een dag waarop de hele groep het zonder eten moest stellen omdat een paar jonge mannetjes buiten de omheining bleven ronddartelen. Dat gedrag accepteerde de rest van de groep niet. De dag erna werd er afgerekend: de apen die tevergeefs hadden gewacht vielen de schuldige apen aan en straften ze nadrukkelijk.

Die gebeurtenis zette De Waal aan het denken, en hij pakte het later meer systematisch aan en publiceerde in 2003 een onderzoek naar geërgerde kapucijnapen.[14] Die kleine primaten waren getraind om een steentje aan de onderzoekers te geven in ruil voor een beloning in de vorm van een stukje komkommer. Toen ze de procedure allemaal hadden geleerd deed De Waal een experiment waarbij twee apen elkaar konden zien. Hij gaf de ene aap het gebruikelijke stuk komkommer, maar de andere aap kreeg een druif, en kapucijnapen vinden druiven heerlijk. Die grove bevoordeling deed de stakkers die komkommer hadden gekregen luidkeels protesteren. Of ze weigerden gewoon om mee te werken en hun steentje af te geven, of ze smeten het uitgedeelde stuk komkommer boos naar het hoofd van de onderzoeker.

Wetenschap als politiek

'We hebben ons ontwikkeld in een omgeving die radicaal anders is dan de omgeving waarin we nu leven,' zegt Joshua Greene. 'Dat betekent dat we onze geërfde gedragsregels niet kritiekloos hoeven aan te nemen. Het "doel" van de evolutie hoeft niet hetzelfde te zijn als ons doel nu. Ons morele besef heeft zich misschien ontwikkeld omdat het bijdroeg aan het scheppen van een saamhorigheidsgevoel. Maar als de evolutie bijvoorbeeld groepen heeft bevoordeeld die goed zijn in het doden van andere groepen, betekent dat dan dat moderne mensen daar beslist mee door moeten gaan?'

De vraag wordt met indringende stem gesteld maar klinkt toch erg retorisch. Ik antwoord niet en voel me eerlijk gezegd wat verward. Die vraag komt zo onverwacht. Hier zaten we net gezellig met koude koffie en bronwater uit een fles, heerlijk concreet het interessante onderzoek van Greene door te nemen. We hadden net zo'n beetje de artikelen en resultaten die al op tafel lagen besproken en waren aangeland bij de toekomst en bij plannen voor verder onderzoek.

Greene is met meerdere onderzoeken bezig die zich verder in het morele territorium wagen. Hij onderzocht aanvankelijk hoe emotionele intuïtieve reacties zich verhouden tot meer rationele argumenten, en nu wil hij de zaak verder opsplitsen. Hij wil de kringloop van zenuwcellen ontwarren die erbij betrokken is. Hij wil begrijpen welke gevoelens er meespelen en wat hun functionele eigenschappen zijn. Greene wil ook graag ontdekken welke situaties in het dagelijks leven op onze mentale knoppen drukken en de bijbehorende gevoelens oproepen. Bijvoorbeeld zoiets als het breken van een belofte. Met behulp van de gebruikelijke dilemma's en een fMRI-scanner is hij volop bezig om te bekijken wat het breken van een belofte omwille van een goede zaak nu inhoudt. Nemen we het basale treindilemma, dan lijkt het erop dat het moeilijker is om de trein te laten ontsporen en naar de man op het zijspoor te sturen, als we die man van tevoren hadden beloofd dat we dat niet zouden doen. Waarom? Greene onderzoekt welke verschillen er zijn in de manier waarop de hersenen dat probleem aanpakken. Ook onderzoekt hij de verschillen tussen mensen die ervoor kiezen om hun woord te breken, en degenen die dat niet doen. Dat is allemaal enorm spannend, en dan buigt hij opeens het gesprek een volslagen andere kant op.

'De wérkelijke betekenis van mijn soort neurologisch onderzoek is niet de concrete wetenschap die het oplevert – het feit dat bij mijn experimenten zowel verstand als emoties meespelen. Nee, als mensen echt warm lopen voor onderzoek met beelden van hersenen, dan is dat omdat we te maken hebben met wat ik noem *the soul's last stand.'*

Het laatste bastion van de ziel. Toe maar.

'Dat moet je zo zien: we kunnen meer en meer menselijke eigenschappen verklaren aan de hand van fysiologische details en hersenprocessen. Het gezichtsvermogen, bijvoorbeeld, kunnen we uitstekend verklaren. Maar veel mensen willen toch dat er een plek is waar de fysieke hersenen ophouden en iets anders begint. De geest of de ziel. Veel kunnen we aan de hersenen overlaten, maar de ziel moet toch enkele essentiële vermogens hebben, vindt men.

Een daarvan moet het vermogen tot moreel oordelen zijn, omdat volgens de westerse traditie juist de kwaliteit van de ziel bepaalt waar je in je leven uitkomt. Als we het vermogen tot moreel oordelen dan niet tot een eigenschap van de ziel kunnen terugvoeren, dan bestaat er helemaal geen ziel!'

'Maar dat is toch precies wat de neurowetenschap doet, die beweert dat er geen ziel is, dat we dat hele idee kunnen verwerpen.'

'Klopt. Bewustzijnsfilosofen hebben ook gezegd dat wat er in de geest gebeurt alleen de werking van de hersenen is, maar dan van binnenuit gezien. Die materialistische zienswijze is helemaal niet nieuw maar wel radicaal, en dat filosofen dat soort dingen beweren is één ding, maar dat gewone mensen het ook geloven is iets heel anders. Écht geloven. Maar als je ze beelden van hersenen laat zien waarop dit deel opgloeit terwijl je die morele keuze maakt, en dat deel terwijl je iets anders doet, dan ervaren ze heel fysiek dat die filosofen en wetenschappers misschien wel gelijk hebben! Misschien zijn de meest intieme handelingen van mijn ziel alleen maar processen tussen hersencellen die hun werk doen.'

Dat is wat Francis Crick zijn 'verbazingwekkende hypothese' noemde. Die oude reus werkte mee aan het ontdekken van de structuur van het DNA en zette de genetische revolutie in gang, maar verliet daarna de moleculaire biologie en benutte de rest van zijn leven voor onderzoek naar bewustzijn. Zijn beroemdste uitspraak is dat de mens in wezen 'een zak zenuwcellen' is, '*a bag of neurons*'.

'Een zak materie zijn we in elk geval,' reageert Greene. Hij neemt deel aan het debat dat momenteel binnen de psychologie gaande is over de vraag of het überhaupt de moeite waard is om hersenonderzoek te doen. 'De ene groep vraagt zich af of het eigenlijk wat extra's oplevert om naar hersenen te kijken in plaats van psychologisch onderzoek te doen. Ook wordt gedebatteerd over het doel van het in kaart brengen van hersenfuncties.'

Hij kijkt uit over Cambridge, de ogen wat samengeknepen tegen de weerspiegeling van de vele ramen in het gebouw, die blinken in de zon.

'Wanneer we iets in kaart brengen, functies en eigenschappen, leggen we ze vast op concrete plekken waar mensen ze zelf kunnen zien. We veranderen de manier waarop gewone mensen nadenken over hun mens-zijn. Wat we in onze artikelen schrijven heeft culturele gevolgen, die volgens mij reëel en belangrijk zijn.'

Niet iedereen is het met hem eens, en zeker niet in wetenschappelijke kringen. Een voorbeeld is een uiterst kritische blog uit 2005 waarin een anonieme neurobioloog uit Maryland, die zich Lucretius noemt, Greene door de mangel haalt met de titel *Does Neuroscience Contradict Ethics?*[15] Lucretius bespreekt Greenes ontdekking over de rol van emoties en de diverse hersengebieden, en eindigt ermee op te merken dat 'Greenes variant van de neurowetenschap geen wetenschap is maar een nieuwe toevoeging aan de categorie "politiek met andere middelen"'.[16]

Politiek is geen alledaagse kost in biologische laboratoria. Meestal blijven onderzoekers in hun rol van experts, onpartijdig en zonder mening, aan wie anderen om technisch commentaar vragen. Greene laat geen moment twijfel bestaan aan zijn ambities en schrijft recht voor zijn raap op zijn homepage dat hij een politiek doel heeft. Hij heeft niet uit zuiver wetenschappelijke belangstelling gekozen voor het onderzoeken van moraal, maar omdat hij de wereld beter wil maken. Niet meer en niet minder. Hersenonderzoek als maatschappijverbeterend instituut.

'Beslist. Maar dan op een andere manier dan mensen op het eerste gezicht denken. Wanneer we nadenken over de vraag hoe de wetenschap de wereld kan helpen, denken we gewoonlijk aan technologie. Dat soort ingenieursdenken gaat over het bouwen van betere windmolens, energiezuinigere auto's, en wat betreft medisch onderzoek gaat het over het vinden van manieren om een heleboel ziekten te kunnen genezen. Ongetwijfeld zal ook mijn onderzoek leiden tot medische vooruitgang, maar volgens mij zal het werkelijke belang van dit soort werk liggen in wat ik "de psychotechnologie" noem.'

'Psychotechnologie?'

'Dat wil zeggen, nieuwe manieren van denken.'

Zonder dat ik het merkte had Greene – vast onbewust – zijn vinger geheven, en nu hangt die voortdurend schuin voor zijn gezicht. 'De beperkingen die we in de wereld zien zijn niet technologisch in traditionele zin. We kúnnen al betere auto's maken en alle mogelijke ziekten genezen, maar bij de oplossingen voor de grote problemen draait het om het verdelen van de beschikbare middelen en het nemen van collectieve besluiten die de wereld als geheel ten goede komen. De werkelijke barrière voor vooruitgang is volgens mij onze eigen...'

'...menselijke aard?'

'Ja, absoluut.'

Greene ziet zichzelf als een producent van inzicht, een inzicht dat onder alle mensen moet worden verspreid zodat het zowel het denken als het doen kan veranderen.

'Mijn hele onderzoek draait erom,' – nu klinkt hij weer indringend – 'dat we de wereld kunnen verbeteren door de biologische basis van de moraal beter te begrijpen. Ik wil er erg graag aan bijdragen dat mensen een gezond wantrouwen gaan koesteren jegens hun morele intuïtie. Ik ben ervan overtuigd dat we meer geneigd zullen zijn om dingen anders te doen wanneer we eenmaal begrijpen wat we zijn en waarom we doen wat we doen.'

Nu lichten zijn ogen bijna op. Ik hoef geen vragen te stellen, hij gaat vanzelf door.

'De meesten van ons zijn opgegroeid met het idee dat onze eigen morele intuïtie de enig mogelijke is. Dat was heel logisch. Toen werden we na verloop van tijd blootgesteld aan een grotere wereld en zagen we dat er andere mensen bestonden met een andere kijk op de dingen, en óf we accepteerden dat en werden een tikje meer kosmopolitisch, óf we werden er erg boos over en werden een soort moderne kruisvaarders voor ons eigen lokale wereldbeeld. Dat is de essentie van het verschil tussen links en rechts in de Verenigde Staten en veel andere landen. Probeer je nu een wereld voor te stellen waarin we opgroeien met een begrip voor het feit dat de manier waarop onze hersenen fungeren door toevallige omstandigheden is ontstaan in het milieu waarin homo sapiens zich ontwikkelde. Dat de menselijke natuur vol barsten zit en ten diepste onvolmaakt is, en dat we de wereld niet zien zoals die ís, maar alleen als een gefilterd beeld. Als die kennis in de culturen doordrong zou dat echt iets veranderen.'

Hier zie ik mijn kans schoon om aan het gesprek bij te dragen. Eventjes maar. Want de man die hier zit te bepleiten dat het licht van de ratio ons allemaal naar een beter leven zal leiden, heeft zelf met zijn prachtige experimenten aangetoond dat het in hoge mate de emoties zijn – gevoelens ontstaan in primitieve hersendelen – die vaak onze besluiten bepalen. Hoe kan hij dan zo blind vertrouwen op erkenning en inzicht?

Even stokt Greenes woordenstroom, en hij ziet er zelfs wat beteuterd uit. Heel even maar, dan begint hij weer.

'Daar zijn twee antwoorden op. Het ene is dat je misschien gelijk hebt, misschien zijn we hulpeloos gebonden aan onze steentijdmoraal. En wat moet ik dan met mijn leven doen, het bedrijfsleven ingaan en een hele zwik geld verdienen? Of het andere antwoord: misschíén is het een poging waard om te proberen de wereld te redden door middel van de wetenschap.'

Ik kan moeilijk nee zeggen. Tenslotte wil ik daar niet zitten als een moedwillige cynicus, een ijskoud mens zonder hoop op een betere wereld en zonder geloof in de wetenschap. Dat gaat niet.

'En nog iets anders,' zegt Greene, die blijkbaar een derde argument heeft gevonden. 'Vrijwel om het even wat, kan aan een emotionele reactie worden gekoppeld als de cultuur daarvoor zorgt. Denk maar aan rijden onder invloed en aan seksuele intimidatie.'

'Hoe bedoelt u?'

'Beide werden vroeger niet echt als moreel verwerpelijk gezien.
Maar nu hebben we ze in ons deel van de wereld verwerpelijk
gemáákt, ze zijn pijnlijk en worden geassocieerd met onaangename
gevoelens. Met andere woorden, een cultureel proces heeft voorheen geaccepteerde zaken getransformeerd tot iets dat emotioneel
geladen is, en verboden. Het verschijnsel is een morele kwestie
geworden. Dat gebeurt wanneer een samenleving erkent dat iets
te veel kost, en daarom een ontwikkelingsproces in gang zet en
instituties instelt.'

Nu ben ik nieuwsgierig of al dat denken en inzicht ook
Greenes eigen morele houding heeft beïnvloed.

'Tja, ik ben bepaald geen heilige maar ik geef absoluut meer
aan liefdadigheid dan ik zou hebben gedaan als ik niet zoveel over
die vragen zou hebben nagedacht. En ook vermoed ik dat ik milder ben geworden.'

'Meer zen-achtig?'

'Ik geloof in elk geval graag dat ik mijn gedrag meer laat leiden
door de verwachte gevolgen ervan dan door mijn intuïtieve emotionele reacties.'

Hij kijkt uit over het ansichtkaartplaatje onder ons, en plotseling glimlacht hij. Er schiet hem een voorbeeld te binnen, zegt
hij, en hij vertelt me een kort verhaaltje over hoe hij onlangs zijn
ouders moest afhalen op Harvard Square. Daar parkeerde hij zijn
auto in een parkeervak, maar desondanks bezorgde een parkeerwachter hem een boete van honderd dollar. Greene was geërgerd
– zoveel verdient een universitair docent nou ook weer niet –
maar was toch in staat om tegen zichzelf te zeggen dat die arme
parkeerwachter een ellendige baan had, dat zijn eigenwaarde af-
hing van het uitdelen van een paar boetes, en dat hij zo zijn leven
betekenis gaf. De jonge zenmeester was kalm bereid om die honderd dollar te overhandigen en reed vredig verder met zijn familie.

'Maar dan mijn vader! Die riep en schreeuwde en bereikte niets, behalve dat hij zich ergerde en een hoge bloeddruk kreeg. Daar heb je nou het verschil.'

Psychopaten en hulp bij zelfdoding

Toen Marc Hausers boek *Moral Minds* verscheen werd het in de *New York Times* gerecenseerd door Richard Rorty. Dat is een zeer gerespecteerde filosoof en emeritus professor van Stanford University, en hij was niet onverdeeld enthousiast. Rorty doet in zijn recensie laatdunkend over biologen die zich begeven op het vakgebied van de humanisten en denken dat ze hen nog iets kunnen leren. Mensen passen hun moraal aan en ordenen die door de geschiedenis te kennen, door romans en filosofische traktaten te lezen, zegt Rorty. Niet door naar een stel biologen te luisteren. Hij vindt het hoogmoedig dat Hauser het waagt te betogen dat politici en beleidsmakers rekening zouden moeten houden met onze biologisch gefundeerde morele intuïtie bij het bedrijven van politiek en het ontwerpen van wetten.

'Ja, maar als je moraalfilosofen naar het onderwerp vraagt vinden ze meestal dat het tijdsverspilling is om je bezig te houden met biologie,' antwoordt Marc Hauser en maakt een afwerend gebaar met zijn handen. 'Voor hen is het niet interessant wat mensen doen, alleen wat ze zouden moeten doen. Ik vind die houding volstrekt absurd. Hoe je ook vindt dat mensen zich moeten gedragen, of dat gedrag beklijft hangt altijd af van hoe goed het past bij de menselijke aard. Als we als samenleving een stabiel moreel raamwerk willen maken – ik denk daarbij aan wetgeving en politiek – wil ik liever een raamwerk dat rekening houdt met wat we weten over de menselijke aard. Dan kunnen we zien waar de valkuilen zijn.'

Hij kan het ten slotte niet laten om zelf commentaar te geven op de afwijzende recensie. 'Rorty heeft het boek niet gelezen.

Ik schreef een reactie aan de *New York Times*, die ze ook publiceerden. Dat doen ze maar heel zelden, maar zijn recensie was gewoon incompetent.' Hauser sist 'zielig!' uit zijn mondhoek, en begint dan zijn frustratie te ventileren over een bijzonder wijdverbreid misverstand.

'Sommige dingen die mensen blijkbaar erg moeilijk vinden om te snappen, blijven de hele tijd rondzingen. Ik heb er met Noam Chomsky over gesproken, omdat hetzelfde gebeurde met zijn vroege werk over een universele grammatica. Het gaat hierom: zodra je "mens" en "biologie" samen in één zin noemt halen mensen het in hun hoofd dat er sprake is van iets wat vaststaat en niet verandert. Inflexibiliteit staat helemaal nergens in mijn boek, maar mensen hebben een filter op hun bevattingsvermogen dat...'

De woorden drogen op.

'We moeten beslist dat idee uit de hoofden van de mensen peuteren. Kijk, als de evolutiebiologie ons íéts heeft geleerd dan is het wel dit: niets ligt vast in de biologie. We hebben één genetisch systeem – gebaseerd op dezelfde vier DNA-bouwstenen – dat ons alle ontelbare vormen van leven geeft. Als dat wijst op inflexibiliteit dan weet ik het echt niet meer.'

Dan springt hij over op een ander onderwerp. 'Je zegt dat je geïnteresseerd bent in de mogelijke betekenis van hersenonderzoek voor de maatschappij?'

'Ja, ik...'

Hauser wrijft met een afgemeten gebaar een paar keer in zijn kraag en wacht niet op een lange uitleg. Een bliksemsnelle scherpe glimlach glijdt over zijn gezicht.

'Daar zou ik misschien *Moral Minds II* over moeten schrijven. Maar goed, ter zake: neem het verschil tussen handelen en nalaten.'

Dat is een van de basisregels die Hauser in zijn morele grammatica heeft beschreven, namelijk dat iemand die schade toebrengt in moreel opzicht strenger wordt veroordeeld als hij de schade door actief handelen heeft veroorzaakt, dan als hij precies hetzelfde heeft veroorzaakt door passief te blijven. Het is een asymmetrie die dwars door alle verschillen in cultuur, leeftijd en opleiding heen bijzonder robuust lijkt te zijn en blijkbaar ingebakken zit in onze morele houding.

'Waarom is het zo belangrijk om zo'n biologische eigenaardigheid te documenteren, kun je vragen. Juist omdat ik geloof dat die in de praktijk iets betekent. Kijk maar naar euthanasie, hulp bij het sterven. In een paar landen, België en Nederland, is actieve euthanasie toegestaan, maar hier en op meerdere plaatsen bestaat de vreemde situatie dat actieve euthanasie wordt tegengegaan, terwijl passieve hulp wordt geaccepteerd en ondersteund.'

Hij schudt zijn hoofd. 'Waarom?'

'Volgens mij komt dat in wezen door die ellendige asymmetrie, die ons vertelt dat een handeling slecht is, maar dat passief toekijken best mag. Dat onderscheid zou bij euthanasie absoluut niet moeten bestaan. De bedoeling van de arts is precies dezelfde, namelijk het lijden van een ongeneeslijk zieke te beperken, en het gevolg is ook hetzelfde, namelijk dat de patiënt doodgaat!'

Nu verheft Hauser zijn stem en schreeuwt bijna.

'In feite is het humaner om actief een spuitje te geven, want de zieke lijdt meer als hij drie dagen moet wachten om vanzelf in coma te raken,' zegt hij, en lijkt oprecht moreel verontwaardigd. Het wordt er niet beter op als ik hem vertel dat wij in Denemarken met tussenpozen datzelfde debat hebben, dat ook de Italianen ermee overhoop liggen, en dat actieve euthanasie op beide plaatsen de verliezer is.

'Absurd! Maar wat ik wil zeggen is dat mensen bij dit onderwerp duidelijk moeten beseffen waar die asymmetrie vandaan komt. Ze moeten dat besef meenemen bij hun gepeins over juridische en politieke onderwerpen.'

Ik krijg langzamerhand een stijf gezicht van het luisteren en alleen maar knikken, glimlachen en Hauser levendig geïnteresseerd aankijken. Bovendien heb ik het gênante gevoel dat ik volstrekt onwetend overkom, en daarom gooi ik nu de naam Joshua Knobe maar op tafel. Gelukkig vangt Hauser dat balletje op.

'O ja, dat is een mooi voorbeeld, dat met die directeur, nietwaar?'

Knobe is filosoof, maar dan van het soort dat experimenten uitvoert. Hij heeft onder andere aangetoond dat het heel interessant is hoe we aan andere mensen intenties toeschrijven. Bij een van zijn proeven vertelde Knobe zijn proefpersonen een aantal verhalen over een directeur.[17] Die had een bedrijf dat een nieuw beleid introduceerde dat geld in het laatje bracht, maar tegelijk als potentieel bijeffect hetzij nadelig hetzij gunstig voor het milieu was.

In de ene versie van het verhaal loopt het uit op milieuschade, terwijl er in de andere versie winst voor het milieu blijkt te zijn. Als Knobe zijn proefpersonen verzoekt om in die twee gevallen de intenties van de directeur te evalueren, ziet hij een duidelijke asymmetrie. Bij de versie met milieuschade antwoorden negen op de tien proefpersonen dat die schade daadwerkelijk de bedoeling van de directeur was. Hij deed het met opzet, de hufter. Bij de andere versie menen echter maar twee op de tien proefpersonen dat hij de bedoeling had het milieu te verbeteren; nu beschouwen ze dus blijkbaar het bijeffect echt als een bijeffect. Die man had gewoon geluk. Oftewel: wat er daadwerkelijk gebeurt, kleurt in hoge mate ons oordeel over de morele positie en intenties van andere mensen.

'Die kleuring is in de praktijk enorm belangrijk bij het pleiten voor een jury bij een rechtszaak. Als ik zeg: de handeling van die persoon leidde tot iets verwerpelijks, dan zullen veel mensen die persoon meteen opzet toeschrijven. En in de rechtsorde is het allesbepalend of iemand iets met opzet heeft gedaan. Nog een voorbeeld van het belang van kennis over hoe we moreel in elkaar zitten, dunkt me.'

Een andere bijdrage meldt zich in mijn hoofd, en ik hoef alleen maar 'psychopaat' te zeggen of Hauser vangt het idee in volle vaart op en praat zonder overgang verder.

'Ja, ja, ja. We zijn net aan de gang met psychopaten. Een fantastisch interessante groep. Velen van hen zitten in de juridische molen, waar ze vaak terechtstaan voor geweldsmisdrijven. Voor het vellen van een oordeel is het van doorslaggevend belang om te weten of ze het, in klassieke zin, "met opzet" deden. Het kan zijn dat ze misschien geen intact moreel besef hebben, of het kan zijn dat ze heel goed het verschil kennen tussen goed en fout, maar dat ze fout handelen omdat hun gevoelens beschadigd zijn. Dat het niks voor hen betekent om iemand tot moes te slaan.'

Hauser wil proberen een antwoord te krijgen door zijn Moral Sense Test te gebruiken om te onderzoeken hoe psychopaten staan tegenover verschillende soorten dilemma's die draaien om het doden en beschadigen van andere mensen. Wijken ze af van de norm en zo ja, hoe dan?

'Voor de wet maakt het alles uit of die persoon willens en wetens amoreel handelt. Er staan voortdurend psychopaten terecht, en die worden dan kil en rationeel genoemd en als zodanig veroordeeld, maar in feite hebben we geen idee wat hun mankementen zijn. Ik kan je massa's andere voorbeelden geven van groepen patiënten bij wie het belangrijk is uit te vinden welke neurologische schade ze hebben, en in hoeverre die ertoe leidt dat ze misschien niet zoals andere mensen weten wat ze doen wanneer ze iets strafbaars uithalen.'

'Eigenlijk vraag je dus wat schuld is?'

'Ja, uiteraard gaan we uiteindelijk zover. Het wordt een uitdaging om te begrijpen wat het betekent om iets met opzet te doen, en welke asymmetrieën in onze opvattingen tot bepaalde reacties zullen leiden. Voor zover ik het kan zien gaat het erom de bron van onze morele waardeoordelen te vinden. Hoe aspecten als opzet en nalaten meespelen, in welke mate we bewust toegang hebben tot de principes die eraan ten grondslag liggen, en in hoeverre het oefening vereist om tot een bepaald waardeoordeel te komen.'

Ik kan merken dat de tijd bijna op is. Marc Hauser klopt zachtjes met een hand op de tafel en hij heeft al een paar keer op zijn horloge gekeken. Zelfs de oude gele hond op mijn voet ligt onrustig. Ten slotte moet de professor afbreken met het oog op de volgende afspraak, maar hij stuurt me wel weg met een voorspelling.

'Geef het tien, twintig jaar,' zegt hij met zijn handen geheven. 'Tegen die tijd zal je zien dat kennis van de hersenen van enorm praktisch belang is, zeker ook op manieren die we ons nu überhaupt niet kunnen voorstellen.'

De man heeft gelijk. Het ís ook moeilijk om de contouren van de vijfde revolutie te ontwaren terwijl die net bezig zijn zich te ontvouwen. Het is lastig om je voor te stellen met welke concrete veranderingen we te maken zullen krijgen. Gegarandeerd zal het met veel van de voorspellingen gaan zoals het altijd gaat: als de toekomst inderdaad aanbreekt, zullen ze volslagen belachelijk lijken. Zoals de blije beelden uit de jaren vijftig over het verre jaar 2000 als een vergevorderd ruimtetijdperk met vliegend verkeer in de steden, voedselpillen en aardige metalen robotten die op de kinderen passen en de hond uitlaten. Of voor mijn part zoals de wereldberoemde schrikbeelden van Orwell en Huxley, waarvan we ook niet kunnen zeggen dat ze zijn uitgekomen.

Maar misschien zijn de fysieke uitingen van verandering helemaal niet de meest interessante. Ik ben ervan overtuigd dat de kern van de vijfde revolutie, het werkelijk revolutionaire, datgene is waar Joshua Greene mee bezig is en wat die oude Francis Crick al jaren geleden zag. Namelijk, dat we allemaal inzien dat we een zak neuronen zijn en blijven.

Dat is niet omdat ik het idee vreemd vind; in tegendeel, telkens wanneer de discussie zich voordoet ben ik er een warm pleitbezorger van. In talloze debatten heb ik tegen een hardnekkige dualist staan roepen: 'De hersenen zíjn de ziel!' en talloze malen bevond ik me in een verhit pleidooi voor het opgeven van het traditionele idee dat de mens is opgedeeld in biologie en 'iets anders'. Waar in 's hemelsnaam zou dat andere dan vandaan moeten komen, en waar is het bewijs dat het überhaupt bestaat? Tegen de tijd dat we op dat punt zijn aangeland antwoorden dualisten bij voorkeur dat 'we toch niet kunnen leven met het idee dat we alleen maar chemie en moleculen zijn'. Waarop ik altijd antwoord: 'Natuurlijk kunnen we dat. Wat zou dat uitmaken?'

Maar dat is nou net de vraag. Wat maakt het uit als we de opvatting van onszelf als pure biologie serieus accepteren? Wat maakt het bijvoorbeeld uit voor onze moraal?

Het is fascinerend om iemand te ontmoeten die zo zeker van zijn zaak is als Joshua Greene. Die idealist in een overigens harde en onsentimentele wetenschap, een jonge onderzoeker die met stralende ogen en rode wangen antwoordt dat het zal leiden tot een beter begrip voor andere mensen. Als we anderen werkelijk zien als ronddwalende complexe systemen, combinaties van een set overgeërfde genen en een min of meer toevallig milieu, ja, dan beschouw je die anderen niet langer als tegenstanders die moeten worden bestreden omdat ze anders zijn. Het worden in plaats daarvan individuen waarmee we moeten onderhandelen.

Dat klinkt mooi. Maar is het steekhoudend?

Greene heeft het in elk geval goed gezien met zijn voorspelling dat een dieper inzicht in de mechanismen achter onze morele keuzes en opvattingen verschil kan maken voor de manier waarop we handelen. Maar ik geloof dat het gigantisch naïef is om te veronderstellen dat dat noodzakelijkerwijs een positief verschil zal zijn. Dat een doorsneepersoon zich wijzer zal voelen en automatisch vrijgeviger zal worden in het dagelijks leven en meer geld zal stoppen in de collectebussen van het Rode Kruis en Vluchtelingenhulp.

Want wat doet onderzoek naar de biologie van de moraal? Het wijst er met een grote wijsvinger op dat moreel realisme niet bestaat. Met andere woorden: de opvatting dat er absolute en waarachtige waarden bestaan die op de een of andere manier

van nature gegeven zijn en onafhankelijk van onszelf, is fictie.
Het hersenonderzoek vertelt ons dat ons gevoel voor wat juist
is en wat fout, wat goed is en wat slecht, uit onze eigen hersenkronkels komt. Hersenkronkels die trouwens zijn gevormd door
blinde evolutionaire krachten.

We kunnen onszelf natuurlijk wijsmaken dat de collectebus
weinig doet met onze gevoelens omdat we ons in kleine groepen
hebben ontwikkeld, waarbinnen solidariteit op afstand geen voordeel bij het overleven gaf. Vervolgens zijn we dan alsnog solidair
op afstand, bewust. Maar we kunnen onze kennis over morele
mechanismen net zo goed gebruiken om ons te bevrijden van
het 'goede' als om het te bevorderen. Als we weten dat wat we
de hele tijd voelen een, om zo te zeggen, 'poets' is die de evolutie
ons heeft gebakken, dan kunnen we dat gevoel beter negeren.

Meer kennis brengt meer autonomie. Maar de andere kant van
de medaille is een grotere verantwoordelijkheid. Die ontstaat bij
de erkenning dat biologische eigenschappen, zoals Marc Hauser
benadrukt, niet statisch zijn maar uiterst dynamisch en beïnvloedbaar. Een zak neuronen kan niet alleen van buiten, maar ook van
binnen worden beïnvloed. Als we dat erkennen kunnen we de
biologie niet langer gebruiken als een stel krukken of als excuus
voor ons handelen. We zullen niet langer achterover kunnen
leunen en een minder geslaagde daad verontschuldigen met een
'zo ben ik nou eenmaal', 'dat is de menschlijke aard', of het meest
verwerpelijke excuus van allemaal, 'ik ben maar een mens'.

Met de vijfde revolutie zijn we niet langer 'alleen maar mensen'. We worden mensen met een allesbepalend inzicht in onszelf.
Je zou kunnen zeggen dat het venster in onze hersenen dat wordt
opengezet ieder van ons moreel verantwoordelijk maakt op een
ander niveau dan we tot nu toe hebben meegemaakt. Nu blijkt
immers dat we daadwerkelijk een keus hebben. Of we nu een
reeks cultureel bepaalde normen volgen of alleen handelen zoals

ons 'onderbuikgevoel' ons in een gegeven situatie vertelt, anderen zullen dit gedrag beschouwen als een bewuste keus.

Het vraagstuk van de persoonlijke verantwoordelijkheid wordt sowieso interessant om te blijven volgen. Het kan best zijn dat we een ontwikkeling zullen zien die twee kanten opgaat. Enerzijds zullen de neurologen kennis aandragen die diverse neurologisch beperkte groepen min of meer vrijpleit van verantwoordelijkheid, en die betekenis zal hebben voor de manier waarop die mensen juridisch zullen worden behandeld. Dat kunnen psychopaten zijn, zoals Marc Hauser benadrukt, maar ook mensen met meer subtiele schade of afwijkingen. Anderzijds zal voor alle andere mensen de persoonlijke verantwoordelijkheid zwaarder gaan wegen.

De eerste tekenen zien we al bij maatschappelijke debatten, bijvoorbeeld in de globale discussie over de al even globale opwarming klinkt die persoonlijke verantwoordelijkheid steeds duidelijker door in de retoriek. Je moet zélf wat doen, heet het. Jij met je benzineslurpende sportwagen, jíj draagt bij aan het smelten van de ijsbergen en het stijgen van het water, jíj bent verantwoordelijk wanneer een volgende overstroming Bangladesh treft en duizenden mensen met zich mee sleept. Noch de taak, noch de verantwoordelijkheid kan nog langer worden afgeschoven op een handige collectieve en vormeloze grootheid als 'de samenleving'. Het individu komt onherroepelijk weer centraal te staan.

117

oefening baart geluk

Na de landing in Madison, Wisconsin, wordt mijn humeur er niet beter op. De Amerikanen noemen het *the heartland*, maar het is koud en het regent. Bovendien is het vliegveld piepklein en intriest, en er staan geen taxi's klaar om me ervandaan te brengen. Het lijkt verlaten en troosteloos. Ik vind een balie met het bordje INFORMATIE in grote blokletters, maar de oude man die erachter staat lijkt niet echt happig om informatie te geven.

'Ik kan niet horen wat je zegt,' snerpt hij geërgerd als ik vraag hoe ik mijn hotel in de stad kan vinden. Hij staat niet op uit zijn stoel maar leunt demonstratief verder naar achteren, zodat ik me over de balie moet buigen en vier keer de naam moet herhalen eer hij het snapt. 'Ken ik niet. Bestaat niet. Je vergist je.'

'Dank u. Ik heb veel gehoord over hoe behulpzaam mensen hier in het Midwesten zijn', zeg ik luid, maar het sarcasme glijdt volledig langs het oudje heen. Ik rol mijn koffer door de aankomsthal, vind een telefoonboek en krijg eindelijk het hotel – dat dus bestaat – zover dat ze hun minibus sturen.

De rit door de stad verloopt in stilte, maar er valt ook niet veel te zeggen. Er is één hoofdstraat en verder een eindeloze rij eengezinshuizen met een gazon eromheen. Mijn hotel, dat aan de rand van de stad ligt en tot een van de grote, anonieme ketens behoort, koestert die trieste sfeer. Een schelle tl-buis verlicht de lobby, een groot tv-scherm met korrelig beeld staat permanent ingesteld op CNN, en de portier doet alsof hij nieuwe gasten niet ziet of hoort. Ik moet twee keer *excuse me* zeggen eer hij traag opkijkt en mijn reservering registreert.

'En wat brengt u naar Madison,' zegt hij op automatische toon, terwijl hij mijn persoonsgegevens in zijn computer tikt. Matt heet hij volgens zijn kleine plastic naambordje.

'Ik ben hier om over geluk te leren, Matt,' zeg ik zuur. 'Misschien weet je dat een van de kopstukken van het geluksonderzoek hier vlak tegenover op de universiteit zit?'

Matt haalt zijn vingers van de toetsen en kijkt me een ogenblik aan alsof hij me ervan verdenkt dat ik hem voor de gek houd.

'Geluksonderzoek?' zegt hij lijzig. Dan draait hij zich half om en roept luid naar een bleek vrouwmens dat achter de balie in een stoel hangt. 'Cherry, heb je ooit gehoord van geluksonderzoek – en nog wel hier in de stad?'

Dat heeft Cherry niet.

Matt en Cherry lopen achter: de laatste paar jaar is het geluksonderzoek sterk opgekomen en bijna een complete industrie geworden. Geluksonderzoek kan pochen op meer dan drieduizend gepubliceerde artikelen, er is een *World Database of Happiness* gemaakt die geluksstudies uit de hele wereld verzamelt en analyseert, en onlangs heeft het veld zijn eigen *Journal of Happiness Studies* kunnen lanceren. Geluk is een hot thema op de globale agenda geworden, en onderzoekers pakken het onderwerp op diverse niveaus aan.

Voor het abstracte perspectief zorgen de maatschappijonderzoekers – economen en sociologen – die zich richten op maatschappelijke vraagstukken. De collectieve tevredenheid van een land is een parameter geworden die wordt berekend en bepaald aan de hand van vernuftige formules en systemen. Duizenden mensen worden ondervraagd om hun eigen geluksniveau vast te stellen op een schaal van 1 tot 10, en op die basis worden regionale en globale geluksindexen opgesteld. Een paar keer per jaar worden deze onderzoeken breed uitgemeten in de media; Nederland zit meestal bij de hogere middenmoot.

Het hele onderzoeksveld komt voort uit de paradox van Easterlin. In de jaren zeventig ontdekte de Amerikaanse econoom Robert Easterlin tot zijn eigen ontzetting en die van anderen dat het Amerikaanse doorsnee-inkomen tussen 1946 en 1974 meer dan verdubbeld was terwijl de tevredenheid geen zier was veranderd. Dat leidde tot het beroemde artikel 'Does Economic Growth Improve the Human Lot?'. Sindsdien heeft een stroom aan onderzoeken aangetoond dat het antwoord glashard 'nee' is. Als we eenmaal een redelijk inkomen hebben bereikt lijkt extra geld niet veel meer uit te maken voor de basistevredenheid. Statistisch gezien hebben getrouwd zijn en huisdieren bezitten bijvoorbeeld meer invloed op het geluksniveau, terwijl het hebben van kinderen voor het geluk van de ouders niets uitmaakt.

Intussen is geluk binnen het bereik van de politieke radar gekomen. De laatste paar jaar heeft het kleine koninkrijk Bhutan in de Himalaya enorm veel aandacht in de pers gekregen door het begrip 'bruto nationaal geluk' te hanteren als vast onderdeel van de nationale begroting. In Zwitserland en de Verenigde Staten debatteren maatschappijonderzoekers over de vraag hoe het regeren en besturen van een land een zo groot mogelijk maatschappelijk geluk tot gevolg kan hebben. In het Verenigd Koninkrijk is het idee doorgedrongen tot het hoogste politieke niveau. David Halpern, adviseur van Tony Blair, voorspelde in 2006 dat regeringen binnen tien jaar zullen worden afgerekend op de vraag hoe gelukkig ze hun bevolking maken. In zijn kielzog maakte de conservatieve leider David Cameron een opmerking. In een toespraak op het congres Google Zeitgeist benadrukte hij dat het niet langer volstaat om ons uitsluitend te concentreren op het klassieke bruto nationaal product, maar dat we ook *general well-being* in het oog moeten houden. Het vergroten van het algemene welzijn is volgens Cameron de grootste uitdaging voor een moderne samenleving.

Volgens Ruut Veenhoven, socioloog en directeur van het geluksonderzoek aan de Rotterdamse Erasmus Universiteit, is de enorme toename van geluksonderzoek gewoon het logische gevolg van de vooruitgang; het wordt ook een welvaartsverschijnsel genoemd. Het Westen heeft zo veel van zijn problemen opgelost dat het moeilijk is om te zien wat we moeten doen om het nóg beter te krijgen.

Geluk staat ook in persoonlijk opzicht boven aan de piramide van behoeften, en daarmee zijn we bij een cruciaal stadium beland wat betreft onze kijk op geluk. Geluk – dat vluchtige en ongrijpbare verschijnsel – is een goed dat we bijna als een recht beschouwen. We móéten gelukkig zijn, nietwaar? Dat is toch het doel van het leven, of niet soms?

Het gaat niet om geluk dat ontstaat als neveneffect van iets anders, bijvoorbeeld een gezin hebben of goed zijn in ons werk. Nee, we streven naar geluk op zichzelf, naar een soort gesublimeerd geluksgevoel. De planken met zelfhulpboeken buigen door van het aanbod aan boeken die beloven dat we in een eeuwig stijgende spiraal naar steeds hogere graden van welzijn, tevredenheid en geluksgevoel kunnen bewegen. Waar we vroeger dachten dat lichamelijke gezondheid, welvaart, een goed sociaal netwerk, een hecht gezinsleven en dergelijke allemaal konden leiden tot geluk of tevredenheid met het leven, is de toon in een deel van de wetenschappelijke literatuur nu omgekeerd. Nu draait het erom dat een toestand van geluk ook leidt tot een beter sociaal leven, betere gezondheid en een hogere productiviteit. Geluk is medicijn voor het individu en smeermiddel voor de motor van de maatschappij.

123

We lijken op weg te zijn naar een samenleving die zich model-leert naar de hedonistische filosofie van de oudheid. Een samen-leving die als vanzelfsprekend geluk als het eigenlijke doel van het leven beschouwt en waarin maximaal genot en maximale tevre-denheid daarom ook voor ieder persoon het doel van het bestaan zijn. Ik ben gelukkig, ergo ik besta.

Dit is een breuk met de levensvisie die ons tot nu toe kenmerk-te. Als we de verbeten jacht op geluk van de moderne mens bekij-ken door de bril van vroeger, dan lijken we ons ietwat gênant te gedragen. Denk maar een paar generaties terug. Onze grootouders of overgrootouders waren niet op die manier gelukkig. Of anders gezegd: als ze gelukkig waren, was dat beslist een neveneffect, een toestand die was ontstaan terwijl ze iets anders nastreefden. Op geluk werd niet gerekend.

'De bedoeling dat mensen gelukkig zijn maakt geen deel uit van het maatschappelijke plan,' zei Sigmund Freud in zijn *Das Unbehagen in der Kultur.* Dat kwam fraai overeen met de uitspraak door de Engelse filosoof John Stuart Mill dat het altijd beter is een ontevreden Socrates te zijn dan een tevreden dwaas. Veel mensen zullen ook instemmend knikken bij Albert Einsteins minachting voor het zuivere geluk: 'Welzijn en geluk heb ik nooit doelen op zichzelf gevonden. Ik meen zelfs dat men dat soort morele doelen kan vergelijken met de ambities van een varken,' zei de knappe man. Die houding vinden we terug in de uitdrukking 'een tevre-den varken', wat niet bepaald een vriendelijk bedoelde beschrijving van een persoon is.

Geluk, dat wil zeggen geluk omwille van het geluk, werd in de westerse cultuur lang als verdacht gezien. Geluk was gemakzuch-tig, oppervlakkig en onintellectueel, ja, in feite dom.

Met het nieuwe hedonisme is de zaak anders komen te liggen. Onder de knappe koppen in de psychologie, psychiatrie en – uiter-aard – het hersenonderzoek is geluk nu een *hot topic*. Mijn kleine koffer op wieltjes staat bol van de bewijzen. In het lichtverteerbare genre heb ik een beduimelde kopie van *The Science of Happiness,* een heel themanummer van *Time,* en *Willing Your Way to Happiness* van de *Denver Post.* Van de zware vakboeken heb ik opwindende titels als *The Pleasure Seekers,* en als het iets voor fijnproevers moet zijn: *A Life worth Living: Neural Correlates of Well-Being*[18] en *Well-Being and Affective Style: Neural Substrates and Biobehavioural Correlates.*[19] Het zijn dichtbeschreven pillen vol grafieken en tabellen. Ze zijn het bewijs van een grote verschuiving binnen de wereld van de menselijke emoties. Jarenlang hebben we – dat wil zeggen, zowel de vakwereld als de rest van ons – gediscussieerd over depressie.

Het onderwerp kwam op tafel toen nieuwe antidepressiva op de markt kwamen, de SSRI-middelen oftewel de gelukspillen zoals ze gewoonlijk worden genoemd, tot ergernis van de psychiaters. Daarmee kreeg men oog voor het feit dat veel mensen die weliswaar niet totaal verlamd zijn door een depressie maar toch niet optimaal kunnen functioneren, kunnen worden behandeld zonder al te veel bijwerkingen. Depressie kwam op de WHO-lijst van internationale aandachtspunten terecht, waar het nu nummer vier is in het rijtje van ziekten die de meeste maatschappelijke kosten veroorzaken. Plotseling konden we ook met iedereen praten over hoe vreselijk we het als depressieve persoon hadden en hoe het met ons ging. De toestand die Winston Churchill zijn 'zwarte hond' noemde was niet langer een lichtschuwe en beladen somberheid, maar werd geaccepteerd als een heel gewone ziekte. Bijna een volksziekte.

Plotseling bogen de boekenplanken door van de intieme beschrijvingen door bekende en onbekende mensen van hun leven en hun strijd met depressie. Ook de nieuwe pillen kregen hun eigen getuigschriften, waarvan de bekendste die van de Amerikaanse psychiater Peter Kramer is, *Listening to Prozac.* Anderzijds kwamen er tegenstanders die beweerden dat het principieel verkeerd is om zich met medicijnen een beter humeur te bezorgen.

Dat moest men doen door op degelijk-protestantse wijze aan zichzelf te werken. Direct vanaf het begin van de jaren negentig golfde het debat heen en weer. In 2007 kregen ongeveer 937.000 Nederlanders medicijnen tegen depressie voorgeschreven, en met regelmatige tussenpozen duiken de media op de vraag of dat er niet veel te veel zijn. Of die pillen niet als snoepjes worden voorgeschreven. Aan de andere kant horen we psychiaters zeggen dat depressie nog steeds een ondergewaardeerde hersenkwaal is, en dat het ongelooflijk belangrijk is dat die zo vroeg mogelijk wordt behandeld om terugvallen te voorkomen.

Nu heeft zich een heel nieuwe soort 'patiënten' gemeld voor behandeling. Mensen die juist niet depressief zijn maar op zoek zijn naar geluk. Ze klagen niet over een bedrukte stemming, en hebben ook geen angsten, fobieën of dwangmatige gedachten. Er is helemaal niets mis met ze, maar ze verschijnen in groten getale bij psychologen en vragen om hulp, omdat ze niet echt gelukkig zijn.

Een tijdje geleden sprak ik met Ole Taggard Nielsen, psycholoog aan de afdeling psychotherapie van het Rigshospital in Kopenhagen. Die stelde dat er meer en meer van dergelijke geluksjagers komen. Het zijn mensen die aankloppen met een diffuus gevoel dat hun leven op de een of andere manier beter zou moeten zijn. Alles gaat prima met zowel het werk als het gezin, en al het materiële loopt gladjes – een hypotheekvrije villa en idem zomerhuisje, en geen knellende grenzen aan de consumptie. Maar toch missen die stakkers iets.

Binnen de psychologie is het revolutionair om het ontbreken van geluk überhaupt als een probleem te zien. Echt ongelukkig zijn – dat begrijpen we, maar een gebrek aan geluk? Toch bouwen psychologische stromingen juist op dit gemis hun bloeiende zaakjes op. Geluk voor iedereen – ja, dat ontbrak er nog aan, meent men in het kamp dat de naam Positive Psychology draagt. Het is een beweging die in de Verenigde Staten begon en daar zo'n tien jaar geleden werd opgestart door professor Martin Seligman van de University of Pennsylvania. Hij had al een respectabele carrière voor zichzelf gecreëerd met onderzoek naar en behandeling van depressie, maar hij werd langzamerhand moe van dat eeuwige zich concentreren op het negatieve, zieke en disfunctionele wat de psychologie doet.

Bij de klassieke psychologie gaat het er namelijk om mensen minder ongelukkig te maken; ze ziet het niet als haar taak om iemand gelukkiger te maken. Dat bleek al bij Freud. Die meende dat, áls het al lukte om een patiënt met intense en langdurige psychoanalyse van zijn neuroses af te helpen, die patiënt erop moest rekenen dat hij in het gunstigste geval achter zou blijven met 'een lichte melancholie'.

Dat lijkt nergens op, begreep dokter Seligman. Waar het er vroeger om ging de stemming van een patiënt omhoog te krijgen van -5 naar nul, moesten therapeuten nu leren om het humeur op te krikken van nul naar +5. Of liever nog van +5 naar +10. Die positieve psychologie is een groot succes. Seligman heeft al twintig populaire boeken gepubliceerd, en vooral *Authentic Happiness* uit 2002 is een solide bestseller. Intussen heeft de positieve opwekkingsbeweging zich vanuit de Amerikaanse couveuse verspreid en is druk bezig Europa te veroveren, waar psychologisch onderzoek zoetjes aan zijn eigen taboe op onderzoek naar geluk aan het afbreken is.

Voorlopig vindt het meeste onderzoek in de Verenigde Staten plaats. Tot degenen die het langst hebben gewerkt aan de ontwikkeling van wetenschappelijk verantwoorde methoden om geluk te vergroten behoort Sonja Lyubomirsky, psychologe aan de University of California Riverside.

'Wij vinden het verhogen van het geluksniveau van mensen een respectabel wetenschappelijk doel, vooral als hun basale behoeften al zijn vervuld,' schrijft ze in een beginselverklaring samen met haar collega's David Schkade van de University of California,

127

San Diego en Kennon Sheldon van de University of Missouri.[20] Lyubomirsky staat erom bekend dat ze de oudere pessimistische instelling verwerpt dat ieders geluksniveau een persoonlijke eigenschap is die niet echt te veranderen is. Ze is uit op een formule voor een 'duurzame verhoging van het geluk'.

Lyubomirsky begon haar carrière begin jaren negentig, toen ze vooral geïnteresseerd was in mensen die door anderen als werkelijk gelukkig werden omschreven. We kennen ze allemaal wel: mensen die gewoon hun gang gaan en altijd gelukkig zijn, wat er ook gebeurt. Aanvankelijk ging ze ervan uit dat gelukkige mensen gelukkig waren omdat ze zich vergeleken met degenen die het minder hadden, en dat op dezelfde manier ongelukkige mensen ongelukkig waren omdat ze zich altijd ongunstig uit de vergelijking vonden komen.

Maar die intuïtie van de jonge onderzoeker bleek verkeerd te zijn. Het klopte helemaal dat ongelukkige of minder tevreden mensen urenlang konden bomen over hoe ze er in vergelijking met alle mogelijke anderen aan toe waren. Zowel in gunstige als in ongunstige zin. Maar gelukkige mensen hadden geen idee wat de psycholoog bedoelde met haar vraag; die vergeleken zichzelf met niemand.[21] Die constatering werd het begin van een tienjarig project waarbij systematisch gelukkige en minder gelukkige mensen met elkaar werden vergeleken, als venster op de processen die bij geluk meespelen.

De belangstelling van de pers bracht haar op het idee om mensen gelukkiger te gaan maken. Journalisten zeurden bij haar doorlopend om goede raad voor hun lezers. Lyubomirsky ontdekte dat er helemaal geen wetenschappelijke literatuur was over het oppeppen van geluk, integendeel, er heerste een hardnekkig pessimisme. Sommigen zeiden: het zijn de genen. Andere zeiden: het is psychologische adaptatie. De meesten waren het erover eens dat we er in elk geval niets aan kunnen doen, dat we alleen maar de speelkaarten kunnen accepteren die de natuur ons heeft toebedeeld. Die zwarte boodschap pikte ze niet, en ze ging experimenten uitvoeren. Nu is ze bezig met een boek over diverse strategieën die op basis van haar onderzoek effectief zijn gebleken. Het gaat om zaken als dankbaarheid, goede daden en een bewuste waardering van wat het leven brengt.

Het klinkt niet direct opwekkend om een verpleegtehuis te bezoeken of het gazon van de buren te maaien, maar bij gecontroleerde experimenten bleken juist dat soort handelingen mensen geweldig op te vrolijken. Ook meet Lyubomirsky dat haar proefpersonen het beter krijgen door hun oude ouders op te bellen, of liever nog door even aan te wippen als dat kan. Ze heeft ook geprobeerd in getallen uit te drukken hoeveel liefdadigheid er nodig is voor een optimaal effect, en haar onderzoeken duiden erop dat ongeveer vijf altruïstische alledaagse handelingen, het liefst op dezelfde dag, het gevoel van tevredenheid maximaal een week lang verhogen.

Als je nog meer waar voor je geld wilt, kun je kiezen voor een dankbaarheidsbezoekje, een uitvinding van Martin Seligman. Je schrijft een brief aan een persoon jegens wie je je dankbaar voelt, en je bezoekt die dan om de dankbaarheid met persoonlijk contact te verdiepen. Een groot onderzoek waarbij mensen zich via het internet konden aanmelden en de effecten aan de onderzoekers konden rapporteren, wees uit dat zo'n scenario het geluksgevoel gemiddeld ruim een maand lang verhoogt.

Het dankbaarheidsdagboek van Lyubomirsky lijkt daar een beetje op. Haar onderzoek wijst uit dat je je meetbaar beter kunt voelen door eens per week rustig na te denken en op te schrijven wat voor heugelijks je hebt meegemaakt. Proefpersonen die de oefening wekelijks deden, rapporteerden een beduidend grotere tevredenheid met het leven, terwijl een controlegroep die niets deed helemaal niets merkte.

Nu gaat de groep van Lyubomirsky een stap verder en is bezig onderzoek op te zetten naar de vraag waarom die geluksstrategie werkt. Een aantal resultaten suggereert dat het gaat om de houding. Aanvankelijk meende Lyubomirsky dat mensen die haar strategieën gebruikten meer positieve dingen zouden tegenkomen volgens het devies 'Wie goed doet, goed ontmoet'. Dat bleek niet te kloppen. Toen het leven van de proefpersonen werd gevolgd bleek duidelijk dat ieder van hen eenvoudigweg de alledaagse ervaringen, handelingen en gebeurtenissen als positiever en bevredigender begon te beoordelen.[22]

Voor geluk linksaf

Er gebeurt dus iets van binnen. Maar het psychologische niveau is één ding; minstens zo interessant is de vraag wat er een laag dieper ligt, en wat geluk is in de hoofden van mensen. Hoe brengen onze hersenen het gevoel of de gevoelens tot stand die we ervaren als tevredenheid met ons leven? Hoe bepalen een paar grijze cellen ons humeur en onze houding tegenover het bestaan? En hoe kunnen we aan de knoppen van die machine draaien?

Dat soort vragen wordt op vijf minuten lopen van mijn treurige hotel gesteld, op de University of Wisconsin. Daar heeft psychiater Richard Davidson de leiding over een groep van veertig man. Davidson wordt soms de koning van het geluksonderzoek genoemd, en in 2006 bracht zijn werk hem op de lijst van *Time Magazine* van de honderd meest invloedrijke denkers aller tijden.

Een van zijn meest interessante en meest geciteerde onderzoeken draait om de vraag of ons individuele geluksniveau misschien voortkomt uit asymmetrieën in de activiteit van de hersenen. Ook wordt gekeken naar hoe we zowel die asymmetrie als ons humeur kunnen beïnvloeden door middel van gecontroleerde hersenactiviteit.

Al tien jaar nemen we als waarheid aan dat ons geluk vrijwel vaststaat, in zoverre dat we ieder een karakteristiek geluks- of tevredenheidsniveau hebben, waar we niet veel aan kunnen doen. Onderzoek heeft aangetoond dat we een soort ijkpunt hebben voor ons humeur, waar we snel bij terugkeren na een zwenking naar de ene of de andere kant. Zelfs bij personen die na een groot ongeluk verlamd zijn duurt het vaak maar een paar weken eer ze terug zijn op hetzelfde niveau als daarvoor. Op dezelfde manier geven korte zwenkingen zoals een miljoenenwinst in de loterij alleen kortdurende oneffenheden in de curve.

Er lijkt geen logisch verband te zijn tussen persoonlijk geluk en omstandigheden, zoals we om ons heen kunnen zien. Daar heb je die eeuwig blije collega, die gewoon over alles heen danst en zich nooit door wat dan ook uit het veld laat slaan. Je vraagt je af hoe hij zo tevreden kan zijn – een man van middelbare leeftijd die niets bereikt heeft en die begaafd noch rijk is? Net zo onbegrijpelijk is natuurlijk die mooie jonge vrouw die alles in de schoot geworpen krijgt, maar die er toch in slaagt zuur en ontevreden te zijn. Wat is er in 's hemelsnaam aan de hand?

Een deel van de verklaring moeten we, niet erg verrassend, in het erfelijke materiaal zoeken, de DNA-sequens die we bij toeval toebedeeld hebben gekregen. Dat zagen we onder andere toen de geneticus David Lykken (wiens naam 'geluk' betekent in het Deens) van de University of Minnesota in 1996 een onderzoek publiceerde naar de tevredenheid met hun bestaan van 4000 Amerikaanse tweelingen.[23] Vergelijkingen tussen twee-eiige en een-eiige tweelingen wezen uit dat het erfelijk materiaal ongeveer de helft van de variatie in het geluksniveau bepaalt. Terwijl afkomst 50 procent bepaalt, dragen factoren als inkomen, religie, burgerlijke staat en opleiding samen een magere 8 procent bij. De rest, beweerde Lykken, kan worden toegeschreven aan de gunsten en plagen van het leven. De conclusie was somber: 'Het kan wel eens zo zijn dat een poging om gelukkiger te worden net zo zinloos is als een poging om langer te worden.'

Alleen maar 'DNA' zeggen is echter geen antwoord. Genen liggen slechts als strengen informatie in de celkernen, ze doen zelf niets in het organisme. Als we dichter bij een verklaring

131

willen komen moeten we vragen wat er in de hersenen gebeurt. Daar komt Richard Davidson aan te pas met fMRI-scanners en e.e.g.-metingen. Heel simpel gezegd heeft hij ontdekt dat de primaire locaties waar geluk of tevredenheid zetelen gebieden zijn in de linker prefrontale cortex. Of liever gezegd, het basishumeur van een individu, zijn ijkpunt, lijkt een afspiegeling te zijn van de verhouding in activiteitsniveau tussen de linker- en de rechter-hersenhelft, in zoverre dat een hogere relatieve activiteit links ten opzichte van rechts leidt tot een hoger geluksniveau.

Dit blijkt onder andere uit een groot onderzoek uit 2004 waar-bij Davidson en een groep medewerkers e.e.g.-signalen registreer-den bij 84 vrouwen en mannen, die daarnaast nog een reeks vragen moesten beantwoorden.[24] Wat was hun humeur op dat moment, hoe tevreden waren ze in het algemeen, en hoe zat het met psycho-logische factoren als zelfvertrouwen en persoonlijke ontwikkeling? Er was een duidelijke samenhang tussen enerzijds de verhouding tussen de rechter- en de linkercortex in elektrische activiteit, en anderzijds het basale humeur of geluksniveau. Hoe meer de nadruk lag op de linkerhelft, des te hoger lag het geluksniveau.

Zuiver technisch gezien registreert een e.e.g. via elektroden op het hoofd de gezamenlijke elektrische ontladingen in de hersen-schors daaronder, en dat geeft geen erg gedetailleerd beeld. Zolang we spreken in algemene termen zoals prefrontale cortex is dat pri-ma, maar we kunnen niet nauwkeurig afbakenen uit welke drie-dimensionale gebieden de activiteit komt. Een schitterend ruimte-lijk detailbeeld krijg je echter met fMRI, oftewel functionele MRI, en Davidson heeft daarmee onderzoeken gedaan waarbij hij ontdekte dat acute stemmingen samenhangen met karakteristieke patronen van activiteit. Als we emotionele stress hebben – bezorgd, boos of triest zijn – lijkt er wat gaande te zijn in een circuit dat de amyg-dala en de rechter prefrontale cortex omvat. Als de persoon in de scanner echter rapporteert dat hij of zij in een uitstekend humeur is, is de activiteit in dat gebied zwakker maar wel is er een evenredig verhoogde activiteit in de linker prefrontale cortex.

Davidson staat erom bekend dat hij bij lezingen en voordrachten een karakteristieke normaalverdeling op het schoolbord tekent. Die is opgebouwd uit scanresultaten van bijna 200 proefpersonen in 'rusttoestand', dat wil zeggen niet acuut beïnvloed door uitgesproken negatieve of positieve prikkels. De punten op de curve weerspiegelen de verhouding bij het betreffende individu tussen de rechter en de linker prefrontale cortex wat betreft activiteit. Het lijkt erop dat je elk willekeurig persoon kunt scannen en aan de hand van de positie van die persoon op de curve zijn of haar algemene geluksniveau kunt voorspellen. Hoe meer naar links op de curve, des te blijer en tevredener met het bestaan is die persoon, en hoe meer naar rechts, des te ontevredener is dat individu, met een grotere kans op echte depressies.

Ik had, voordat ik naar Madison ging, een brief geschreven en mezelf als proefdier aangeboden. Ik weet natuurlijk best dat ik soms knorrig en ontevreden ben, maar het zou toch interessant zijn om daarvan een degelijke objectieve beoordeling te krijgen. Helaas komt er niets van terecht. In mijn inbox zit een beleefde afwijzing door de secretaresse van Davidson, Susan Jensen, die laat weten dat de scanner op de dagen dat ik in Madison ben helemaal is volgeboekt. Juffrouw Jensen heeft met de verantwoordelijke technicus gesproken, en die zegt dat het onmogelijk is om een extra ronde te regelen. Er worden die hele week geen geluksscans gedaan.

De audiëntie

'Welkom op het Waisman Center. Het team van Richard Davidson? Dat is op de eerste verdieping, en je kunt de lift of de trap nemen, schat.'

Schat? Als de receptionist je zo noemt ben je echt op het platteland. Je ontkomt er niet aan dat Madison honderden kilometers
van de dichtstbijzijnde echte stad ligt, midden in een staat die
bekendstaat om zijn veeteelt en zijn zuivelproductie. Maar met
de universiteit is niets mis. De University of Wisconsin, Madison,
heeft een uitstekende academische reputatie. Ze heeft een reeks
absolute toponderzoekers aangetrokken en bevindt zich in de
top-5 van de Amerikaanse universiteiten wat betreft het aantal
binnengehaalde onderzoeksstipendia.

Je kunt het geld echt zien. In het deel van de campus waar de
instituten voor medicijnen en biologie tegen het grote ziekenhuis
leunen, torenen drukke hijskranen boven alles uit. Je loopt langs
grote gaten in de grond waar nieuwe gebouwen verrijzen, en de
'oude' zien eruit alsof ze gisteren pas zijn opgetrokken.

Het Waisman Center is aantrekkelijk ingericht met hoge pla-
fonds, panoramaruiten, lichte houtpanelen overal en iets ondefi-
nieerbaar gestroomlijnds dat het een extra zakelijke indruk geeft.
Boven op de eerste verdieping in het Laboratory for Affective
Neuroscience blijkt de ambiance puur professioneel te zijn.

'Ik heb een schema gemaakt met al uw afspraken,' zegt secretaresse Susan Jensen, en geeft me een uitdraai van een Excel
spreadsheet met namen en tijden. Van 11.00 tot 12.00 ontmoeting
met dr. Richard Davidson. Van 12.00 tot 13.30 pauze. Van 13.30
tot 14.00 ontmoeting met dr. Catherine Norris. Van 14.10 tot
14.30 observeren van het scannen. Ik ben twintig minuten te
vroeg gekomen en stel me zo voor dat ik wat kan rondslenteren
en de atmosfeer kan proeven, en misschien met wat geluk een
praatje met iemand kan maken.

'Als u even hier in de zithoek wilt wachten, dan zal ik de
diverse onderzoekers naar u toe sturen.'

'Maar kan ik niet...'

'Koffie?' Susan zet een kop cappuccino met het fonkelende
nieuwe apparaat en laat me plaatsnemen op een diepzwarte leren

bank in de grote gemeenschappelijke ruimte. Hier kan ik uitkijken over een grasveld en een smalle strook parkeerplaatsen. Iets later laat Susan me weten dat de planning is gewijzigd.

'Uw ontmoeting met Davidson moet een kwartier worden verschoven, en helaas is er geen mogelijkheid om die aan de andere kant uit te laten lopen, vanwege een andere afspraak.'

Dat ik een hele reis van Kopenhagen via Boston en Sudbury heb ondernomen maakt blijkbaar niets uit. Ik hou me onledig met het observeren van de geparkeerde auto's, en verdrijf dan de tijd met het bestuderen van een lang fries met foto's van diverse mediaoptredens door onderzoekers van het Waisman Center vanaf midden jaren zeventig. Ze staan in chronologische volgorde, en alle afbeeldingen samen zitten in een frame van doorzichtig plastic. Bijna aan het eind, richting onze tijd, hangt een intrigerende en haast bizarre foto. Een Aziatische man, een boeddhistische monnik, zit in lotushouding met zijn lichtoranje gewaad als een kroonblad om zijn lichaam gewikkeld, en een halo van elektroden op zijn hoofd. Achter hem zijn een paar westerlingen te zien die prutsen met draden en apparaten. Richard Davidson is een van hen.

'Hij is op de trap.' Susan wenkt me in de richting van het kantoor van de chef. Pal daarbuiten hangt een wit bord waarop iemand een klassieke Thaise Boeddha heeft getekend, glimlachend en met kleine, dichte gestileerde krullen. Het eerste wat opvalt in het kantoor is een foto van Davidson, die eerbiedig buigt voor de dalai lama. De dalai lama glimlacht net zoals de Boeddha, maar hij heeft een vierkante bril. Afgezien van de kleine foto is het kantoor leeg, licht en haast anoniem.

Richard Davidson lijkt op de portretten die ik in *Time* heb gezien. Een lange, magere man met een smal gezicht en dik, golvend haar dat ooit heel donker was maar nu gemengd is met grijs. Een bruin tweedjasje en een groenige wollen trui doen hem op een professor uit Oxford of Cambridge lijken, zoals ze er in de film uitzien. Maar opvallender is zijn volledige kalmte. Er hangt

135

een onverstoorbaarheid om hem heen die me onrustig en onzeker maakt. Plotseling slaat mijn tong in mijn mond dubbel, en terwijl ik probeer me voor te stellen en het doel van mijn bezoek uit te leggen, ben ik me onontkoombaar bewust van een hele reeks pijnlijke uitspraakfouten. Midden in die stamelende uiteenzetting rinkelt Davidsons mobieltje, en zonder ernaar te kijken pakt hij het op, zet het uit en stopt het in zijn zak. Daarbij glimlacht hij de hele tijd een beetje, wat uitnodigend zou kunnen zijn maar ook heel afstandelijk.

Ik hoor mezelf erop los ratelen. Gelukkig word ik onderbroken door een elektricien in blauwe overall, die zonder te kloppen binnenstormt en iets wil verhelpen aan een defecte neonbuis. Als de man vertrokken is begint Davidson met zijn eigen interview.

'Dertig jaar lang heb ik hersenen en emoties onderzocht, en natuurlijk was ik geïnteresseerd in positieve emoties, maar de financierders van onderzoek zijn nou eenmaal primair geïnteresseerd in negatieve emoties. Er is een verband met ziekten als depressie en angst, dus het negatieve is altijd de boter op ons brood geweest.'

Nu glimlacht hij heel lichtjes.

'Maar het was al vroeg duidelijk dat ons vermogen om positieve emotionele toestanden vast te houden niet alleen op zichzelf interessant is, maar ook bepaalt hoe vatbaar mensen zijn voor juist depressie en angst. Jouw vermogen om een positieve emotie vast te houden is een belangrijk ingrediënt van je weerbaarheid.'

Ik knik alleen maar, en hoor dat het idee om naar bijzondere asymmetrie te kijken bij het geluksniveau in feite al oud is. Het stamt van observaties ver terug in de jaren zeventig van depressieve mensen met hersenbeschadiging. Patiënten die een bloedstolsel in de hersenen hadden of een hersenbloeding, en die in maar één hersenhelft waren getroffen.

'We konden zien dat patiënten met schade in gebieden vooraan in de linkercortex en in de onderliggende gebieden, de basale ganglia, veel vatbaarder waren voor een daaropvolgende depressie dan de andere patiënten. Dat was een belangrijke constatering die rechtstreeks aantoonde dat de linker prefrontale cortex een kritische rol vervulde bij positieve emoties. Als juist daar de bloedsomloop wordt verstoord of vernietigd, wordt de betreffende persoon vatbaarder voor depressies, omdat hij of zij niet in staat is om positieve emoties vast te houden. Je moet bedenken dat een van de primaire symptomen van een depressie is dat het onmogelijk wordt om je blij te voelen, ongeacht wat er gebeurt. Je hebt ook nergens meer belangstelling voor en je onderneemt geen doelgerichte activiteiten. Van dat soort functies en activiteiten – doelgericht handelen, zin in dingen hebben en op de buitenwereld gericht zijn – weten we langzamerhand dat ze worden aangestuurd of uitgevoerd door de linker frontale cortex.'

Na die kleine hint van de hersenschadepatiënten riep Davidson normale proefpersonen op en manipuleerde hun gevoelens. Ze kregen plaatjes te zien of teksten voorgelezen die hen treurig of juist opgewekt moesten maken, en de onderzoekers namen waar dat die stemmingen inwerkten op de prefrontale asymmetrie. Maar het was al snel duidelijk dat de variatie tussen individuen veel groter was dan het verschil tussen positieve en negatieve emoties bij één individu.

'Ze hadden simpelweg ieder hun eigen ijkpunt, of geluksniveau zoals jij het noemt. Toen we dat grondig gingen onderzoeken ontdekten we dat het niveau dat we in de frontale gebieden meten bij volwassen individuen de hele tijd stabiel blijft. Dus als ik jou vandaag zou testen en over een half jaar weer, zou je hetzelfde patroon vertonen.'

Ik wil graag de test weer ter sprake brengen, ondanks de afwijzende e-mail. Die kwam tenslotte van een secretaresse. Ik wil zo graag precies weten waar ik zit in het spectrum – hoe ver op de ongelukkige tak van de curve.

'Wel, wat betreft dat genetisch bepaalde ijkpunt…' begin ik, maar word onderbroken.

'Luister, we moeten voorzichtig zijn en het geluksniveau niet noodzakelijkerwijs toeschrijven aan genen.'

'Ja maar, uw eigen proeven met huilende baby's wijzen toch uit dat het is aangeboren?'

Ik heb net gelezen over Davidsons spectaculaire experimenten waarbij de frontale hersenactiviteit bij baby's in de leeftijd van zes tot tien maanden werd gemeten.[25] Terwijl de baby's samen met hun moeder waren en niets verdachts merkten, registreerden de onderzoekers de elektrische activiteit in de linkercortex, waarna de moeders het verzoek kregen om de kamer te verlaten. Een deel van de kinderen gilde bij die scheiding als een mager speenvarken, terwijl de rest het als een gegeven accepteerde en onverstoorbaar verder speelde. Davidson kon zelfs op basis van de gemeten hersenactiviteit voorspellen welke kinderen in brullen zouden uitbarsten.

'Maar,' zegt hij nu, 'de uitkomsten zijn niet stabiel. We hebben later bij meer experimenten baby's getest en daarbij kunnen vaststellen dat onze meetresultaten van hersenactiviteit alleen hun gedrag voorspellen in de situatie van dat moment. In tegenstelling tot bij volwassenen voorspellen de metingen niet het gedrag of de weerstand tegen stress op langere termijn. Je krijgt bij kinderen gewoon niet doorlopend dezelfde meetresultaten.'

'Ze hebben nog een kans om hun ijkpunt op te krikken?'

'De flexibiliteit is vroeg in het leven in elk geval nog groter. Op grond van onze gezamenlijke gegevens denken we dat het systeem flink kneedbaar is tot ergens in de puberteit. Daarna wordt het ijkpunt of grondniveau meer vastgelegd. Zelfs wanneer… We komen hierop terug, maar laat me meteen onderstrepen dat het niet onwrikbaar is. Je noemde erfelijkheid, en genen hebben absoluut invloed, maar ik denk dat de omgeving het genetische effect ver overtreft.'

'Maar David Lykkens onderzoeken hebben toch uitgewezen dat het ongeveer fiftyfifty is?'

'Naar mijn mening zitten er fouten in die onderzoeken. Ik ken recentere gegevens die erop wijzen dat erfelijkheid hooguit 30 procent aan die eigenschappen bijdraagt.'

Oké, oké, ik wil de beschikbare tijd niet gebruiken om met een professor over getallen te twisten. Dus vraag ik of hij misschien suggesties heeft wat betreft het mechanisme achter ons individuele geluksniveau.

'Dat wordt nog intensief onderzocht. Maar laat me één ding duidelijk maken. Dat er een ijkpunt bestaat voor het humeur of de stemming is niet verwonderlijk. Die eigenschap kennen we van zo ongeveer alle biologische systemen. Je ademhaling en hartslag hebben een ijkpunt, je temperatuursregulatie heeft een ijkpunt met een waarde die eromheen slingert maar er steeds weer naar terugkeert. Wat betreft hersenprocessen, die immers complex zijn, geloof ik dat er een heleboel invloeden zijn die ervoor zorgen dat het systeem stabiel blijft.'

Hij plaatst zijn vingertoppen tegen elkaar als een piramide. 'Er zijn evolutionair gezien ook goede redenen voor een stabiel humeur.'

'Waarom?'

'Omdat... kijk, we weten dat ons humeur van invloed is op onze opvatting van de buitenwereld, op onze opmerkzaamheid en op onze cognitie, dat is ons vermogen om te analyseren en te denken. Dus als ons humeur sterk zou variëren is het voorstelbaar dat dat onze wisselwerking met de omgeving zou verstoren.'

Dat klinkt niet erg doelmatig voor het overleven. Maar ons humeur gaat toch op en neer?

'Persoonlijk...' zeg ik en sta op het punt een paar interessante details te vertellen over hoe het is om een humeur te hebben dat zowel ongewoon snel als met enorme uitslagen op en neer kan gaan. Ik krijg de kans niet.

'Ja, ogenblikje, ik was nog niet klaar. Wat ik wilde zeggen is dat er grote individuele verschillen bestaan in wat het humeur

doet. Iedereen heeft een ijkpunt, maar hoe sterk de stemmings-
wisselingen zijn verschilt per persoon. Bij sommigen is dat ex-
tremer, bij anderen minder. Ook moeten we onderscheid maken
tussen humeur en emoties. Sommigen hebben een enorm breed
emotioneel scala maar een rotsvast humeur, oftewel ijkpunt. Ze
kunnen bliksemsnel van emotie veranderen, maar hun grondstem-
ming is altijd gelijk. Dan zijn er anderen die een onstabiel humeur
hebben en misschien vijf dagen geïrriteerd of geërgerd zijn, en dan
wisselt dat weer.'

'Ja, bij mij zit het zo, dat...'

'Ik wilde zeggen dat de dalai lama een goed voorbeeld is van
een persoon met een heel stabiel humeur, maar een enorm breed
scala aan emoties. Hij kan heel snel heel sterk van emotie veranderen, maar is altijd blij.'

Voor hij zich verliest in persoonlijke herinneringen keert
Davidson terug naar zijn uitgangspunt en onderstreept dat het
ijkpunt in feite niet levenslang vastligt.

'We weten dat deze meetbare activiteitspatronen kunnen worden
veranderd, en dat is waarop we ons tegenwoordig concentreren.'

Daarbij komen de Tibetaanse boeddhisten in beeld. Die blijken
namelijk wereldkampioenen te zijn in 'gelukkig zijn', in elk geval
volgens zowel de e.e.g.-metingen als de MRI-scanners. Er zijn ook
aanwijzingen dat hun aanzienlijk vermogen tot geluk niet is aangeboren maar voortkomt uit meditatie.

'Ze vertellen ons met andere woorden dat een doelgerichte
mentale activiteit invloed kan hebben op het hele mentale apparaat,' zegt Davidson met veel nadruk.

Het is vreemd om hier tegenover die in tweed gehulde en
gladgeschoren topacademicus te zitten en te bedenken dat hij thuis
elke morgen drie kwartier zit te mediteren. Als piepjonge promovendus van Harvard trok Davidson in de jaren zeventig naar India
en kreeg de smaak van de intensieve boeddhistische meditatie te
pakken, en sindsdien doet hij eraan. Toch is hij daarmee pas de

laatste vijf jaar uit de kast gekomen nadat hij het 'onder het tapijt had geschoven'.

'In mijn persoonlijke leven is het enorm belangrijk geweest. Maar er was zogezegd geen plaats voor meditatie in een carrière als neurowetenschapper, dus ik sprak er met niemand over. Alles veranderde toen ik in 1992 voor het eerst de dalai lama ontmoette. Ik merkte dat het tijd was om uit de kast te komen en openlijk erover te praten, ook omdat ik inzag dat ik een rol als katalysator zou kunnen spelen, vanwege mijn wetenschappelijke geloofwaardigheid door mijn lange carrière. De positieve reacties van zelfs doorgewinterde wetenschappelijke collega's gaven veel voldoening.'

Er kwam inderdaad respons. Meditatie raakt meer en meer in de belangstelling en wordt op dit moment overal door onderzoeksteams bestudeerd. Om maar een paar van de bekendste onderzoekers te noemen: Jonathan Cohen – voormalig medewerker van moraalonderzoeker Joshua Greene – bekijkt in Princeton hoe meditatie de opmerkzaamheid verhoogt; en bij de University of California, San Francisco, onderzoekt psychiater Margaret Kemeny hoe onderwijzers door meditatie hun empathische vermogen kunnen verbeteren. In het noorden, in Canada, heeft psycholoog Zindel Segal van de University of Toronto ontdekt dat meditatie een effectieve methode is om terugval te voorkomen bij patiënten die meerdere klinische depressies hebben gehad.

De dalai lama zelf is erg geïnteresseerd in de neurowetenschap. Al in 1998 bleek hij in zijn boek *The Art of Happiness* de werking van zijn praktijken toe te schrijven aan de fysiologie van de hersenen. Hij schrijft: 'Systematische training van de geest – cultivering van het geluk, een werkelijke innerlijke verandering via doelgerichte selectie en concentratie op positieve mentale toestanden, en het uitdagen van negatieve toestanden – is mogelijk op grond van de structuur en functie van de hersenen.'

Twee jaar later, bij de millenniumovergang, verzamelde de neuro-enthousiaste lama een aantal van de meest vooraanstaande onderzoekers in het vakgebied bij zich voor een dialoog in de Indiase stad Dharamsala. In 2005 nodigden die hem op hun beurt uit als hoofdspreker op het jaarlijkse congres van de Society for Neuroscience, een gebeurtenis die rond de twintigduizend internationale onderzoekers op de been brengt. Het jaar daarvoor had de dalai lama in een column in de *New York Times* onderzoekers opgeroepen om te onderzoeken of elementen van de boeddhistische praxis konden worden 'vertaald' naar de seculiere wereld, die er zijn voordeel mee zou kunnen doen. Tegenwoordig gaat hij daarmee door en stuurt zijn beste lama's – 'de Olympische atleten van de meditatie' zoals Davidson ze noemt – naar het koude Wisconsin om daar aan experimenten deel te nemen.

Hier onderstreept de professor dat 'het niet gaat om het boeddhisme op zich. Het gaat erom te onderzoeken hoe mentale processen op geestestoestanden kunnen inwerken. Die monniken doen iets bijzonders: ze keren in zichzelf en ontwikkelen mededogen en een positieve gemoedstoestand. Of, zo je wilt, geluk.'

De onderzoekers beschouwen de mentale atleten als een middel om te begrijpen hoe die bijzondere gevoelens in de hersenen tot uiting komen. Iets wat hersenonderzoekers opvalt, is het verschijnsel dat het e.e.g. van de ervaren monniken een sterk verhoogd gammaritme vertoont zodra ze beginnen te mediteren.[26] Het gammaritme bestaat uit enkele elektrische ontladingen of hersengolven, en hoe krachtiger die zijn, des te nauwkeuriger communiceren netwerken van hersencellen in de hersenschors onderling. Je kunt het vergelijken met jazzorkesten, die aanzienlijk beter klinken wanneer iedereen synchroon speelt dan wanneer elke musicus voor zich speelt. Davidson denkt dat het gammaritme een mogelijke aanwijzing is voor de manier waarop hersenen zichzelf kunnen veranderen. Zijn medewerkers hebben gegevens die suggereren dat hoe sterker het gammasignaal is, des te intensiever de meditatie subjectief beleefd wordt.

De monniken hebben ook een rondje in de MRI-scanner gemaakt, zowel in rusttoestand als tijdens verschillende soorten meditatie. Meestal overtreffen ze normale proefpersonen ruimschoots
in prefrontale activiteit aan de linkerzijde. De onderzoekers hebben enkele van de hoogste niveaus waargenomen bij monniken
uit de Himalaya die vrijwel niets anders doen dan mediteren.

Maar ook voor gewone stervelingen is er hoop. Dat blijkt uit
een experiment met medewerkers van een Amerikaans bedrijf
voor biotechnologie. Ze hadden allemaal nooit iets aan meditatie
gedaan en ze werden nu uitgenodigd voor een cursus van acht
weken in zogeheten *mindfulness meditatie*.[27] De techniek, een soort
niet-religieus uittreksel van boeddhistische tradities, draait om het
kunnen observeren van je eigen gedachten en gevoelens, of je er
in elk geval bewust van te zijn. Het gaat om concentratie op het
positieve, en op het loslaten van gedachten en gevoelens die tot
onbehagen dreigen te leiden. Mindfulness meditatie wordt langzamerhand op grote schaal beoefend in ziekenhuizen en klinieken
in de Verenigde Staten als een middel om spanningen te verminderen en welzijn te bevorderen. Net als de positieve psychologie
steekt mindfulness meditatie de Atlantische Oceaan over en krijgt
vaste voet aan de grond in Europa.

Een van de experts is Jon Kabat-Zinn van de University of
Massachusetts Medical School. Samen met hem rekruteerde Davidson een team onrustige en gestresste medewerkers van het bedrijf
Promega. Zij kregen drie uur per week, twee maanden lang, een
cursus die werd afgesloten met een zesdaagse intensieve meditatie-
training. Een controlegroep van hetzelfde bedrijf kreeg geen
training, maar werd onderworpen aan dezelfde metingen. Iedereen
kreeg een e.e.g. van de frontale activiteit, en ze werden ook grondig
uitgevraagd over hoe het met hen ging en hoe ze zich voelden.

Aanvankelijk klaagde zo ongeveer iedereen over stress en
zorgen, en velen gaven toe dat ze zich niet prettig voelden op het

143

werk. Na die acht weken waren de antwoorden anders. In het algemeen was het stressniveau bij de meditatiegroep gedaald, ze werden niet meer helemaal in beslag genomen door hun zorgen, en de meesten rapporteerden dat ze meer energie hadden. Ze hadden zelfs zin in hun werk.

De meetresultaten van de onderzoekers brachten ook aan het licht dat er in de hoofden van de proefpersonen veranderingen waren opgetreden. De welbekende verhouding tussen de linker en de rechter prefrontale cortex qua activiteit was duidelijk naar links opgeschoven.

'Mijn hypothese is dat enkele neuronale circuits in de linker prefrontale cortex zijn versterkt,' zegt Davidson. Hij meent dat die circuits op de een of andere manier de boodschappen afzwakken die anders vanuit de dieper liggende amygdala zouden komen. De amygdala is een structuur die betrokken en actief is bij de verwerking van een reeks negatieve emoties, vooral angst.

144 'Maar we zagen niet alleen een effect in de hersenen. De groep die mediteerde hield daar ook een meetbaar gevolg voor het immuunsysteem aan over, dat robuuster was geworden. Na een gewone griepinjectie reageerden ze effectiever en vormden veel meer antistoffen.'

Het was zelfs zo, dat een proefpersoon meer antistoffen vormde naarmate de linker prefrontale cortex meer actief was geworden. Het onderzoek werd meteen de lieveling van de pers, en Amerikaanse journalisten zwolgen in woorden als 'mijlpaal' en 'doorbraak'. Een hype waar Richard Davidson niet veel mee op heeft.

'Het was een interessant resultaat,' stelt hij zelf droogjes vast. 'Omdat het aantoonde dat regelmatige meditatie gedurende slechts twee maanden merkbare veranderingen tot gevolg kan hebben in hersencircuits die waarschijnlijk ons humeur bepalen. Maar we weten nog steeds niet hoeveel die circuits veranderd kunnen worden, en hoe lang die veranderingen standhouden. Bij de mensen van Promega konden we zien dat de veranderingen vier maanden na de cursus nog bestonden, maar langer hebben we ze niet gevolgd.'

'Een deel van hen ging, voor zover ik heb gehoord, door met het beoefenen van mindfulness meditatie.'

'Dat klopt.'

'Zou het voorstelbaar zijn dat je je geluksniveau permanent kunt veranderen als je daar ook permanent aan werkt?'

Richard Davidson knikt langzaam en draait wat in zijn stoel.

'Dat denk ik, en ik zou het willen vergelijken met lichamelijke arbeid. Als mensen bewegen krijgen ze de gewenste conditie, maar als ze weer ophouden verdwijnen de meeste effecten van hun training. Ik denk dat we bij het cultiveren van positieve emoties hetzelfde zullen zien. Je ziet het immers ook bij musici, nietwaar? Zelfs de absolute wereldtop moet altijd blijven oefenen, daar komen ze nooit vanaf. Ik geloof dat het een essentieel onderdeel van de toekomst zal zijn dat wordt erkend dat verschijnselen als geluk niet moeten worden gezien als een vluchtig gevoel of een vast ijkpunt, maar als een vermogen. Een vermogen dat kan worden getraind en ontwikkeld en gevormd.'

'Nu zei u net dat ons ijkpunt zo rond de puberteit lijkt te worden vastgelegd. Moeten jullie je interesse dan niet vooral richten op de kindertijd? Dat is toch de periode waarin we echt iets kunnen uitrichten.'

'Dat is op dit moment zeker een belangrijk onderdeel van hoe we erover denken.'

Ik hoor een nieuw enthousiasme in zijn stem, en Davidson wrijft zich zelfs een paar keer spontaan in de handen. Hij vertelt dat er een onderzoeks- en opvoedingsinitiatief op touw is gezet, dat een agenda moet opstellen voor het onderzoeken van schoolkinderen van de eerste tot en met de derde klas van de lagere school. Het ambitieuze programma moet uitwijzen welke concrete activiteiten we in de praktijk de verschillende leeftijdsgroepen kunnen aanbieden, en hoe we de effecten kunnen meten. Daarbij draait het om wat er gebeurt met het gedrag van de kinderen, hoe ze zelf de veranderingen ervaren, en welke veranderingen er in de hersenen optreden.

'Het is nog niet gepubliceerd, maar we hebben voorlopige gegevens die suggereren dat slechts vijf minuten doelgerichte activiteit per dag duurzame veranderingen kunnen opleveren. Dat wil zeggen, mits dat op de juiste leeftijd wordt ingevoerd, en consequent wordt gedaan. We hebben gegevens verzameld van trainingen waarbij kinderen medeleven moeten cultiveren en een gevoel van welwillendheid en vriendelijkheid moeten oproepen. We proberen empathie voor anderen te bevorderen – ook die eigenschap kan, geloof ik, in zekere mate worden getraind.'

Opeens hoor ik als het ware een echo van Marc Hauser in Cambridge, en wel zijn punt dat we volgens de nieuwe biologische kennis onze biologie inderdaad kunnen beïnvloeden. Je bent zelf verantwoordelijk voor je hersenen. Geen 'zo ben ik nou eenmaal' meer.

146

'Daar ben ik het mee eens.' Davidson gaat rechter in zijn stoel zitten. 'We zijn aan het ontdekken dat onze persoonlijkheid in alle mogelijke opzichten veel veranderlijker is dan we vroeger dachten. Dat zal ons een flexibelere opvatting geven van het Zelf...'

'Interessant dat u "flexibeler" zegt. In mijn eerste boek heb ik namelijk zelf...'

'...en daarmee een andere houding tegenover het veranderen van onze manier van zijn.' Richard Davidson heeft geen tijd om naar losse associaties te luisteren, hij kijkt op zijn horloge en moet weg. 'Maar laat me nog zeggen dat ik de laatste paar jaar nogal wat lezingen voor medici heb gehouden over dit onderwerp, en die vonden veel weerklank. Mensen zijn gemotiveerd om in die nieuwe manier van denken mee te gaan.'

Denken boven voelen

'Is hij niet indrukwekkend?' Catherine Norris heeft grote glanzende ogen en ziet eruit alsof ze een en al welwillendheid en vriendelijkheid is. 'Ik vind dat hij het ongelooflijk knap doet. Denk je eens in, hier is een man die meedraait in de top van het emotieonderzoek, hij moet leiding geven aan een groep van veertig mensen, hij heeft het altijd razend druk, en toch komt hij nooit gejaagd over. Heb je gemerkt hoe rustig hij is?'

'Jazeker.' Ik knik. 'Dat is vast al die meditatie.'

Catherine negeert mijn sarcasme. De jonge psychologe uit Chicago is sinds twee jaar lid van Davidsons team, maar ze lijkt nog niet helemaal over haar overrompeling heen te zijn.

'Weet je dat hij een van de onderzoekers is die het meeste geld voor de hele universiteit aantrekken?'

Dat wist ik niet, maar tijdens de rondleiding door zijn kleine koninkrijk kan ik goed zien dat het er aan niets ontbreekt. Een hele reeks nette kantoren, allemaal rijkelijk voorzien van computers en met lichte, grote, goed uitgeruste laboratoria. In het e.e.g.-laboratorium zijn nu even geen mensen – 'anders zijn ze altijd bezig' – en de geavanceerde apparaten zijn helemaal stil. Geen computerlawaai, de schrijfstiften staan stil, en een paar van die wonderlijke helmen met hun 128 elektroden met bijbehorende snoeren hangen ongebruikt aan de muur. Het lijken wel levende wezens. Een stel zielige gemuteerde kwallen die aan land zijn geworpen en nu alleen maar wachten tot het tij ze weer terugbrengt.

'Ik zie op het schema dat je een scan gaat bijwonen, en daarna heb je een ontmoeting met Tom Johnstone,' zegt Catherine. We vergelijken onze spreadsheets om helemaal zeker te zijn, en alles klopt. We gaan dus naar de kelder, waar de diverse scanners van het centrum staan opgesteld. We passeren een paar zware deuren

147

waarop diverse waarschuwingsborden ons verzoeken om toch vooral stil te zijn, en ons duidelijk maken dat hier onderzoek aan de gang is.

Helemaal vanzelf dempen we onze stemmen en komen op onze tenen aangelopen zodat onze schoenen geen onnodig lawaai maken. We sluipen langs de muren en kijken voorzichtig naar binnen bij de kleine PET-scanner, die alleen voor proefdieren is en waar een technicus ons de piepkleine houder laat zien waar ratten in worden gelegd. Wat verderop komen we bij een ruimte waar staat: KEEP OUT, MRI SCAN IN PROGRESS.

'Als je hierover schrijft, mag je niet haar echte naam vermelden,' zegt Melissa Rosenkranz over haar proefpersoon. De jonge onderzoeker is bezig met onderzoek naar hoe negatieve emoties de symptomen van astma beïnvloeden, en het astmatische meisje dat onderweg is naar de scanner ziet er zenuwachtig uit. Ze snuift en hijgt wat om lucht te krijgen. Ik beloof dat ik haar Alma zal noemen als ik over haar schrijf. Terwijl ik me achter in de controleruimte opstel wordt ze op de smalle brancard van de scanner gelegd. Ze krijgt een rode alarmknop in haar handen voordat ze de centrale cilinder in rolt. Daar ligt ze als een dun worstje in een veel te groot broodje.

'Als je goed ligt zetten we de microfoon uit en doen de eerste scan. Dat duurt ongeveer zeven minuten. En denk eraan dat je helemaal stil ligt,' zegt technicus Michael van achter de ruit tussen de scanner en de controleruimte. Hij schakelt het apparaat in, dat klinkt als een pneumatische hamer, terwijl er elke seconde een foto wordt genomen. Op een monitor aan het andere uiteinde van de grote console in de controleruimte is Alma's oog te zien in een grotesk vergrootte versie. Het beeld wordt live verstuurd door een kleine camera in de scanner en vult bijna het hele scherm. Het oog knijpt, knippert en zwenkt alle kanten op, en aangezien het scherm een soort raster heeft van elkaar kruisende lijnen, lijkt het oog net een klein dier in een kooi.

'Kunnen jullie je die scène herinneren uit *Un Chien Andalou* van Buñuel?' zeg ik zachtjes van achteren. Niemand luistert, want de anatomische scan is klaar en Alma's schedel met inhoud staat te flikkeren op Michaels grote scherm.

'Kijk even hier naar deze hersenen – die zijn toch extreem breed. Ik moet bijstellen,' zegt hij. De jonge man zit acht uur per dag de scanner te besturen en ziet van alles langskomen. Vandaag kan hij iedereen laten zien hoe de magnetische resonantie een flinke bijholteontsteking onthult. Iedereen in de kamer grinnikt even en kijkt beter naar de vormeloze grijze schaduwen achter Alma's neus.

'Slijm,' constateert de man in witte jas die naast me staat. Hij werkt samen met de hersenonderzoekers en is arts op de longafdeling van het universiteitsziekenhuis.

'Maar een beetje afscheiding is nog niets,' verzekert hij. Vaak is er een of andere interessante afwijking te zien in de hersenen zelf; normale hersenen bestaan vrijwel niet.

'Het kan er flink eng uitzien. Rare holtes, weefselverlies of vreemde anatomie, maar meestal betekenen dergelijke onregelmatigheden niets voor de proefpersoon. Niet zo lang geleden hadden we een proefpersoon die een goedaardig gezwel ter grootte van een citroen in zijn ene hersenhelft had. Hij had er geen idee van en we hebben het hem ook niet verteld.'

Bij mijn ongelovige blik steekt de stoere arts zijn beide handen afwerend voor zich uit en begint aan een nadere uitleg.

'Kijk eens, daar is niets vreemds aan. Iedereen ondertekent een overeenkomst, waarin ze aangeven of ze geïnformeerd willen worden over afwijkingen die geen betekenis hebben, en of ze willen horen wanneer er een verdenking bestaat van ernstigere zaken. Zo nu en dan vinden we iets dat er ernstig uitziet. Kankergezwellen. Dan sturen we ze door naar radiologie voor een nadere diagnose.'

Hij zucht. 'Het is helemaal niet prettig om daar te staan met mensen die als vrijwilliger gezond zijn binnengekomen om ons te helpen met ons onderzoek, en die naar huis gaan als kankerpatiënt.'

149

We huiveren samen. Plotseling ben ik heel blij dat Davidson geen gelegenheid had om me naar een van zijn geluksscans te sturen.

Alma is klaar met haar scans, de onderzoekers gaan naar hun kantoren, en ik zoek weer de grote leren bank op en verlies me in het uitzicht over het grasveld.

'Als het weer niet zo grauw was, zouden de kleuren van het loof daar buiten heel mooi zijn,' klinkt het met een zwaar Australisch accent. De man die plotseling naast me staat lijkt een beetje op een Australische rugbyspeler, stevig gebouwd en met verward melkboerenhondenhaar. 'Tom Johnstone,' zegt hij en steekt zijn hand uit. Hij ploft neer op de bank waarop ik zit en leeg naar de verre bomen staar. Ik vertel hem wat ik vind van de Amerikaanse Midwest, en Johnstone voelt met me mee. Hij en zijn vrouw, ook wetenschapper, zouden ook veel liever in een van de aantrekkelijke Europese grote steden willen wonen, met cafés en leven en cultuur, maar in hun wereld bepaalt het onderzoek alles.

'En je kunt hier in Madison eersteklas werk doen,' zegt hij en haalt zijn schouders op.

Hij is zelf met iets interessants bezig. 'Cognitieve strategieën om emotie te moduleren,' zoals hij zelf zegt. Dat gaat over hoe we via bewuste processen, gedegen ouderwets denkwerk zogezegd, onze emoties kunnen beïnvloeden of regelen. Dat sluit perfect aan bij al die nieuwe aandacht voor het creëren en bijstellen van geluk van binnenuit.

'De laatste tien jaar was er veel belangstelling voor emoties, maar iedereen keek vooral naar de rol van emoties bij het beïnvloeden van het cognitieve niveau. Het is duidelijk geworden dat emoties in hoge mate onze keuzes beïnvloeden en daarmee onze analyse van gegevens, situaties en de wereld om ons heen.'

'Dat is prima,' zegt Johnstone en wuift met enig dedain met zijn hand. Hij is het er mee eens dat dat belangrijke dingen zijn.

'Maar er was een neiging om alles uitsluitend te zien als *bottom up*, weet je. Ik bedoel dat er een paar dieper gelegen emotiegebieden in de hersenen zijn die boodschappen omhoog sturen naar de hogere cognitieve gebieden.'

Ik begrijp wat hij bedoelt. Ik ben bekend met het concept van de primitieve reptielenhersenen die diep in het onbewuste liggen en vol zitten met duistere onstuurbare emoties, die opborrelen en de koele logica aantasten. Tegelijk koesteren we het 'luisteren naar je gevoelens', omdat die zogenaamd in contact zouden staan met een of andere verborgen maar diepe wijsheid.

In de psychologie was intussen sprake van 'emotionele herijking'. Dat is het verschijnsel dat wij mensen onze emoties kritisch kunnen bekijken en ze door middel van die inspectie en evaluatie goed kunnen afstellen. We kunnen angst of woede temperen door tegen onszelf te zeggen dat het nu eens uit moet zijn. Met andere woorden: cognitie die emotie beïnvloedt.

'*Top down*, zoals wij zeggen,' concludeert Johnstone en legt met weer een zucht een artikel op tafel. Het is gloednieuw, zie ik, en de titel alleen al vult drie regels.[28] Ik blader er snel doorheen en merk dat er weinig plaatjes in staan. Pas op pagina 5 staat een serie MRI-foto's van hersenen gezien van boven en van opzij. Ze zijn niet veel groter dan postzegels.

'Nee, maar de tekst op zich is heel interessant,' zegt Johnstone.

Grof gezegd tonen deze resultaten aan dat de verhouding tussen cognitie en emotie lijkt op een innerlijke wedstrijd touwtrekken, waarbij het emotionele uiteinde meegeeft naarmate het cognitieve uiteinde wordt aangetrokken. Het experiment zelf is simpel. Normale proefpersonen worden in de scanner gelegd, waar ze een film moeten bekijken met een emotioneel gezien negatieve inhoud. Er is onder andere een opname van een tennisspeler die de finale op Wimbledon verliest en alle daarbij passende tekenen van verdriet en ergernis laat zien. Roepen en schreeuwen, het hoofd laten hangen, met het racket smijten. Dan krijgt de proefpersoon het verzoek om mee te voelen met het verdriet van die arme beroepstennismiljonair.

151

'Dat zet diverse onderdelen van de hersenen aan het werk die het limbische systeem worden genoemd, en die als primaire taak het verwerken en doorsturen van emotionele informatie hebben.'

So far, so good. De volgende stap was dat de meevoelende proefpersoon het verzoek kreeg om de intensiteit wat te verminderen en actief de negatieve emoties af te zwakken.

'Hier zie je dan dat de limbische activiteit inderdaad daalt, vooral hier in de amygdala, die diepgaand betrokken is bij negatieve emoties.' Johnstone wijst op een van de postzegels. 'Maar die demping correspondeert met verhoogde activiteit bij de proefpersoon híér,' – hij vindt een andere postzegel – 'in gebieden in de prefrontale cortex. Dat is de ventromediale prefrontale cortex, die in beide helften wordt geactiveerd.'

Dat gebied is vooral betrokken bij cognitieve processen, en hoe meer activiteit een persoon daar kon opwekken, des te groter de afname was in zijn of haar amygdala, en des te meer succes de proefpersoon volgens zichzelf bij het dempen had. Maar niet alleen dat. De onderzoekers registreerden ook gedurende een hele week de niveaus van het stresshormoon cortisol bij de proefpersoon, en ze konden zien dat degenen die hun hersenactiviteit het best konden reguleren, ook de laagste en meest stabiele hormoonconcentraties hadden.

'Een gezonder cortisolprofiel,' zegt Tom Johnstone voor alle duidelijkheid. Dat komt vermoedelijk rechtstreeks doordat er een demper op de amygdala wordt gezet. Een van de taken van de amygdala is namelijk het opstarten van de stressrespons van het lichaam, door een boodschap te sturen naar de hypothalamus. Die stuurt dan het bericht door naar de bijnieren om ervoor te zorgen dat die uiteindelijk cortisol in de bloedsomloop spuiten.

'Het trof me hoe groot de verschillen waren in hoe goed mensen dat reguleren. Het zou namelijk enorm interessant zijn om te ontdekken waardoor dat veroorzaakt wordt. Aangezien we nu een basiskennis hebben verworven van de circuits of netwerken die er in de hersenen bij betrokken zijn, kunnen we uiteraard doorgaan en naar andere samenhangen kijken.'

Hij kijkt me over zijn brillenglazen vorsend aan.

'Ben je geïnteresseerd in neuro-economie? Dat zou je moeten zijn. Vorige week hadden we bezoek van Ernst Fehr, een econoom uit Zürich en een van de mensen die onderzoeken hoe hersenen functioneren bij keuzesituaties. Hij meent dat mensen die beter in staat zijn om hun emoties te reguleren, ook beter zijn in het maken van keuzes.'

Moderne Lotuseters

Terwijl ik over de campus terug loop naar de stad ben ik heel tevreden over mijn ontmoeting met de geluksonderzoekers. Op een gegeven moment rijdt een bouwvakker me bijna met hoge snelheid omver met zijn vorkheftruck, maar ik haal alleen mijn schouders op en glimlach vriendelijk naar hem. Dat komt door het onderzoek. Niet zozeer de concrete resultaten, want die zijn voorlopig en nog erg beperkt. Maar vooral door het nieuwe accent op onderzoek naar manieren hoe onze cognitie een bron van mentale kracht kan worden. 'Dat opent de deur naar de vrijheid,' kan ik niet laten in mezelf te mompelen. Onderzoek dat ontsluiert hoe bewust denken ongearticuleerde emoties en aandriften kan beteugelen en ombuigen, is een krachtig werktuig voor het leven, en ligt voor het grijpen. Dat die gedachte me beheerst komt ook omdat ze naadloos aansluit bij een beslissende persoonlijke ervaring met geluk.

Of liever gezegd ongeluk, want in feite ging het om een depressie. Geen zeldzaam ziekteproces, gewoon het soort alledaagse instorting waar miljoenen mensen over kunnen meepraten. Maar wel een instorting die me een cruciaal punt duidelijk maakte.

Het begon met een kelderend humeur, waarna het snel uit de hand liep en ik niet meer op kon krabbelen. Op het laatst was er

153

geen sprake meer van een slecht humeur of gewone melancholie, maar was ik volledig overgeleverd aan een gevoel van hopeloosheid. Ik kon nog net elke morgen opstaan en me door een werkdag heen slepen en doen wat ik moest doen om niet helemaal onderuit te gaan. Maar zodra ik weer thuis was stortte ik in en was ik geen mens meer maar één grote pijnlijke zweer. Urenlang kon ik mijn ellende uithuilen, of liever gezegd uitbrullen, als een hulpeloos kind dat door zijn ouders op een onbekende plek is vergeten. Wanneer dan op een gegeven moment pure uitputting me de adem benam, brak ik volledig en deed ik niets anders dan bewegingloos voor me uit te zitten staren.

De hele tijd deed het pijn, pijn, pijn. Een wonderlijke pijn, die tegelijk lichamelijk en ook iets anders was, meer. Maar minstens zo belangrijk was dat die pijn en die toestand die ik meemaakte voortkwamen uit ongelukkige omstandigheden en gebeurtenissen van buiten. Natuurlijk was ik ongelukkig, maakte ik mezelf wijs. Hoe kon het ook anders? Hier zat ik dan, halverwege de dertig, met een rampzalig beroepsleven en een privéleven dat totaal was mislukt. Een kluizenaar met weinig vrienden, om wie – zo meende ik – helemaal niemand veel gaf, en terecht. Van een afstand leek het allemaal een soort kwaadaardige versie van Bridget Jones – maar dan zonder de humor en met puur ongeluk.

De zelfhaat en het geklaag werden een irritant deuntje, het enige waar mijn gedachten om draaiden, en op het laatst werd het mijn familie te veel. Ze sleurden me, zeer tegen mijn zin, naar een arts. Die hoefde niet veel te vragen eer ze het woord 'depressie' noemde en een ssri-middel voorschreef.

Ik ging naar huis en slikte plichtsgetrouw de antidepressiva zonder veel vertrouwen in hun werking. Dit was immers existentiële pijn! Mijn leven was een puinhoop! Maar er ging nog geen week voorbij eer de rauwe pijn als het ware in een laag isolerende watten zat verpakt en werd gedempt. En na nog een paar weken was de duisternis vervangen door iets wat ik alleen maar een geluksgevoel kan noemen. Euforische blijdschap zonder zichtbare aanleiding. Het was afgelopen met mijn tranen met tuiten. Ik kon nu plotseling midden op straat stilstaan – zelfs in de regen – en me helemaal verrukt voelen, gewoon omdat ik leefde. Onverklaarbaar verrukt. Er was absoluut geen reden voor, er was geen enkele verandering in mijn persoonlijke situatie of andere externe omstandigheden. Het was alleen maar het effect van de medicijnen.

Maar dat was nou net de boodschap. De kleine witte pillen illustreerden overduidelijk dat de pijn die ik had ervaren als zuiver existentieel, een chemische en fysiologische samenstelling had en dus níét van buiten kwam. In elk geval kon hij van binnenuit worden veranderd. Het 'ik' dat zichzelf beschouwde als volkomen ongeschikt voor het leven, en dat het leven zag als een boze stiefmoeder, was maar één chemische versie van mezelf. Het was zogezegd een speciaal filter waardoorheen ik de werkelijkheid waarnam.

Eigenlijk wist ik dat van tevoren best. Als doorgewinterde wetenschapsjournalist, bioloog en zelfs voormalig neurowetenschapper was dat verschijnsel me welbekend. Maar nu pas, nu die zuiver intellectuele kennis een subjectieve ervaring was geworden, bezonk de boodschap pas echt en veranderde er werkelijk iets.

Niet dat ik ben genezen van een slecht humeur; dat ben ik beslist niet, en ik maak nog steeds aanzetten tot een echte depressie mee. Dagen vol van een intense afkeer van het bestaan, en een ijskoud gevoel dat de aarde de hel van een andere planeet moet zijn. Maar ik heb nu een ingebouwde rem die ervoor zorgt dat ik ontsnap aan die neerwaartse denkspiraal die helemaal op de bodem eindigt. Een cognitieve rem, in de vorm van de simpele erkenning dat al mijn gevoelens en stemmingen in wezen 'alleen maar chemisch' zijn. Pijn, jaloezie, woede en hopeloosheid zijn uiteindelijk aparte activiteitspatronen in het labyrint van mijn hersenen. Niets meer, niets minder.

Doordrongen te zijn van dat besef geeft kracht, omdat het ons in staat stelt om een stap terug te doen en onszelf met een koele en onderzoekende blik te bekijken. Alsof je in een piste staat met een brullende tijger en opeens merkt dat het dier commando's gehoorzaamt als je licht zwiept met de zweep. Met wat handigheid kun je dan zelfs op de tijger gaan zitten en een ritje maken.

Stel je voor dat zo'n besef zich in de samenleving verspreidt. Dan zijn we terug bij de vijfde revolutie. Denk je eens in. Als het vanzelfsprekend wordt, iets wat alle kinderen leren, dat geluk of tevredenheid chemische toestanden zijn – letterlijk een *'state of the mind'*, zoals de Engelsen zeggen – moet dat wel consequenties hebben. Zo is het voorstelbaar dat dat diepere zelfinzicht ertoe zal bijdragen dat we minder jagen op alles wat we voor geluk aanzien, maar wat ons in werkelijkheid niet gelukkig maakt. Alles waarvan het ene onderzoek na het andere uitwijst dat het geen enkel blijvend effect heeft: statussymbolen, designkeukens en sportwagens.

Dat weten we natuurlijk al. Niet toevallig vinden we de uitspraak dat rijkdom niet gelukkig maakt terug in alle religies en filosofische stromingen. Dat we toch het materiële blijven najagen komt omdat onze emotionele tijger biologisch is geprogrammeerd om zich te roeren. De rauwe lust naar meer spullen en een hogere status trekt altijd aan ons. Maar de vraag is of inzicht in hoe we van binnen werken misschien kan bijdragen aan het versterken van het cognitieve Ik, dat zo zal kunnen doen wat noch Bijbelse gelijkenissen, noch boeddhistische leerstellingen voor elkaar hebben gekregen.

Een ander aspect is de mogelijkheid van technologische remedies. Is er niet een sluiproute voorstelbaar om die cognitieve mentale work-out heen, in de vorm van een portie met pillen opgewekt geluk?

Op de lange duur zal dat ongetwijfeld kunnen. De huidige antidepressiva verhogen het geluksniveau van gezonde mensen niet, maar als geluk in wezen chemisch is, kan het duidelijk ook chemisch gemanipuleerd worden. De geluksspecialisten zijn het er ook over eens dat het in principe mogelijk is om je basale geluksniveau met medicijnen te vergroten. 'Met voldoende kennis over de signaalstoffen en hersengebieden die erbij betrokken zijn,' zoals Richard Davidson zei tegen het einde van mijn audiëntie. In aansluiting op zijn eigen onderzoek onderstreepte hij dat cognitieve gedragsstrategieën een grondiger effect hebben dan de huidige medicijnen. Maar uiteindelijk gaat het over hetzelfde, namelijk een chemische beïnvloeding van de hersenen, en Davidson voorspelde dat er in de toekomst doelgerichtere en effectievere middelen zouden komen. Ook de oppergoeroe van de positieve psychologie, Martin Seligman, heeft bij diverse gelegenheden beargumenteerd dat het best mogelijk is om jezelf met medicamenten direct een gevoel van opgewektheid, blijdschap en tevredenheid te bezorgen. Hij vermoedt ook dat we mensen aan een toestand van gelukzalig on-bewustzijn zullen kunnen helpen die hij *eudaimonia* noemt, en die hij als onderdeel van elk echt en solide geluk beschouwt.

Of, of misschien eerder wannéér hij gelijk krijgt, zal de tijd uitwijzen. Terwijl de farmaceutische industrie bezig is – en reken maar dat ze dat is – zal het groeiende besef dat we 'maar' chemie zijn langzamerhand het gestolde debat over geluk ondermijnen. Het debat over de vraag in hoeverre geluk ook écht geluk is.

Denk maar aan de steeds terugkerende discussie dat te veel mensen gelukspillen krijgen voorgeschreven. Dat leidt tot warrige aannames dat chemisch veroorzaakt geluk 'kunstmatig' is en op de een of andere manier minder dan 'echt' geluk. Meer kennis over de hersenen maakt pijlsnel een eind aan dat soort discussies. Dat zal ongetwijfeld ook gebeuren met de bezwaren tegen de moderne nadruk op geluk. Die bezwaren zijn gebaseerd op argumenten dat ons leven een zekere mate van ongeluk, zorg en tegenspoed moet bevatten om compleet te zijn. Waar komt dat vandaan? Dat geloof is absoluut nergens op gebaseerd, dat idee dat ongeluk en pijn op zichzelf louterende ervaringen zouden zijn die de geest vervolmaken. Dat lijden ons tot betere mensen zou maken en de creativiteit zou aanwakkeren. Dat is masochistische onzin. Als de resultaten van het huidige geluksonderzoek iets aantonen, dan is het wel dat creativiteit, productiviteit en gerichtheid op de buitenwereld evenredig stijgen met het geluksniveau.

Maar de masochisten kunnen voorlopig gerust zijn. Niemand zal ooit een heel leven leiden zonder ongeluk te leren kennen. Ziekte, dood en liefdesverdriet zullen altijd bestaan, werkeloosheid en woningnood zullen er ongetwijfeld zijn, en natuurrampen zullen ons blijven treffen. Dat soort dingen worden we nooit de baas. Nee, het hersenonderzoek werkt eraan om ons beter te wapenen tegen het kleine ongeluk, die knagende, dagelijkse, zinloze – chemische – bedruktheid die zo slopend is en die helemaal niemand loutert en van niemand een beter mens maakt.

Hoofdstuk 5

spiegels in je brein

In zijn toneelstuk *Huis-clos* (*Met gesloten deuren*) laat Jean-Paul
Sartre een van zijn personages concluderen: '*l'Enfer, c'est les
autres*' – De hel, dat zijn de anderen. Ergens heeft hij natuurlijk
gelijk. Zonder alle beperkingen die anderen ons opleggen zou ons
leven gemakkelijk, gladjes en zonder grote problemen verlopen.
Van de wieg tot het graf worden we in feite ingeperkt door de
daden, eisen en regels van anderen. Sommige van onze vroeg-
ste bewuste ervaringen en herinneringen hebben te maken met
ouders of andere volwassenen die ons iets willen laten doen waar
we geen zin in hebben. Tandenpoetsen, in bad gaan, dat nette
geblokte rokje aantrekken naar de kleuterschool. In het school-
systeem groeien we op als onmondige kinderen en een groep
leraren bepaalt onze tijd en bezigheden. Later, als volwassenen,
kunnen we eindelijk zelf beslissen, maar merken we dat onze vrije
ontplooiing in feite wordt beperkt door andere mensen: collega's,
chefs, belastinginspecteurs en niet in de laatste plaats partners en
kinderen.

Ook al zijn ze gruwelijk lastig, toch komen we juist in 'de anderen' het dichtst bij iets wat we 'hemels' zouden kunnen noemen. Dezelfde geliefden, kinderen en vrienden die onze tijd in beslag nemen en onze persoonlijke ruimte binnenvallen met hun eisen, bezorgen ons ook ervaringen die het leven de moeite waard maken. Alle werkelijk grote en diepe gevoelens ervaren we samen met andere mensen. Niet toevallig is isolatie de zwaarste straf waaraan iemand kan worden blootgesteld in rechtssystemen die niet aan fysieke marteling doen. Voor ons, ongeneeslijk sociale schepsels, ís het ook een marteling om alleen te zijn.

We stammen af van een lijn van apen en hominiden die gedurende miljoenen jaren sociaal hebben geleefd in kleine hechte groepen of uitgebreide families. Volgens een klassieke theorie was hun sociale leefwijze een van de drijvende krachten achter de ontwikkeling van de grote hersenen en hoge intelligentie waar we tegenwoordig prat op gaan. De redenering is simpel. Intelligentie ontwikkelt en groeit voortdurend, omdat je zo beter in staat bent je te handhaven in een veranderlijke sociale context. Je kunt het zien als een verbeten wapenwedloop, waar het er altijd om draait de beste te zijn. Dat is deels om anderen te betrappen zodat ze niet wegkomen met list en bedrog, en deels om zelf weg te kunnen komen met het bedriegen en beduvelen van anderen voor eigen gewin. Wie slim genoeg is om te snappen dat die concurrent met zijn brede lach een knots achter zijn rug verbergt, heeft meer kans om te overleven dan de goedgelovige sufferd die zijn hand uitsteekt om goeiedag te zeggen. Wie zijn buurman wijs kan maken dat hij diens huisvrouw echt niet begeert, heeft meer kans om zich voort te planten. Zo is de leugen geboren. Onderzoekers met verstand van apen hebben homo sapiens de machiavellistische aap gedoopt.

Dat klinkt niet als een compliment, maar tegenwoordig heeft sociale intelligentie een uitermate positieve naam. Die brede belangstelling wordt onder andere geïllustreerd door de Amerikaanse

publicist Daniel Goleman, wiens boek *Social Intelligence* uit 2006
een megabestseller is. Het boek gaat over voordelen die sociaal
begaafde mensen hebben. Die voordelen hangen niet samen met
het pure en kille IQ dat meestal als intelligentie wordt beschouwd.
Sociale intelligentie bestaat volgens Goleman uit het vermogen
om zich te kunnen inleven in andere mensen en daarmee anderen
zich prettig te laten voelen en uiteindelijk sociale situaties te laten
slagen. Die eigenschappen geven een duidelijk overwicht in een
wereld waar steeds meer plaatsvindt in losse en dynamische sociale
netwerken in plaats van in strak gedefinieerde hiërarchieën.

Ook de neuromensen krijgen steeds meer belangstelling voor
sociale verbanden en competenties. Er is sprake – zij het voorzichtig – van sociale cognitieve wetenschap, en dat vakgebied is flink
aan het groeien. De laatste vijf jaar is het van niets uitgegroeid tot
een populair vak vol appeal voor jonge talentvolle onderzoekers,
dat veel sympathie oproept bij degenen die onderzoeksgeld verdelen. Een handvol vaktijdschriften is al verschenen, er worden
congressen georganiseerd en samenwerkingsorganisaties op poten
gezet.

Alles draait om de hersenen als sociaal orgaan. Met de sociale
psychologie als vertrekpunt gaat men een stap verder en onderzoekt hoe het zenuwstelsel is betrokken bij sociale interacties.
Wetenschappers erkennen, met andere woorden: 'Geen mens is
een eiland', en ze zien in dat het daarom veel te beperkt is om
individuele hersenen als geïsoleerde systemen te onderzoeken. Het
individu is voortdurend ingesponnen in alle mogelijke sociale netwerken en verbanden, en onze hersenen zijn in wezen een orgaan
dat is berekend op interactie met andere hersenen. De ambitie is
om een brug te slaan tussen de mens als sociale constructie en de
mens als biologische constructie. Dat betekent in de praktijk dat
verschijnselen als vooroordelen, persoonlijke houdingen en sociale
conflicten nu worden bestudeerd in relatie tot de neuronale en
fysiologische processen die erbij betrokken zijn.

162

Vooroordelen zijn een uitstekend voorbeeld van hoe de nieuwe wetenschap te werk gaat. Het uitgangspunt is dat sociaalpsychologen via hele reeksen onderzoeken hebben vastgesteld dat we allemaal last hebben van 'vooroordelen', in zoverre dat we een neiging hebben om mensen in categorieën te plaatsen. Denk aan 'wij' en 'zij', en 'goed' en 'slecht'. Deze mentale categorieën veroorzaken een ingebouwde vooringenomenheid die automatisch actief wordt wanneer we individuen ontmoeten die daarbij passen. Een heleboel psychologische onderzoeken hebben uitgewezen dat we vrijwel allemaal andere etnische, religieuze of politieke groeperingen met vooroordelen tegemoet treden. Ondanks alle persoonlijke goede wil en politiek correcte opvoeding zijn die haast niet uit te roeien. Maar waar komen ze vandaan? Of liever gezegd, hoe zijn ze geprogrammeerd?

Dat onderzochten de psycholoog Mahzarin Banaji van Harvard en neurowetenschapper Elizabeth Phelps van New York University een paar jaar geleden tijdens een experiment met zwarte en blanke Amerikanen. De onderzoekers plaatsten hun proefpersonen in een MRI-scanner en lieten hun plaatjes van gezichten zien. Alle gezichten waren van onbekenden, maar sommige waren blank en andere zwart. Het kleurverschil kwam heel duidelijk tot uitdrukking in de activiteit die in de amygdala ontstond. Die kleine kern heeft onder andere tot taak om te signaleren dat er iets in beeld verschijnt dat emotioneel beladen is. In het begin werd de amygdala bij alle vreemde gezichten geactiveerd, helemaal volgens het boekje. Wanneer de afbeeldingen meerdere keren werden getoond verminderde de activiteit in de amygdala, maar alleen bij gezichten van het ras van de proefpersoon zelf. Als een zwarte een blanke bekeek en omgekeerd, bleef de amygdala actief.[29] Het was zelfs zo: hoe meer bevooroordeeld een persoon bleek te zijn volgens psychologische tests, des te groter was de activiteit.

Automatische vooroordelen 'wonen' dus in de amygdala, terwijl politieke correctheid lijkt te huizen in de frontale cortex.

Tijdens opeenvolgende onderzoeken riepen Banaji en haar medewerkers een groep blanke proefpersonen op en lieten ze plaatjes
zien van blanke en zwarte gezichten. De beelden bleven telkens 30
milliseconden zichtbaar, en als zwarten verschenen werd weer het
bekende patroon van verhoogde activiteit in de amygdala waargenomen. Maar als de beelden 525 milliseconden duurden gebeurde
er iets interessants. De activiteit in de amygdala verminderde
naarmate gebieden in de frontale cortex actief werden. Zij worden
geassocieerd met inschatting, regulering en controle.[30] Hoe meer
frontale activiteit, des te meer demping in de amygdala.

Ook andere verschijnselen met een sociale betekenis worden
op die manier bestudeerd. Dat heeft geleid tot een reeks onderzoeken die registreren waar er in de hersenen iets gebeurt wanneer
we bijvoorbeeld zelfbeheersing tonen, onze negatieve emotionele
driften reguleren en dergelijke. In eerste instantie klinkt het misschien primitief en zelfs zinloos om alleen maar actieve hersengebieden aan te wijzen. Hightech scanonderzoeken zijn zelfs ietwat
laatdunkend 'light-bright'-psychologie genoemd. Maar het einddoel is niet om te ontdekken waar in de hersenen stereotypen of
zelfbeheersing tot uitdrukking komen. Het doel is om te verklaren
welke cognitieve en emotionele processen complex sociaal gedrag
doen ontstaan. Dat inzicht wordt dan teruggekoppeld naar de
sociale psychologie, waar het gebruikt kan worden om erachter te
komen hoe een bepaald soort gedrag maatschappelijk kan worden
verklaard.

Ook belangstelling voor enkele fundamentele sociale vaardigheden die karakteristiek zijn voor mensen loopt als een rode draad
door de hele sociale neurowetenschap, en trouwens ook door de
sociale psychologie. Het gaat om zaken die we dusdanig beheersen dat geen enkele andere soort daar aan kan tippen. We kunnen
ons verplaatsen in wat anderen denken. We kunnen van anderen
leren door alleen maar naar ze te kijken of te luisteren. En bovenal kunnen we ons een cultuur eigen maken, oftewel verschil-

164

lende manieren om te handelen en te denken. Deze vaardigheden werken perfect samen en zijn tot nu toe de slimste uitvinding van de biologie: de bevrijding van biologische beperkingen. Want wat gebeurt er bij het ontstaan van cultuur? Ons gedrag wordt niet langer strikt gedefinieerd door genetisch bepaalde instincten en vastgelegde gedragspatronen, maar kan plotseling alle mogelijke kanten op gaan. We vinden ons eigen gedrag uit. En door die uitvindingen kunnen we ons onafhankelijk van de geërfde biologie ontwikkelen en in hoge mate loskomen van het zuiver genetische evolutieproces.

Dat is een kwantumsprong. Voor de hersenonderzoekers van deze wereld is de grote vraag uiteraard wat in onze hersenen deze sprong en die wonderlijke menselijke vermogens mogelijk maakt. Een serieuze kandidaat, en een doorbraak van de laatste paar jaar, zijn de zogeheten spiegelneuronen. Populair gezegd zijn spiegelneuronen hersencellen die ons in staat stellen anderen te spiegelen. Je kunt zeggen dat het hersencellen zijn met twee functies die bijna elkaars spiegelbeeld zijn. Enerzijds nemen ze actief deel aan specifieke handelingen die we uitvoeren, vooral bewegingen, anderzijds zijn ze ook actief wanneer we iemand anders diezelfde handeling zien uitvoeren. Het is meteen duidelijk dat zo'n twee-in-eenmechanisme de basis kan vormen voor een soort interne simulator. En zo'n eenvoudige simulator kan dan op zijn beurt complexe sociale eigenschappen genereren.

'Ik voorspel dat spiegelneuronen voor de psychologie hetzelfde zullen betekenen als DNA voor de biologie,' heeft neuroloog Viljanur Ramachandran gezegd. Zijn vergelijking gaat uit van de veronderstelling dat spiegelneuronen een overkoepelend frame vormen om een hele reeks mentale eigenschappen te kunnen onderzoeken en begrijpen. Daarbij gaat het om eigenschappen die tot nu toe vrijwel niet experimenteel te benaderen waren.

Spiegelneuronen leverden brandstof voor nieuwe experimenten, en geleidelijk aan krijgen onderzoekers via spiegelneuronen meer grip op ingewikkelde zaken als empathie, spraak en nabootsing. Maar het begin was bescheiden. De fascinerende cellen werden oorspronkelijk waargenomen bij apen, door zo'n toevalstreffer waar de wetenschap vol mee zit. We moeten terug naar 1996 en de Universiteit van Parma. Daar waren Giacomo Rizzolatti en zijn collega's Leonardo Fogassi en Vittorio Gallese lang bezig geweest te onderzoeken hoe resusapen hun handbewegingen aansturen. De aanpak was heel direct: de onderzoekers plantten fijne elektroden in afzonderlijke neuronen in een specifiek deel van de hersenschors van de apen, de zogenaamde premotorische cortex. Die is gespecialiseerd in het aansturen van bewegingen en in het zich daar een voorstelling van maken. Om precies te zijn ging het om een gebied dat bij apen F5 wordt genoemd.

De elektroden kwamen uit de cortex en waren aan het andere eind aangesloten op een versterker in het laboratorium. Telkens wanneer een geobserveerde cel actief werd en een elektrisch signaal afgaf, klonk er een hard geluid, zoals wanneer iemand tegen een microfoon tikt. De geroutineerde proefapen waren van tevoren getraind in het grijpen naar pinda's en ander voedsel, zodat de onderzoekers intussen de werking van de afzonderlijke neuronen in relatie tot specifieke bewegingen konden onderzoeken. Ze registreerden wat er gebeurde wanneer een aap bijvoorbeeld iets ergens vanaf pakte, wanneer hij ergens naar reikte, en wanneer hij iets greep en gewoon vasthield.

De proeven verliepen volgens plan, en de waarnemers zaten rustig gegevens te tikken. Maar tijdens een pauze gebeurde er plotseling iets totaal onverwachts. De resusapen hadden geen voer meer om naar te grijpen en deden niets, terwijl de onderzoekers pauzeerden en hun apparatuur een ogenblik in de steek lieten. Plotseling klonk er gekras uit de versterker. De geluiden gaven aan dat de apenhersens signalen uitzonden alsof de dieren naar iets grepen. Maar toen Rizzolatti ging kijken zaten de dieren helemaal stil en werkeloos met de handen in de schoot.

Wie wel had bewogen was collega Fogassi, die in de richting van een fruitschaal was gelopen, waar hij een banaan pakte. Eerst begreep niemand wat er aan de hand was. De apparatuur hield ze vast voor de gek, of er was een of ander ongebruikelijk technisch mankement. Maar er was niets mis met de elektroden of de versterker. Toen de onderzoekers hun bewegingen naar de fruitschaal systematisch herhaalden, bleek absoluut zeker dat dat bij de apen de premotorische neuronen in gang zette. Ze hadden duidelijk een echt fenomeen te pakken.

De ontdekking werd netjes gemeld. Terwijl collega's over de hele wereld de implicaties bespraken stortte het team in Parma zich likkebaardend op een nader onderzoek van het nieuwe verschijnsel, solide fundamenteel onderzoek. Ze ontdekten dat er ook in andere hersengebieden spiegelneuronen zitten, namelijk onderdelen van de pariëtaalkwabben, die ook met beweging te maken hebben. Ook kwamen ze erachter dat maar een klein deel van alle neuronen in deze gebieden die spiegeleigenschap heeft.

De volgende logische, en echt interessante vraag was natuurlijk of het spiegelsysteem ook bij mensen bestaat, en hoe dat dan functioneert. Hier moest men het begrijpelijkerwijze stellen zonder elektroden en overgaan tot indirecte methoden om de hersenactiviteit te registreren. Rizzolatti en zijn collega's voerden zelf de eerste proeven uit met PET-scanners, en andere teams beten zich vast in het probleem met MRI- en e.e.g.-apparatuur.

Aanvankelijk draaide het, zoals bij de apen, om beweging, en werden er registraties gedaan bij proefpersonen terwijl die naar voorwerpen grepen of anderen zagen grijpen. En warempel: hetzelfde patroon als bij de behaarde primaten werd waargenomen. Een van de eerste ontdekkingen was activiteit in die delen van de frontale cortex die corresponderen met F5 bij de apen en die Broca's gebied worden genoemd. Weliswaar kunnen indirecte metingen niet met zekerheid aantonen dat bij waarneming en handeling dezelfde cellen actief worden, maar in beide situaties

167

is de activiteit dusdanig gelijk dat het een natuurlijke conclusie is. Tegenwoordig is de consensus dat er bij mensen systemen van spiegelneuronen bestaan, en dat die in de frontaal- en pariëtaalkwabben zitten.

Daarmee hebben de wetenschappers apen niet opgegeven. Sinds die eerste doorbraak hebben de resusapen in Parma nog geen moment rust gehad. Dit leidde tot de ontdekking van een breed scala aan spiegelneuronen die elk hun gespecialiseerde functies hebben. Zo zitten er in de pariëtaalgebieden spiegelneuronen die kunnen onderscheiden of een gegrepen voorwerp moet worden gegeten of alleen maar ergens anders moet worden neergelegd. Sommige spiegelneuronen reageren alleen wanneer een andere aap een stukje fruit pakt en naar zijn mond brengt, terwijl andere actief worden wanneer het stukje fruit in een speciale houder wordt gelegd. Ook vonden Rizzolatti en zijn medewerkers uit dat er bij apen in de hersenschors speciale soorten mondspiegelneuronen zitten die uitsluitend gericht zijn op mondbewegingen. Sommige reageren op de acrobatische toeren die met eten te maken hebben, terwijl andere bij 'praat'-bewegingen geactiveerd worden.

Spraak is natuurlijk vooral relevant bij homo sapiens. Sommige theorieën zeggen dat spiegelneuronen heel goed een rol kunnen hebben gespeeld bij de ontwikkeling van onze taal. Broca's gebied, waar bij ons een systeem van spiegelneuronen verstopt zit, is namelijk een van de centrale hersendelen voor spraakverwerking. De neuronen daar worden onder andere actief wanneer we onze mond en handen bewegen of anderen dat zien doen. Meer recentelijk hebben Marco Iacoboni en zijn team van de University of California Los Angeles spiegelneuronen op nog meer manieren in verband gebracht met spraakgebruik. Ze toonden aan dat alleen al het luisteren naar iemand die spreekt, delen van de eigen frontaalcortex in gang zet die normaal gesproken actief zijn bij het praten.[31]

Dat is nog niet alles. Diezelfde Iacoboni heeft ontdekt dat we blijkbaar een interne simulatie afspelen van de scenario's die beschreven worden. Dat bleek uit een proef waarbij aan een reeks proefpersonen zinnen werden voorgelezen die bepaalde handelingen beschreven. Daarop reageerden ze prompt met activiteit in die delen van de premotorische cortex die normaal gesproken diezelfde handelingen aansturen. Iets zich voorstellen leidt dus tot begrip. De meest recente experimenten wijzen er zelfs op dat zich iets voorstellen absoluut noodzakelijk is om überhaupt te kunnen begrijpen. In een nog niet gepubliceerd onderzoek gebruikten onderzoekers van de UCLA krachtige magnetische stimulering om de delen met actieve spiegelneuronen uit te schakelen terwijl er werd voorgelezen. Het resultaat was dat de proefpersonen niet langer begrepen wat ze hoorden. De geluiden drongen prima door maar ze werden niet verwerkt, omdat de interne simulator niet werkte.[32]

Ons voorstellingsvermogen speelt vermoedelijk een cruciale rol bij ons indrukwekkende vermogen tot nabootsing. We zien of horen iemand iets doen, en dat activeert meteen een paar van de hersencellen die nodig zijn om de betreffende handeling uit te voeren. Maar ook identificatie met de belevenissen van anderen lijkt binnen het werkterrein van de geavanceerde spiegelneuronen te liggen. Die boodschap kwam in elk geval naar voren tijdens een paar opzienbarende proeven waarbij Christian Keysers van de Rijksuniversiteit Groningen het tastvermogen onderzocht.[33] Keysers had een groep vrijwillige proefpersonen opgeroepen, legde ze met hun benen bloot in zijn MRI-scanner en liet een onderzoeksassistent de benen zachtjes aanraken met een plumeau. Dat gekietel leidde zoals verwacht tot hersenactiviteit in de secundaire somatosensorische cortex, waar dat soort prikkels wordt geregistreerd en verwerkt. De verrassing kwam toen de personen in de scanner naar een korte video keken waarin een toneelspeler met een plumeau werd gekieteld; daarbij kwam dezelfde hersenactiviteit op gang.

Toen Keysers voor het eerst zijn gegevens op een congres presenteerde, speelde hij voor zijn collega-wetenschappers een clip uit de klassieke James Bondfilm *Dr. No*. Het was de scene waarin

169

Bond wakker wordt terwijl er een behaarde tarantula ter grootte van een hand over zijn arm kruipt. Zoals Keysers vertelde, kunnen we ons goed voorstellen dat strategisch geplaatste spiegelneuronen ons in staat stellen om iets te 'voelen' dat met een ander gebeurt.

Mooi aansluitend bij die hypothese hebben de ondernemende onderzoekers ook gekeken naar gevoelens van afkeer of afschuw. Een groep proefpersonen moest aan rotte eieren en ranzige boter ruiken terwijl ze stil in de scanner lagen, en helemaal volgens de verwachtingen begon hun insula te werken, een deel van de hersenschors dat consequent actief wordt als we ergens een afkeer voor voelen. Diezelfde insula gloeide op wanneer de proefpersonen keken naar een videoclip waarin een man aan een glas met vloeistof rook en meteen zijn gezicht in een grimas van walging trok. Zoals de titel van het artikel in het tijdschrift *Neuron* zegt: 'We voelen allebei afkeer in mijn insula.'

170 'Ik beschouw spiegelneuronen als de toegang tot een existentiële neurowetenschap,' zegt Marco Iacoboni als ik hem voor het eerst opbel. Iacoboni staat aan het hoofd van het Ahmanson-Lovelace Brain Mapping Center van de UCLA. Hij stemt meteen in met een bezoek en biedt zelfs aan een kleine scanproef te organiseren met mij als proefpersoon. 'Als u tenminste belangstelling heeft.'

Toen ik het aanbod kreeg had ik enorm veel belangstelling. Maar daarna hoorde ik de onderzoekers in Madison vertellen hoeveel van de vrijwillige proefpersonen die de machine in gaan een hoofd vol met afwijkingen blijken te hebben. Nu ik dus voor het lage Ahmanson-Lovelacegebouw sta en aanbel bij de gesloten deur houdt die belangstelling niet over.

'Frank wie?' klinkt het door de krakende intercom. 'Nou ja, kom maar binnen'. Achter de deuren in de centrale hal is het leeg, geen patiënten of proefpersonen afgezien van mijzelf. Marco Iacoboni komt uit zijn kantoor in de hoek en begroet me. Het eerste wat me opvalt is hoe ontspannen hij is, en hoe Europees.

De slanke man met het achterovergekamde, zilverkleurige haar woont al jaren in de Verenigde Staten en heeft daar carrière gemaakt. Maar hij heeft nog een licht Italiaans accent, met de karakteristieke slepende klinkers. Ook hangt er iets aangenaam rustigs over hem. De nerveuze energie en de ingehouden agressie die zo typisch Amerikaans zijn ontbreken volledig. Iacoboni vraagt belangstellend hoe het gaat en of mijn reis voorspoedig was, en als hij glimlacht, reikt de vriendelijkheid helemaal tot in zijn ogen.

'Je bent niet eerder gescand? Nou, laten we snel aan de slag gaan. Ik zal even Jonas zoeken,' zegt hij en laat me achter op de bank in de wachtkamer. De professor neemt de technische details van het experiment zelf niet voor zijn rekening; dat doet zijn medewerker, psycholoog Jonas Kaplan, die van de eerste verdieping naar beneden komt. Hij is een tengere donkerharige man en hij ziet er opvallend jong uit, vind ik.

'Ik heb honderden mensen in de scanner gehad,' zegt hij bij wijze van groet, alsof hij mijn gedachten raadt. Dan moet ik een ellenlange vragenlijst invullen. Het is een formulier dat moet verzekeren dat de onderzoekers op geen enkele manier verantwoordelijk gehouden kunnen worden, mocht ik aan de scan een onvoorzien bijeffect overhouden.

Ik verklaar met de hand op mijn hart dat ik niets mankeer en geen medicijnen slik. Dat ik geen metaal in mijn lichaam heb, geen schroeven in mijn heupen en geen pacemaker. Ten slotte herinnert het formulier mij eraan dat ik niet moet verwachten dat deelname aan het betreffende experiment mij persoonlijk iets zal opleveren. Wel laat het me weten dat de samenleving in zijn geheel baat kan hebben bij meer kennis over het functioneren van de hersenen. Die kennis kan bijdragen aan inzicht in de hersenen en daarmee aan het behandelen van hersenziekten, staat er. Met een zuiver geweten teken ik.

'Als je klaar bent mag je die oorringen uitdoen,' zegt Kaplan en geeft me een klein doosje. Voor de zekerheid haal ik ook de ring van mijn vinger, en dan ben ik klaar voor een bezoekje aan de magneet.

'Excuses dat het hier zo koud is, maar dat is nodig voor de scanner.'

De magere man rilt als hij na mij de grote ruimte met de kale betonmuren in loopt.

'Ik begrijp alleen niet waarom het ook altijd zo steenkoud moet zijn in de controlekamers, waar wíj moeten werken,' mompelt hij dan. Met kippenvel over mijn hele lijf ga ik op de dunne brancard liggen die me de smalle cilinder van de scanner in moet rijden. Het ziet er niet zo eng uit als als je ernaar staat te kijken terwijl anderen naar binnen gaan, maar van dichtbij is dat anders.

'Er is daarbinnen niet veel ruimte,' zeg ik, maar krijg geen reactie. Ik heb natuurlijk ook net schriftelijk verklaard dat ik geen claustrofobie heb.

'Duw die er goed in. Er is veel lawaai,' zegt Kaplan en geeft me een stel blauwe gummi oordopjes, die ik zo diep mogelijk in mijn oren manoeuvreer. Dan zet hij me een grote koptelefoon op en ten slotte de zware, op een duikbril lijkende bril die een film voor me zal afspelen. Voor de zekerheid wordt hij vastgetapet.

'Dit is je paniekknop. Als je niet lekker wordt druk je hem maar in.'

De kleine rubberbal is aangesloten op een alarm in de controlekamer en ik klem hem aan mijn borst, terwijl Kaplan kussens neerlegt aan weerszijden van mijn hoofd, om dat helemaal onbeweeglijk te houden. Ik merk dat ik langzaam naar binnen glijd, maar ik kan gelukkig de wand van de cilinder, op vijf centimeter van mijn neus, niet zien. In de bril draait een diavoorstelling met panorama's van exotische stranden die doen denken aan een wintercatalogus van een touroperator. Wit zand en kleine strandhutten met strodak waar longdrinks worden geserveerd. Er is ook een serie die onder water is opgenomen, met opgeblazen maanvissen die rondzwemmen boven een zeebodem die is bedekt met stekelige zeesterren. Er klinkt een wonderlijk diep, zacht bonzen als een regelmatige hartslag. Dat is de scanner die stationair draait.

'Kun je me horen? Is alles goed?' Ik antwoord twee keer ja en probeer stil te liggen. Als ik ademhaal kan ik mezelf horen hijgen, en ik probeer mijn hoofd stil te houden als ik moet slikken.

'We scannen even je hart om een snelle structuur te krijgen. Dat duurt vijftien seconden.'

Dan begint er een lawaai alsof iemand met een slaghamer vlak achter mijn hoofd staat te dreunen. Als het ophoudt verschijnt er een boodschap in de bril: 'Bent u klaar?' staat er. Ja, dat ben ik. Dan verschijnt er een kruis; Kaplan heeft gezegd dat ik me daarop moet concentreren.

'Nu komt de film. Blijf gewoon helemaal stil liggen en kijk ernaar.'

Eerst is er alleen een neutrale blauwe achtergrond met een kopje. Dan komt er van rechts een hand in beeld die het kopje oppakt. Het volgende beeld toont een buikige kleine theepot en een schoteltje koekjes, met in het midden van het kleine tableau weer hetzelfde kopje. Opeens komt de hand langzaam van rechts en pakt het kopje. Ik ben een beetje verbaasd en vraag me af wat ze hieruit zouden kunnen aflezen. Nu verandert de scène, en het kopje staat midden in een hoop kruimels en verfrommelde servetten. De hand verschijnt weer en pakt het kopje. Telkens weer wordt die vreemde reeks afgespeeld; het lijkt allemaal op een oude surrealistische film of een vroege poging tot videokunst. Dan stopt het, en in een flits zijn we terug bij de maanvissen en de blauwe oceaan.

173

'Nu maken we een anatomische scan om de structuren in je hersenen in een hoge resolutie te krijgen. Dat duurt zeven minuten.'

Het geluid klinkt nu anders; er is elke twee seconden een harde klik, als de machine een foto neemt. Eindelijk houdt het op, en Jonas Kaplan komt binnen en haalt me uit de cilinder.

Als ik in de controlekamer kom, zwemmen er nog steeds maanvissen voor mijn ogen. Het is er inderdaad steenkoud. Voor een van de grote beeldschermen zit Jonas Kaplan en roept wat grijze scanfoto's op. Een paar laten een dwarsdoorsnede van mijn hoofd zien, vanaf de brug van mijn neus naar de nek, met de ogen als grote ronde kogels aan het ene uiteinde. Ze lijken op koplampen. Opeens herken ik mijn eigen profiel in een lengtedoorsnee vanaf mijn kruin omlaag langs mijn hele schedel. Het eerste wat opvalt is een neiging tot een onderkin, waarvan ik hoop dat Kaplan die niet heeft gezien. Mijn neus, die me nooit heeft aangestaan, lijkt verschrikkelijk groot en het geheel heeft wat konijnachtigs over zich omdat de voortanden met hun volledige wortels tot in het kaakbeen te zien zijn.

'Dit zijn dan je prachtige hersenen. Dit ben jíj,' zegt Kaplan en glimlacht opbeurend.

Als laatste concentreer ik me op de mooie witte plooien in de schedel, en voel me meteen weer terug in de hersenbank in Boston. Hetzelfde vreemde gevoel van een al te grote intimiteit. Dan komt de angst van zonet plotseling terug.

'Zijn ze normaal?' stamel ik.

'Helemaal. Ik kan in elk geval niets abnormaals zien.'

Dat is het beroemde pak van mijn hart. Geen tumoren, geen dreigende hersenatrofie. Ik stuur een geluidloos 'bedankt!' de lege kamer in. Maar aan de andere kant klinkt 'normaal' ook weer niet helemaal positief. Meer in de richting van 'ordinair'. Ik staar opnieuw naar de grijze kronkels.

'Is er dan helemaal niets bijzonders aan, denk je?'

Kaplan fronst zijn wenkbrauwen, kijkt weer naar de beelden en schudt zijn hoofd. 'Nou nee… niets dat me meteen opvalt.'

'Niets bijzonder groots of misschien bijzonder kleins? Plooien of details die ongewoon lijken?'

'Het spijt me,' zegt hij en haalt zijn schouders op, maar dan bedenkt hij toch iets.

'Je hebt een heel mooi corpus callosum. Kijk hier maar,' zegt hij en volgt de fijne boog van de hersenbalk met de punt van zijn balpen. Ik vermoed dat hij alleen probeert om me een plezier te doen, maar het ziet er inderdaad mooi en nogal groot uit.

'Er bestaat enorm veel variatie,' klinkt het opeens uit de mond van Marco Iacoboni, die geluidloos de kamer is binnengekomen. 'We zien mensen met een IQ als dat van Einstein, maar met een heel dun corpus callosum.'

Ik weet niet helemaal hoe ik dat moet opvatten maar krijg de kans niet om te antwoorden. Hij gaat door: 'Wees blij dat er niets verdachts zit, want dat betekent vaak dat er problemen zijn. Een paar weken geleden hadden we hier een jong meisje dat schijnbaar helemaal gezond was, en hiervandaan kwam met beelden van een vergevorderde hersentumor.'

'Ja, dat was niet echt leuk,' zegt Jonas Kaplan.

Het duurt even om de onbewerkte gegevens uit de scanner om te zetten in de fraaie kleurenfoto's die we kennen als in kaart gebrachte hersenactiviteit. Er moeten computermodellen worden gemaakt die worden gevoed met de gemeten elektrische signalen, en er moet worden gecorrigeerd voor kleine beweginkjes van de proefpersoon en andere kleinigheden.

175

'Omdat ik Italiaan ben denkt iedereen dat ik op Rizzolatti's laboratorium zat en bij de oorspronkelijke ontdekkingen was,' begint Iacoboni spontaan. Hij vertelt dat hij zijn beroemde land-genoot alleen maar tijdens congressen over de hele wereld heeft ontmoet.

'Toen ik hem eind jaren negentig voor het eerst sprak, was hij geïnteresseerd in het gebruik van scantechnieken om die totaal nieuwe cellen te onderzoeken, en toen ik daarvan hoorde was ik verkocht. Ik bedoel, mensen hebben unieke eigenschappen; we kunnen praten, lezen, ingewikkelde emoties uitdrukken en intenties hebben, maar we stammen af van organismen die niets anders zijn dan heel eenvoudige motorische systemen. Plotseling ontdekken we de spiegelneuronen, die ons een elegante manier tonen om die sprong voorwaarts te maken.'

Iacoboni steekt zijn borst vooruit als een tenor. 'Ik wist gewoon dat ik aan dat onderzoek moest meedoen.'

Hij glimlacht haast verzaligd, en een paar seconden lang is in de kamer alleen het zachte gezellige gebubbel te horen van de kleine waterautomaat in een hoek. Dan komen we terug bij ons onderwerp en verschijnen mijn scanresultaten op het computerscherm.

'Deze test hebben we vaker gedaan; hij wijst erop dat systemen van spiegelneuronen meespelen bij het decoderen van wat anderen van plan zijn te gaan doen.'

Het resultaat blijkt al gepubliceerd te zijn op basis van drie-entwintig andere vrijwilligers die de blauwe achtergrond, de theekopjes en de handen die van opzij verschijnen hebben liggen observeren.[34]

'Jij vertoont een heel normaal activiteitenpatroon,' zegt Iacoboni en wijst op een feloranje plek even boven mijn rechteroog. Die laat een 'zeer robuuste' activiteit in mijn rechter ventrale premotorische cortex zien, die helemaal volgens het boekje telkens wanneer de hand in beeld komt verschijnt.

'Maar het fantastische is, dat de activiteiten in de diverse situaties verschillen. Bij dit plaatje is de tafel schoon, nietwaar, terwijl hij op het andere plaatje vol afval ligt. De context geeft dus aan dat de handen verschillende dingen doen: respectievelijk het kopje pakken om te drinken, en om op te ruimen. Het blijkt dat dit gebied aan de rechterkant veel actiever is bij een context die op drinken wijst. Tegelijk is er bij beide situaties meer activiteit dan bij het "schone" plaatje, waarin de hand alleen maar tegen de blauwe achtergrond verschijnt.'

Ik zie duidelijk dat de laatste scan die hij aanwijst maar weinig oranje heeft.

'Kijk, dit zegt iets over het verschijnsel dat spiegelneuronen niet alleen geïnteresseerd zijn in de handeling zelf, maar in de motivatie of bedoeling van de handeling. Dat is fantastisch! Stel je voor, we kunnen details onderscheiden van hoe onze hersenen dat soort subtiliteiten ontcijferen!'

Iacoboni is helemaal enthousiast geworden, en ik ben het met hem eens dat het geweldig is. Maar betekent dat dan ook dat spiegelneuronen het neurowetenschappelijke antwoord op DNA zijn?

'Ah, die uitdrukking is van Ramachandran. Ik vind het prachtig! Met een paar woorden bezorgt hij het hele vakgebied een effectieve *branding*, nietwaar? Maar je vroeg waarom het onderzoek naar spiegelneuronen zo belangrijk zou zijn. Ik kan op verschillende niveaus antwoorden. De academische wereld heeft altijd geloofd dat onze hersenen werken met scherp gescheiden systemen, die enerzijds waarnemen en interpreteren, en anderzijds handelen.'

Iacoboni neemt een kleine presse-papier en een cd en legt ze naast elkaar op de tafel tussen ons in.

177

'Alles wat er tussen waarneming en handeling gebeurt zou volgens het oude model moeten bestaan uit diverse cognitieve processen. Maar dat is een hopeloze manier. De hersenen hebben zich ontwikkeld om dingen zo snel mogelijk te doen, en de snelste manier om het handelingssysteem te activeren is om het óók te laten interpreteren.'

Hij legt de presse-papier boven op de cd.

'Maar goed, dat is zoals gezegd academisch. Ook op een ander niveau zijn spiegelneuronen belangrijk. Want ze tonen aan, op een diep neuronaal niveau, hoe we met elkaar zijn verbonden. Er is een fysieke band tussen jou en mij. Als ik hier iets doe, gebeurt in feite hetzelfde ook in jou, je bootst mij zogezegd na met je spiegelneuronen.'

Nu hebben we het vast over wat professor Iacoboni existentiele neurowetenschap noemt. Ik vraag dus wat dat eigenlijk is. Hij begint luid te lachen.

'Wist ik het maar! Nee, even serieus, ik geef toe dat dat vaag en onverklaarbaar klinkt, maar ik bedoel dat we te maken hebben met een revolutie. Hersenonderzoek werd altijd beoefend binnen een strikt analytische traditie. Spiegelneuronen hebben het traditionele denken doorbroken, dat uitging van gescheiden systemen die elkaar op een lineaire manier informatie geven. Maar er staat daarbinnen geen lopende band. In plaats daarvan hebben we een systeem van hersencellen die in één moeite door jouw en mijn handelingen op een holistische manier behandelen. Ze imiteren en herhalen niet alleen andermans handelingen, maar ook de bedoelingen en emoties van anderen. Dat je bestaat betekent dus in een heel fundamenteel fysiologisch opzicht dat je rechtstreeks betrokken bent bij anderen. Probeer het je voor te stellen,' Iacoboni wijst van zichzelf naar mij en terug. 'Onze zenuwstelsels staan rechtstreeks met elkaar in verbinding.'

De diepste band tussen onszelf en onze naaste is natuurlijk de empathie, als we niet alleen weten wat de ander voelt maar zelf meevoelen en een drang voelen om ten behoeve van de ander te handelen. Juist empathie is een belangrijk thema binnen de jonge wetenschap van de spiegelneuronen. Marco Iacoboni droeg bij aan de vliegende start ervan met een artikel in *Proceedings of the National Academy of Sciences* in 2003. Daarin beschreef hij het scannen van proefpersonen die werden blootgesteld aan een reeks foto's van gezichten met verschillende emotionele uitdrukkingen. Woedend, bang, blij of vol afschuw. De proefpersonen moesten eerst alleen maar observeren en daarna de betreffende uitdrukking nabootsen, en toen bleek dat bepaalde gebieden in de frontale cortex in beide situaties actief waren.

'Met andere woorden, zowel wanneer we zelf iets uitdrukken als wanneer we de uitdrukking van anderen interpreteren zijn daar spiegelneuronen bij betrokken. We zeggen dat spiegelneuronen wezenlijk bijdragen aan het begrijpen van handelingen van anderen in het algemeen. En sommige van deze handelingen drukken andermans gevoelens uit.'

Hoe komen we nu van het interpreteren van die gevoelens tot het werkelijk voelen ervan? Naar het zich laat aanzien gebeurt dat via strategische communicatieverbindingen. De hersengebieden die behoren tot het zogeheten limbische systeem, en die betrokken zijn bij verwerking van gevoelens, bevatten namelijk voor zover bekend zelf geen spiegelneuronen. Maar de onderzoekers van de UCLA onderzochten de anatomie, en ze vonden communicatieverbindingen die liepen van de frontale gebieden, die actief zijn bij imitatie, naar gebieden in het limbische systeem.

'We stellen dus een model voor waarin spiegelneuronen eerst de handelingen van anderen oppikken en die dan gelijk nabootsen door actief te worden. Bij die activiteit sturen ze signalen naar emotionele gebieden, en het is via die communicatie dat we de gevoelens van anderen echt begrijpen. Het gaat weer om een kleine interne simulator. Dat decoderen is geen cognitieve simulatie, waarbij we ons best doen om iets te berekenen. Het is een ogenblikkelijke, automatische en onbewuste vorm van spiegeling.'

Ik moet nu denken aan de psychopaten waar ook Marc Hauser naar keek. Juist over hen wordt immers beweerd dat ze niet rechtstreeks empathie voelen maar wel in staat zijn te zien en te beredeneren hoe anderen zich voelen. Dus hoe zit het met hun spiegelneuronen?

Iacoboni knijpt zijn ogen wat samen en geeft toe dat dat zijn expertise te boven gaat.

'Ach, ik zou graag psychopaten willen bestuderen, maar dat is een lastige groep, glad als een aal, waar je geen grip op kunt krijgen. En waar vind je een groep vrijwillige psychopaten?'

Die vraag blijft onbeantwoord tussen ons in hangen, tot Iacoboni de draad weer oppakt.

179

'Van andere groepen weten we dat er een verband is tussen de mate van empathie waartoe een individu in staat is, en de mate van activiteit in hun spiegelneuronen.'

Dat geldt bijvoorbeeld voor een groep tienjarige kinderen met wie de onderzoekers proeven hebben gedaan. De kleintjes, die wél gemakkelijk te vinden waren, kregen een gewone psychologische test voor empathie, die onder andere berust op het kijken naar plaatjes van gezichten om te lezen welke emoties die uitdrukken. Later werden ze in de scanner gelegd zodat de activiteit in hun frontale spiegelneuronen kon worden gemeten terwijl ze weer diezelfde gezichten bekeken en daarvan de uitdrukkingen nadeden.

'Er was een duidelijke correlatie tussen een hogere score in de empathietest en meer activiteit in het systeem van spiegelneuronen. Volgens mij kan dat systeem worden gezien als een *biomarker* voor het vermogen tot empathie.'

'Maar ligt dat vermogen dan vast of kan het op de een of andere manier worden veranderd?'

'Dat is nou net het spannende, nietwaar? Sommige gegevens wijzen op dat laatste. Ik kan je laten zien wat we hebben waargenomen bij autistische kinderen,' zegt Iacoboni en drukt met zijn printer een exemplaar af van een artikel dat een hypothese ondersteunt die rond de millenniumwisseling werd opgesteld.[35] Volgens die hypothese hangt de ontwikkeling van autisme samen met het falen van spiegelneuronensystemen. Autisme kent vele gradaties, maar de kern is altijd dat gevoelens zijn aangetast. Autisten hebben berucht veel moeite met het lezen en begrijpen van de emoties van anderen, en dat mankement maakt het moeilijk voor ze om zich in sociale situaties te bewegen. Ze zijn, in de woorden van de Amerikaanse autist en schrijfster Temple Grandin, als het ware 'antropologen op Mars'.

In elk geval hebben ze problemen met hun spiegelneuronen. Samen met psychiater Mirella Dapretto en enkele anderen heeft Iacoboni tien goed functionerende autistische kinderen bestudeerd en hun reactie op gezichtsuitdrukkingen vergeleken met die van normale leeftijdgenoten met eenzelfde IQ. Waar de normale kinderen een sterke activiteit laten zien in gebieden met spiegelneuronen, vertonen de autisten vrijwel geen activiteit. Ook in klassieke emotiegebieden vertoonden ze een veel lager activiteitsniveau dan de normale kinderen.

'Ook hier zien we: hoe dieper hun autisme, des te minder activiteit ze vertonen,' zegt Iacoboni. 'Maar om terug te komen op je vraag over verandering: we weten dat kinderen beter worden in het duiden van emotionele signalen in gezichtsuitdrukkingen als ze daarin doelgericht worden getraind. We hebben nog geen tijd gehad om te kijken of dat samengaat met verhoogde activiteit in de spiegelneuronen, maar ik denk dat dat zo zal blijken te zijn.'

Hij denkt ook dat autisten ons iets kunnen leren over hoe het spiegelneuronensysteem überhaupt tot ontwikkeling komt.

'Het is kenmerkend voor sommige autisten dat ze als baby weigerden om naar anderen te kijken en oogcontact te maken, en ik denk dat dat de training van hun spiegelneuronensysteem verhindert. Het samenspel tussen moeder en kind is absoluut cruciaal, en het werkt vermoedelijk naar beide kanten. Kleine baby lacht, mama lacht terug, en baby leert zo zijn spiegelneuronensysteem om spiegelneuronen te verbinden met lachen en met een begrip van de emoties die door lachen worden uitgedrukt.'

Zelf laat Marco Iacoboni opeens zijn glimlach achterwege en wordt ernstig.

'Luister. Het is duidelijk dat we op den duur empathie zullen kunnen trainen, en daarmee sociale vaardigheden, als we dit ongelooflijke systeem beter begrijpen. Stel je voor wat we zouden kunnen bereiken door het op scholen toe te passen.'

Iacoboni haalt diep adem en strekt beide armen voor zich uit op tafel.

'Alles bij elkaar vind ik dat de neurowetenschap de sociale kant op moet gaan, de samenleving in. Het idee dat de hersenen

181

---

kunnen worden gevormd en beïnvloed is fantastisch belangrijk. Ja, er is een neurowetenschappelijke revolutie aan de gang, die het maken van betere mensen tot doel moet hebben.'

Hij heeft het nog niet gezegd of hij lacht wat wrang en kijkt naar beneden.

'Ja, dat klinkt misschien niet best, maar ik vind echt dat het erom gaat de menselijke natuur te kunnen sturen en leiden.'

De oude man en de hersenen

Het lijkt een onmiskenbare trend te zijn. Al die topwetenschappers die recht voor hun raap zeggen dat hun gegevens en resultaten de wijde wereld in moeten om in onze samenleving hun werk te doen. Geen academische contactfobie hier, geen bedompte geur van ivoren torens. Dit staat ver af van wat we biologische onderzoekers normaal zien doen. De gebruikelijke routine is dat ze onderstrepen dat ze alleen maar wetenschappers zijn, vakexperts die zijn aangesteld om kennis te produceren. Anderen moeten vertellen en besluiten waar die kennis voor moet worden gebruikt.

Het is alsof ik een echo hoor van een punt dat de neuroloog Antonio Damasio al in 1994 naar voren bracht, in zijn klassieker *De vergissing van Descartes*. Hij schrijft: 'Kennis in het algemeen, en neurobiologische kennis in het bijzonder, moet een rol spelen bij de bestemming van de mensheid.' Hij vervolgt op hoogdravende toon dat een dieper inzicht in de hersenen en de geest de weg is naar het geluk en de vrijheid waar we zo onstuitbaar naar streven. Datzelfde streven was de laatste paar eeuwen de drijfveer achter het onophoudelijke werken aan de vooruitgang.

Dat zijn grote woorden. Maar het ziet ernaar uit dat de inmiddels tweeënzestigjarige Damasio zelf die richting is ingeslagen. In elk geval heeft hij zich in volle vaart op de sociale neurowetenschappen gestort als directeur van het pas opgerichte Brain and Creativity Institute van de University of Southern California, amper een half uur rijden van Iacoboni.

Antonio Damasio kan een van de grondleggers worden genoemd van de belangstelling voor het sociale aspect van de neurologie. De beroemde neuroloog en neurowetenschapper komt oorspronkelijk uit Portugal. Van 1976 tot 2005 werkte hij bij de University of Iowa, waar hij van zijn centrum voor hersenonderzoek het middelpunt maakte van het onderzoek naar de rol van emoties in ons mentale leven. Aan hem komt grotendeels de eer toe voor de huidige erkenning dat mensen zich in hoge mate in de wereld bewegen met emoties als motor en het intellect in de bezemwagen.

Damasio heeft altijd hecht samengewerkt met zijn echtgenote Hanna, die als toonaangevende expert wordt beschouwd op het gebied van beeldtechnieken. Tijdens de jaren tachtig richtten ze zich samen op het onderzoeken van patiënten met schade aan een afgebakend deel van de hersenschors, de zogeheten ventromediale frontale cortex. Het interessante aan deze mensen was dat ze een paar karakteristieke sociale problemen hadden. Er was helemaal niets mis met hun intelligentie in de zin van IQ, en alle mogelijke en onmogelijke tests van hun persoonlijkheid en vaardigheden toonden heel normale uitkomsten. Maar in het dagelijks leven waren 'de ventromedialen' totaal hopeloos. Ze konden geen blijvende vrienden maken, ze konden geen baan houden, en hun geldzaken konden ze al helemaal niet aan. Kortom, het leek erop dat de patiënten voortdurend slechte keuzes maakten.

De vraag was hoe dat kon, terwijl hun vermogen om rationeel te denken ogenschijnlijk intact was. Het antwoord kwam na jaren onderzoek en de ontwikkeling van een speciale test. Bij die test kun je met een kaartspel een hoop geld winnen of verliezen, afhankelijk van hoe je je risico in de hand houdt, en daarbij bleek er een cruciaal element aan de rationaliteit van deze mensen te ontbreken: emotie. De hersenschadepatiënten kunnen rationeel best begrijpen

183

dat een bepaalde handeling riskant is, maar ze voelen het niet 'in hun buik', zoals wij anderen, en daarom reageren ze er niet op.

Op grond van vele onderzoeken concludeerde Damasio dat delen van onze frontaalkwabben emotie, keuze en sociaal gedrag met elkaar verbinden. Hij ontwikkelde wat wel de 'somatische etikethypothese' wordt genoemd. Die zegt dat onze hersenen elke keus waarmee we worden geconfronteerd voorzien van een soort emotioneel etiket dat zich uit als een lichamelijke sensatie. Heel letterlijk het 'onderbuikgevoel' waar we het over hebben.

Het debat over die theorie loopt nog. Bijna een eeuw lang beschouwde de neurowetenschap het emotionele aspect als irrelevant voor de vraag hoe we redeneren en keuzes maken. Nu hebben Damasio en zijn medewerkers emotie een centrale plaats gegeven, hand in hand met rationaliteit.

Hier in Los Angeles kun je merken dat het nieuwe Brain and Creativity Institute nog in de kinderschoenen staat. Als secretaresse Susan Lynch me komt begroeten heeft ze een map bij zich die ik best mag inzien maar niet mee naar huis mag nemen. Hij wordt alleen verstuurd naar personen die mogelijk interesse hebben in het schenken van een groot bedrag voor onderzoek. Ik stel vast dat het instituut hechte banden heeft met de faculteit Geesteswetenschappen van de universiteit, en dat er plannen zijn om de neurowetenschappers te laten samenwerken met iedereen, van sociologen tot filmproducers en pianisten. Dan verschijnt Damasio zelf en onderbreekt mijn lezen.

Hij steekt zijn hand uit, en ik verbaas me erover hoe klein hij is. Een tengere man met fijne, vogelachtige trekken. Maar zijn snelle en beheerste bewegingen suggereren één bonk harde, samengeballe kracht en energie. Hij is elegant tot in de puntjes. Op deze heel gewone dinsdagmiddag is hij gekleed in een bijzonder fraai grijsblauw kostuum dat heel goed van Armani zou kunnen zijn, met een licht glanzend oppervlak. Daaronder een das in rode tinten en een lichtblauw overhemd. Geen vouw zit verkeerd, en door de elegantie van de man vraag ik me af of mijn rok wel goed zit, en of het te zien is dat de lak op mijn teennagels een paar dagen oud is.

'Ik voel me afgepeigerd, ja, zeg maar uitgeput,' zegt Damasio meteen na de begroeting. 'Herkent u dat?' Ik antwoord dat ik dat gevoel goed ken en stel voor dat hij dan maar een lekker lange vakantie moet nemen.

'God, dat heb ik nodig, maar ik kan niet weg. Er is te veel gaande. Toen ik jong was dacht ik dat ik als ik ouder zou zijn ruimschoots de tijd zou hebben om achterover te leunen en alleen maar te peinzen. Toen kreeg ik een grote afdeling bij de universiteit in Iowa onder me, en nu ben ik bezig hier wat nieuws op te zetten. We zijn al met dertig mensen, en we zullen zeker nog verder groeien.'

Ongetwijfeld. De beide Damasio's maken deel uit van de absolute elite binnen de neurowetenschap, een club waarvan de leden als ware jetsetters met uitnodigingen als gastsprekers op zak naar bijeenkomsten en congressen over de hele aardbol vliegen. 'Een coup voor de University of Southern California,' noemde Nobelprijswinnaar en geheugenonderzoeker Eric Kandel hun overstap, en onderstreepte dat door Antonio Damasio 'een van 's werelds grootste moderne denkers' te noemen.

'Ik geef eigenlijk nooit meer interviews,' zegt Damasio en legt uit dat het verspilling van tijd is. Journalisten versimpelen onderzoek tot het onherkenbaar is, en maken er altijd het verhaal van dat er hersencentra voor dit en hersencentra voor dat bestaan. Ze willen zo graag de gemakkelijke boodschap verkopen dat die 'centra' ons aansturen en definiëren. Dat idee is gemakkelijk over te brengen en het publiek slikt het ook gemakkelijk, omdat het de verantwoordelijkheid van elk individu wegneemt. Het is onverdraaglijk.'

'Nee, dat is inderdaad verwerpelijk,' weet ik uit te brengen, waarna de drukke directeur tevreden glimlacht, mij zijn kantoor in trekt en me daar op een bank poot. Op de tafel ervoor staat een stel kleine, glanzend gepoetste bronzen hersenen, met het verlengde ruggenmerg als een uitstekende steel eronder. Het geheel lijkt op een opgeblazen ballon die elk moment de kamer in kan vliegen, maar volgens het sokkeltje is het een Golden Brain Prize. Slechts een van de talloze prijzen die Damasio in de loop der tijd heeft verzameld.

'Hier in het centrum wordt het begrip creativiteit op een specifieke manier opgevat,' zegt hij nadat hij is gaan zitten in een leunstoel die flink hoger is dan mijn bank. Daarop vertelt Damasio, in een weloverwogen en gecultiveerde woordenstroom, dat het idee voor het nieuwe centrum uiteraard is voortgekomen uit zijn eerdere werk met emoties en gedrag. Hij en zijn echtgenote hebben weliswaar belangstelling voor onderzoek naar de neurologie achter creatieve processen in kunst en muziek, maar het gaat allereerst om sociaal gedrag.

'Mijn definitie is erg breed,' geeft hij toe. 'Het eerste waar mensen creatief in waren, was niet kunst of technologie maar het aangaan van sociale relaties. Dat is voor mij de kern van creativiteit. Ons werk moet gaan over hoe patronen van menselijke relaties en van sociale conventies en ethiek ontstaan.'

Zonder enige waarschuwing gaat het licht in het kantoor uit en laat ons in het schemerdonker achter. Dat komt omdat we stil zitten, legt Damasio uit; dan denken de bewegingsmelders in de kamer dat hij leeg is. Hij tilt zijn armen een paar keer als vleugels op, en het licht gaat weer aan.

'We zijn er al heel lang van overtuigd dat de volgende fase van ons werk moet bestaan uit het plaatsen van de neurowetenschap in de sociale ruimte. Volgens mij wijst het onderzoek van de laatste tien jaar duidelijk die kant op. We begonnen met het in kaart brengen van eenvoudige en elementaire emoties: angst, woede, afschuw. Maar al snel belandden we bij de vraag hoe emotie sociaal gedrag en sociale interactie beïnvloedt. Nu zijn

we op het punt waar uitgesproken sociale emoties de uitdaging
vormen.'

Er zijn nog geen resultaten om mee te pronken, maar ambitie
is er in overvloed. Damasio zal leiding geven aan onderzoekers die
enkele complexe emoties zullen analyseren die van tijd tot tijd als
uniek menselijk worden aangemerkt. Het gaat om ingewikkelde
zaken als trots, respect, bewondering, vrijgevigheid, verachting,
schaamte en schuld. Wonderlijk gemengde gevoelens die lastig
te definiëren zijn maar wel in hoge mate ons bestaan bepalen.

'We willen weten hoe dat soort emoties in sociale situaties
wordt opgeroepen, wat er in de hersenen gebeurt wanneer we
ze hebben, en welke fysiologische reacties erbij komen kijken.'

Een dergelijke beginselverklaring presenteren is eenvoudig
genoeg, maar die ook in de praktijk uitvoeren is lastig. Antonio
Damasio treedt niet in details maar legt uit dat er kort gezegd een
heleboel onderzoeken zullen zijn, deels met normale proefpersonen en deels met mensen met specifieke hersenbeschadigingen.
Beschadigingen die specifieke emoties beïnvloeden en daardoor
kunnen aantonen welke hersencellen door deze emoties worden
benut. Een ander onderzoeksaspect behelst het plaatsen van personen in testsituaties en ze stimuleren om diverse emoties op te
roepen. Scanapparatuur zal worden gebruikt om hypotheses
te testen over welke hersendelen en netwerken actief zijn.

187

'En wat zal die kennis ons brengen in maatschappelijk opzicht?'
vraagt Damasio zelf. Na even nadenken geeft hij antwoord.

'Ik denk dat het voor zich spreekt dat elke kennis over de werking van hersenen en geest in sociale situaties gereedschap oplevert
om met deze situaties beter om te gaan. Dat is het algemene nut.
Kijk, mijn allesoverheersende drijfveer is een beter begrip van de
menselijke natuur, en als dat er eenmaal is kun je beter je eigen
gedrag observeren en aanpassen. Dat is het algemene nut van de
neurowetenschap. Misschien vinden sommigen dat dat niet veel is,
maar zij hebben het mis.'

Hij stopt even, houdt zijn hoofd iets scheef en gaat dan verder.
'Als je kijkt naar de manier waarop diverse samenlevingen zijn
omgegaan met problemen als oorlog en sociale conflicten, vooral
etnische conflicten, dan is dat toch ongelooflijk primitief. Mensen
hebben een paar emotioneel bepaalde reactiepatronen die ze erg
slecht in de hand hebben, en die uitmonden in irrationele standpunten. Veel van de problemen bij het hanteren van deze zaken
hebben ermee te maken dat mensen het mechanisme achter hun
emoties niet kennen.'

'Dat ze hun emoties als een gegeven beschouwen?'

'Precies. En ze willen niet toegeven, willen geen gezichtsverlies
lijden. Dat is wat we nu zien bij de manier waarop Europa reageert
op de islam.'

'Net zoals bij de reactie van de islam op Europa?'

'Natuurlijk. Daar weet uw geboorteland Denemarken alles
van,' zegt Damasio en glimlacht fijntjes. Hij noemt de cartoonrel
niet rechtstreeks.

'Zou het niet prachtig zijn als mensen in dat soort situaties iets
wisten over wat ze van hun eigen biologie kunnen verwachten?
Als ze in staat zouden zijn om even stil te staan en hun eigen reacties te controleren zonder een massa ego, en zonder te denken dat
ze vernederd worden?'

Daar kan ik het alleen maar mee eens zijn, maar ik vraag
Damasio meteen of hij niet denkt dat een bemoeienis door neurologen met etnische conflicten voor velen zal werken als een rode
lap op een stier. Tenslotte bestuderen ze alleen maar hersenen.

'Een van de problemen is dat mensen denken dat neurowetenschappers "alleen maar" hersenen bestuderen,' antwoordt hij wat
ongeduldig. 'Maar in de cognitieve hersenwetenschap bestuderen we het verband tussen hersenprocessen en bepaalde soorten
gedrag. De weefselmassa in isolatie interesseert ons niet. Nee,
we willen doordringen tot de mechanismen achter het gedrag
dat we in de sociale wereld meemaken.'

Volgens Damasio bevindt de neurowetenschap zich op een beslissend punt. Het vakgebied moet uit zijn isolatie komen en gaan samenwerken met de maatschappijwetenschappen en de politicologie. Dat zijn vakgebieden die goed zijn in het beschrijven van sociale en politieke problemen, maar daar niet genoeg mee konden omdat kennis over de basale oorzaken en processen ontbrak. Als we echter meer van bijvoorbeeld conflicten begrijpen, kunnen we daar lessen uit leren die in de politiek bruikbaar zijn. Persoonlijk droomt Damasio ervan om al het inzicht dat uit het veld opborrelt te laten terugstromen in het onderwijssysteem. Het liefst helemaal tot aan de basisschool.

'Als ik blijf leven…' zegt de zestiger, die eruitziet alsof hij nog een tijdje mee kan, '… ben ik van plan om te helpen om leraren te scholen in de neurowetenschap. Initiatieven op het gebied van opleiding zijn net zo belangrijk als die op het medische vlak. Tot de dag van vandaag hebben de neurologie en later de neurowetenschap bijgedragen aan medische vooruitgang, en ik ben bepaald trots dat ik daaraan heb meegedaan. Maar we staan voor een belangrijke verschuiving. Vanaf nu zal de maatschappij de grootste afnemer van onze resultaten worden.'

Dat klinkt allemaal verleidelijk, maar ik vraag me af of het wel realistisch is. Zal de 'samenleving', de brede massa, werkelijk in staat zijn om rekening te houden met de fijnere nuances in het innerlijke leven van de hersenen, of daarin geïnteresseerd zijn?

'Aha, u herinnert me aan een filosofische traditie die helaas verloren is gegaan. Ooit was filosofie een manier om commentaar te leveren op het dagelijks leven. Aristoteles liep rond tussen de burgers van Athene en gaf commentaar op hoe we ons leven zouden moeten leven, en wat we als mens in de wereld zouden kunnen doen. Zelfs een figuur als Spinoza, die door de machthebbers werd uitgescholden en in de ban gedaan, was in zijn tijd bij heel gewone Nederlanders bekend. Ze debatteerden over zijn ideeën over vrijheid, de scheiding van kerk en staat en de verhouding tussen emotie en rationaliteit. Die gedachten konden voor gewone mensen worden samengevat en toegankelijk gemaakt. Belangrijke feiten en ideeën zullen onvermijdelijk op de een of andere manier doorsijpelen naar gewone mensen.'

Maar wat zijn die belangrijke ideeën? Welke intellectuele producten moeten er uit de grote fabrieken van het hersenonderzoek komen? Damasio zegt eventjes niets, en geeft dan zijn eigen samenvatting.

'Weet u, als de hele biologie één centrale boodschap heeft, dan is het wel deze: er is niet iets speciaal moreels aan de aard die de ontwikkelingsgeschiedenis ons heeft opgeleverd. In de natuur bestaan geen goed en kwaad. We kunnen dus niet onze driften en vermoedens als betrouwbare leidraad gebruiken voor het inrichten van een samenleving die volgens ons moreel is. We moeten beslissen en definiëren hoe we de samenleving en ons bestaan wíllen inrichten, ongeacht wat onze aard ons vertelt. Het is aan ons om de structuren te bouwen die we willen.'

Damasio steekt twee onberispelijke vingers omhoog.

'We hebben twee gereedschappen om mee te bouwen. Enerzijds de cultuur, de aanvaarde normen, en anderzijds onze kennis over onze eigen biologische beperkingen en neigingen.'

De samenleving in ons hoofd

Het is nog maar even na de middag, en ik ben al volkomen op. Heb zelfs geen zin om me op te winden over de onverdiende parkeerboete die een overijverige parkeerwachter van de universiteit op de voorruit van mijn huurauto heeft geplakt terwijl ik met Damasio aan de praat was. In plaats van te schelden meld ik me traag op het kantoor en betaal. Ik ben helemaal uitgeteld.

Het komt niet door de enerverende scan van die ochtend en de daaropvolgende opluchting dat ik niet rondloop met een hersentumor of een grote onverklaarbare holte. Het is ook niet de rit van die dag over de overvolle Californische snelwegen. Nee, het zijn de visioenen die de heren hersenonderzoekers hebben geschetst. De glimlachende Iacoboni die wil dat de neurorevolutie betere mensen tot gevolg heeft, en de bedachtzame Damasio die maatschappelijke instellingen wil vormen op basis van een grondigere kennis van de beperkingen van de menselijke aard. Heftige zaken.

Dat biologie een politieke rol zou moeten spelen, doet dat niet denken aan iets wat we eerder hebben gezien?

Terwijl ik achter het stuur zit kan ik me levendig voorstellen hoe deze en gene commentator een slecht gevoel zal hebben bij dat soort zaken. Hoe ze met opgestoken vingertje zullen zeggen: 'Denk aan de eugenetica!' Een verwijzing naar de rassentheorie, die bestond vanaf de late 19e eeuw tot en met de Tweede Wereldoorlog, ligt voor de hand. Toen hadden we sociale politiek – en politici – die sterk werden geïnspireerd door wetenschappers die juist verwezen naar kennis over de aard van de mens. Helaas was dat onjuiste kennis, die beweerde dat de menselijke aard per ras en bevolkingsgroep varieerde. Oost-Europese en joodse immigranten werden geweerd uit het Beloofde Land van de Verenigde Staten, op basis van de aanname dat ze biologisch minder ontwikkeld zouden zijn en de kwaliteit van de bevolking zouden aantasten, zoals ook zwart en blank in de zuidelijke staten werden gescheiden. Vergelijkbare argumenten werden begin 20e eeuw in Denemarken gebruikt om zwakzinnigen onder dwang te steriliseren. Wat later bereikte de eugenetica een dieptepunt met de systematische moord door de nazi's op joden en zigeuners.

De conclusie ligt voor de hand: houd de biologie verre van de politiek en laat wetenschappers bij hun leest blijven. Maar in die val moeten we niet trappen. De oproep van Iacoboni, Damasio en andere hersenonderzoekers wier ambitie verder reikt dan het laboratorium is precies wat we nodig hebben. Het is een oproep om wakker te worden. Het gaat er niet om dat onderzoekers moeten oppassen en gas terug moeten nemen, maar dat wij anderen – de

191

samenleving, opiniemakers – op onze tellen moeten passen. We kunnen het ons gewoon niet veroorloven om onverschillig te zijn over wat er binnen het hersenonderzoek gebeurt.

Er ís een revolutie om ons heen aan de gang, en die gáát zich een weg naar buiten banen en zich doen gelden in de samenleving op manieren waar we nu alleen nog naar kunnen raden. Als we de invloed van de wetenschap mede willen bepalen, dan moeten we met de taal van de wetenschap kunnen omgaan en de resultaten ervan kunnen evalueren. De neurowetenschap moet ieders eigendom worden. Als de geschiedenis ons íéts leert is het wel dat we een taak en een verantwoordelijkheid hebben. We weten dat wetenschappelijke resultaten altijd onvolledig of simpelweg fout kunnen zijn, of binnen een verkeerd raamwerk kunnen worden geïnterpreteerd. Daarom is het essentieel dat wij, die buiten de geestdrift en het rumoer van de wetenschap staan, in staat zijn om voortdurend vragen te stellen die het onderzoek kunnen sturen en corrigeren. Met andere woorden, dat we intelligente kritiek kunnen leveren.

Het is cruciaal dat degenen binnen de zogeheten kennismaatschappij die werkelijke kennis hebben naar voren komen en die kennis ook aanbieden. We zien al de eerste maatschappelijke debatten die gebaseerd zijn op kennis over de hersenen. Onlangs is bijvoorbeeld in Denemarken een bij tijd en wijle heftig debat begonnen over de vraag of het onderwijs op de basisschool gescheiden moet zijn voor jongens en meisjes, omdat hun hersenen niet alleen in verschillend tempo rijpen, maar ook anders gespecialiseerd zijn. Door scholen en proeven die die kennis toepassen, zijn er aanwijzingen dat daar iets in zit. Stille meisjes die opbloeien in klassen zonder lawaaiige jongens, en lawaaiige jongens die meer kennis opzuigen als het onderwijs specifiek voor hen is ingericht.

Het laatste woord daarover is nog niet gezegd. Er zijn nog massa's vragen aan de hersenonderzoekers, de sociale psychologen en de genderwetenschappers. Maar het feit dat er gedebatteerd

wordt is op zichzelf al uitstekend. Ja, het is zelfs ongelooflijk belangrijk. Het verloop en de uitkomst van die discussie zullen mede
bepalen wat generaties kinderen aan hun schooltijd zullen hebben.
Tegelijk roept de discussie een algemene vraag op: kan een verantwoorde pedagogiek überhaupt bestaan zonder rekening te houden
met hoe hersenen functioneren? En in het verlengde daarvan: kan
een samenleving echt optimaal worden ingericht zonder rekening
te houden met de menselijke aard?

dood van de homo economicus

Als er één onderdeel van ons leven is waarin onze innerlijke aard met al haar beperkingen en bijzonderheden duidelijk tot uitdrukking komt, dan is het wel de economie. Daarbij gaat het niet alleen om contant geld, overwaarde en pensioenregelingen, maar om economie in de zin van alle ruilhandel, transacties en economische besluiten in ons leven. Alles waar keuzes tussen alternatieven, inschatten en plannen maken bij komen kijken heeft met economie te maken; dat wil dus zeggen vrijwel alle aspecten van het bestaan. Juist in ons eeuwige geritsel en gescharrel laten we echt zien wie we zijn.

Alleen al in de privésfeer zijn er moeilijk terreinen te vinden waar dit niet speelt. Ouders gaan voortdurend in onderhandeling met hun kinderen, en niet alleen over bedtijd en zakgeld maar ook om het gewone geven van liefde en zorg in ruil voor goed gedrag en het vervullen van de ambities van vorige generaties. De echtgenoten zelf ruilen seks voor tederheid. Op het werk investeert de baas vriendelijkheid en voorkomendheid in zijn werknemers, in de verwachting daarmee winst te behalen in de vorm van een grotere inzet en een gezondere basis. Als individu wegen we de hele tijd opties af, verwerken informatie en berekenen mogelijke toekomstscenario's.

Economie is daarom een prachtvak om mee te werken als we de menselijke aard nader willen leren kennen. Aangezien economie draait om wat mensen in reële situaties doen, hebben economen natuurlijk ook een zo goed mogelijk beeld van de menselijke aard nodig om bruikbare modellen te kunnen opstellen.

'Mits goed begrepen, is economie simpelweg een tak van de biologie,' zei de bekende econoom Thorstein Veblen. Dat was al in 1898, en als de oude heer uit de dood zou kunnen opstaan zou hij aangenaam verrast zijn dat hij nu eindelijk met honderd jaar vertraging gelijk heeft gekregen. Langzamerhand gaat de economie de goede kant op. In de vorm van 'neuro-economie' is ze een deel van de neurobiologie aan het worden, en van de grote neurorevolutie. Vooral in de economische sfeer heeft neurowetenschappelijke kennis over de menselijke aard op korte termijn een enorm potentieel om zich in de samenleving een weg te banen in de vorm van financiële producten en politieke initiatieven.

De neuro-economie roept de hulp in van de invalshoeken en technieken van het hersenonderzoek. Ze bestaat uit een kleine, interdisciplinaire voorhoede die mensen in scanners legt en meet terwijl ze spelletjes spelen en economische keuzes en afwegingen maken. Sommige onderzoekers zijn zelfs zo experimenteel ingesteld dat ze naar patiënten met hersenschade kijken of elektroden steken in apenhersenen. Het doel daarvan is, in de woorden van een van de pioniers, George Loewenstein van de Carnegie Mellon University, om 'de zwarte doos van de hersenen te openen om de constructies te identificeren die aan economische beslissingen ten grondslag liggen'.

Soms krijg je de indruk dat ze de doos van Pandora open hebben gemaakt. Je kunt in elk geval zeggen dat het wezen dat bezig

197

is onder het deksel uit te kruipen beslist niet lijkt op de begrijpelijke en gestroomlijnde versie van de mens van de klassieke economen. We hebben te maken met een schepsel dat de draak steekt met logica, graag sterk irrationeel handelt en een tegenstrijdig karakter heeft. Een kerel die graag gokt maar toch conservatief is en van zekerheid houdt. Een type dat vertrouwen zoekt en daar wel bij vaart, maar er toch van geniet zijn medeschepselen af te straffen als ze zijn gevoel voor rechtvaardigheid kwetsen.

Dat is iets heel anders dan de traditionele homo economicus waar moderne standaardeconomen in hun modellen mee werken. Die economische mens heeft een nogal beperkte persoonlijkheid maar is toegerust met twee doorslaggevende en betrouwbare sleuteleigenschappen: hij is absoluut op eigen gewin uit en volkomen rationeel. Hij is misschien geen sprankelend en inspirerend gezelschap maar zijn daden zijn voorspelbaar.

Het begrip homo economicus ontstond begin 20e eeuw en kwam voort uit een verzet tegen de klassieke economie die in de voorafgaande eeuw werd bedreven. Destijds was er geen sprake van een echte en strikte wetenschap, maar meer van een discussiemethode voor filosofisch aangelegde heren. Mensen met economische belangstelling presenteerden hun gedachten en theorieën, waarover dan in geleerde gezelschappen kon worden gedebatteerd. De debatten werden niet getoetst aan de werkelijkheid; er was geen enkele methodiek om met gegevens om te gaan.

Hoewel niet gehinderd door enig onderzoek of informatie, hadden de klassieke economen wel in de gaten dat het voor een econoom belangrijk was om rekening te houden met de kronkels van de menselijke geest en alle gemengde motivaties daarin. Velen werkten zo op basis van psychologisch inzicht, lang voordat de psychologie opgeld maakte.

Dat gold vooral voor Adam Smith, die tegenwoordig vaak de vader van de economie wordt genoemd en de basisvorming levert voor elke econoom. Maar moderne economen citeren hem meestal vanwege zijn beroemde traktaat *The Wealth of Nations* uit 1776. Daarin introduceert Smith het begrip 'de onzichtbare hand' als datgene wat de markt overeind houdt, en vooral introduceert hij het egoïsme als drijvende kracht achter onze handelingen binnen de markt. Er zit een massa rationaliteit en eigenbelang in het geschrift, maar dat is op zichzelf niet representatief voor Smiths opvatting van de mens.

Zoals gezegd in hoofdstuk 3 was hij ook moraalfilosoof, en volgens zijn filosofie worden wij als individu bij de keuzes in ons leven gestuurd door onze 'passies': emoties, vermoedens, driften. In zijn publicatie *The Theory of Moral Sentiments* uit 1759 schreef hij enthousiast dat mensen zich om elkaar bekommeren vanuit hun aangeboren morele aard. Wij hebben van nature altruïstische karaktertrekken meegekregen die in ons handelen tot uitdrukking komen, en we willen het liefst alle goederen in de wereld rechtvaardig verdelen en zorgen voor de armen en zwakken. We zijn met andere woorden rechtschapen wezens die door innerlijke ontroering worden bewogen.

Ruim honderd jaar later bleek dat soort denken al te vaag en romantisch te zijn, toen mensen als Veblen en anderen een economische denkwijze introduceerden die was beïnvloed door het behaviorisme. Deze beweert dat wezens juist niet moeten worden verklaard aan de hand van ideeën over gevoelens, maar dat ze moeten worden beoordeeld op grond van hun gedrag. Behavioristische economen leunden zwaar op de biologie. Ze meenden onder andere dat het nut van dingen – *utility* in economische termen – waarschijnlijk in processen in de hersenen wordt weerspiegeld, maar dat het nooit rechtstreeks kan worden gemeten. Hooguit kan worden afgeleid wat er binnen gebeurt door naar de buitenkant te kijken, oftewel naar het gedrag.

Prima poging, maar niet goed genoeg voor de latere moderne economen. Die kozen een heel andere en hardere natuurwetenschap als hun voorbeeld, namelijk Newtons fysica. Ze wilden kunnen meten en wegen, en ze wilden de wereld eindelijk een geformaliseerde economische theorie geven met wiskunde en vergelijkingen. Economie moest een respectabele wetenschap zijn met regels, wetten en een paar transparante modellen om de wereld te verklaren. In 1937 kwam er een doorbraak, toen de Amerikaan Paul Samuelson zijn verhandeling *Foundation of Economics* publiceerde. Daarin presenteerde hij zijn idee voor een te ontwikkelen simpele en heldere theorie over menselijk gedrag. Na hem waren de mathematische economen niet langer geïnteresseerd in individuele keus, maar in wat massa's deden, grote groepen individuen. Dat kon bijvoorbeeld een nationale economie of een bedrijf zijn. Om zo'n complexe grootheid te begrijpen was het gemakkelijker om voor het individu een simpel model te gebruiken.

De homo economicus was geboren, en zijn ouders waren gek op hem. Na de Tweede Wereldoorlog groeide de economische wetenschap bijna explosief door vooruitgang te boeken bij de formalisering van de economie. Er werden vooral steeds complexere theoretische modellen gebouwd om economische ontwikkelingen te verklaren en te voorspellen. De modellen gingen uit van een steeds grotere rationaliteit. Niet alleen zijn alle mensen rationeel, heette het, ze weten ook allemaal dat alle anderen rationeel zijn, en ze weten ook dat alle anderen dat ook weten.

In het algemeen was de homo economicus een succes. Zijn rationele en op eigenbelang gerichte gedrag was als verklaring bruikbaar in de meeste overkoepelende macro-economische verbanden: werkeloosheid, inflatie, grote nationale en internationale verbanden. Maar her en der waren er anomalieën. Dingen die men niet kon plaatsen, of simpel gezegd: ongerijmd gedrag. Later werden er nieuwe empirische methoden ontwikkeld, en met de komst van de computer en de daaraan verbonden mogelijkheden voor data-analyse ontstond de experimentele economie. Daarmee konden economische theorieën voor het eerst worden getoetst. Die confrontatie met de werkelijkheid leidde tot tamelijk grote verrassingen in de ivoren torens. In de woorden van Harvard-psycholoog Steven Pinker: 'Economen ontdekten steeds opnieuw dat mensen hun geld gebruiken zoals dronken zeelui dat doen.'

Bij sommigen knaagde de vraag: waarom doen ze dat?

In 1979 verschenen toen de Israëlische psychologen Daniel Kahneman en Amos Tversky op het toneel en gingen de economische anomalieën te lijf. Die klopten gewoon niet met al die rationaliteit als sturend principe, zeiden de twee experts in de menselijke geest. Ze waren geïnspireerd door het perceptieonderzoek, waarbij informatie wordt ingewonnen over onze zintuigen door te onderzoeken hoe we illusies en trucs oppikken. Hun centrale doel was dit: het begrijpen van de principes achter cognitie, besluitvorming en inschatting door te kijken hoe mensen worden misleid door statistische principes waardoor ze zich volgens de theorie zouden moeten laten leiden.

Niet lang na hun uitdaging aan de economie bracht econoom Richard Thaler van de University of Chicago een sabbatical door op Stanford in California. Hier ontmoette hij Tversky en hij werd gegrepen door de psychologische benadering. De nieuwe kameraden werden het eens over een missie om het vak economie te sturen naar een meer realistisch model, dat rekening zou houden met de psychologie, maar dat nog steeds geformaliseerd zou zijn en dingen zou kunnen voorspellen. Het resultaat was de gedragseconomie die, zoals de naam zegt, het feitelijke gedrag van mensen als uitgangspunt neemt.

Het vakgebied werd flink versterkt door een artikel in *Nature* in 1982. Daarin introduceerden drie Duitse onderzoekers, Güth, Schmittberger and Schwarze, het zogenaamde ultimatumspel. Dat is sindsdien in diverse varianten vaak gebruikt als gereedschap om menselijke strategieën bij rechtstreekse economische uitwisseling te onderzoeken. Bij het spel worden twee personen tegenover elkaar geplaatst, waarna een onderzoeker binnenkomt en de ene persoon een bedrag geeft, bijvoorbeeld tien dollar. De betreffende persoon, de 'gever', moet nu zijn medespeler, de 'ontvanger', een bedrag van minstens één dollar aanbieden. De ontvanger heeft de keus tussen ja zeggen en het bedrag in zijn zak steken, waarna ieder zijns weegs gaat, of nee zeggen, wat betekent dat de onderzoeker de volle tien dollar weer terugneemt en beide spelers met lege handen achterlaat.

Het is niet moeilijk om te voorspellen hoe homo economicus met die situatie zou omgaan. In de rol van gever zou hij, egoïst als hij is, het kleinst mogelijke bedrag van één dollar aanbieden. In de rol van ontvanger zou hij, doorgewinterde rationalist als hij óók is, het aanbod accepteren omdat hij weet dat zelfs een schamele opbrengst beter is dan niets. Maar echte mensen van vlees en bloed reageren heel anders. Die vinden het onrechtvaardig als de gever met de vette beurs te weinig aanbiedt, en daarom slaan ze een al te laag bedrag af. De gever op zijn beurt heeft eenzelfde gevoel voor rechtvaardigheid en begrijpt daarom de gevoelens van de ontvanger, wat hem ertoe brengt om iets aan te bieden wat 'redelijker' is.

Het ultimatumspel is in verschillende culturen over de hele wereld gespeeld, en de vaakst voorkomende uitkomst is dat de gever ongeveer vijf dollar biedt, en dat de ontvanger reageert met een 'oké, geef maar'. In een paar culturen worden grote afwijkingen van de norm waargenomen, bijvoorbeeld bij bepaalde stammen in Nieuw-Guinea, maar die zijn op één hand te tellen. Feitelijk is er maar één groep die zich consequent duidelijk anders gedraagt dan normaal, in de zin dat die volledig handelt zoals homo economicus zou hebben gedaan. Dat zijn de autisten, een groep die zich juist onderscheidt door het ontbreken van inzicht in en begrip voor de gevoelens van anderen.

Wat de andere mensen betreft, hadden de economen niet meteen een verklaring voor hun irrationele gedrag. Later schoten de evolutiebiologen te hulp en beweerden dat die eigenaardige strategie zou kunnen stammen van het leven van vroeger in samenlevingen van jagers en verzamelaars, waar een dergelijk gedrag op zich rationeel genoeg zou zijn. Wie daar nee zei tegen kleine winsten, won daarmee namelijk aan sociaal aanzien en kreeg de reputatie niet met zich te laten sollen. Die winst was in de strijd om het bestaan de moeite waard.

Nu zijn verhalen uit de kelders van de evolutie altijd leuk en vaak zelfs plausibel, maar er ontstond een behoefte om te verifiëren wat er zuiver biologisch gezien gebeurde bij levende, moderne mensen. Gedrag observeren kon daarbij nuttig zijn, maar een kleine groep onderzoekers wilde een laag dieper gaan. Dat waren mensen als de Amerikaanse econoom Colin Camerer en diens collega George Loewenstein, en in 1997 arrangeerden ze een tweedaagse inspiratiebijeenkomst in Pittsburgh. Daar moesten neuro-onderzoekers, psychologen en een handjevol economen elkaar inspireren tot een nieuw soort onderzoeken. Het was de aanzet tot de neuro-economie. Die groeide verder als een natuurlijke erfgenaam van de gedragseconomie, en daarmee begon men helemaal in de hoofden van de economische spelers te kruipen.   203

Dit gebeurde bijvoorbeeld in 2003, eenentwintig jaar na het eerste ultimatumspel. Toen liet een team psychologen onder leiding van Jonathan Cohen van Princeton hun proefpersonen het spel in een MRI-scanner spelen.[36] Daar zagen ze wat mensen voelen bij een 'onrechtvaardig' aanbod. Tijdens het hele spel was er hersenactiviteit in de dorsolaterale prefrontale cortex, wat erop wees dat er cognitieve verwerking van informatie en planning voor de toekomst plaatsvonden. Maar zodra de 'gever' een bod deed dat als bedenkelijk laag werd beschouwd begon een heel ander gebied doorbloed te raken. Dat was de anterieure insula in de hersenschors, een gebied waarvan de activiteit in verband wordt gebracht met sterk negatieve emoties zoals pijn en afschuw.

Wanneer de proefpersonen bezig waren hun reactie te overwegen leek het voor de onderzoekers alsof de twee hersengebieden rechtstreeks streden om de controle. In elk geval vertoonden mensen die het aangeboden bedrag afwezen meer activiteit in de insula dan in de prefrontale cortex, terwijl het omgekeerde gebeurde bij mensen die ervoor kozen het kleine bedrag binnen te halen.

Het resultaat doet opvallend veel denken aan wat Joshua Greene en diens mentor Jonathan Cohen waarnamen bij morele keuzes. De emoties vechten met de rationele impulsen over de beslissing, en de emoties lijken de doorslag te geven. Dat bracht Colin Camerer en George Loewenstein, twee moderne sterren in de neuro-economie, tot het formuleren van een gewijzigde versie van Plato's oude metafoor. De Griekse filosoof beschreef de menselijke geest als een wagenmenner wiens wagen door twee paarden wordt getrokken: verstand en gevoel. Dat klopt ook wel, zeggen Camerer en Loewenstein, met dit belangrijke verschil dat verstand een pony is en emotie een olifant. Het idee van een innerlijke touwtrekwedstrijd komt ook al voor bij Adam Smith. Hij vertelt hoe ons gedrag een strijd is tussen respectievelijk 'de passies', zoals hij het noemt, en een 'onpartijdige waarnemer'.

We zien bijvoorbeeld een duel tussen die twee wanneer we een directe winst moeten afwegen tegen een winst op de wat langere termijn. Gewone psychologische onderzoeken hebben al lang aangetoond dat mensen in het algemeen de voorkeur geven aan een winst hier en nu, ook als het meer zou opbrengen, en dus rationeler zou zijn, om te wachten. Een ander scanonderzoek door Cohen in samenwerking met onder anderen Loewenstein wees uit dat bij die twee soorten beslissingen afzonderlijke neurale systemen betrokken zijn.[37] De proefpersonen kregen een serie keuzes voorgelegd wat betreft geldbedragen. Ze kregen bijvoorbeeld vijf dollar hier en nu aangeboden, of anders veertig dollar over zes weken. De onderzoekers sleutelden wat aan de concrete bedragen en aan het tijdsverloop om te kijken welk effect die parameters hadden op de beslissing en de hersenactiviteit.

In het algemeen gaf het vooruitzicht meteen winst te kunnen binnenhalen meer activiteit in delen van het limbisch systeem, dat emotionele prikkels behandelt en verwachtingen ten aanzien van een beloning. Het hier en nu deed dus een krachtig beroep op de emoties. Maar het bleek moeilijk voor proefpersonen om emotioneel betrokken te raken in situaties waarin ze lang op hun geld moesten wachten. Zodra er twee keuzemogelijkheden waren die allebei in de toekomst lagen, woog de constante activiteit in de cognitieve gebieden in de prefrontale cortex opeens het zwaarst. De logica won, en mensen kozen voor de grotere, maar verder in de toekomst liggende winst.

Aangezien we een winst liever hier en nu mee naar huis nemen, zou je verwachten dat een verlies zo lang mogelijk zou worden uitgesteld. Dat is ook wat de klassieke economische theorie over verlies zegt. Maar in feite gebeurt er vaak het omgekeerde. Als mensen de keus hebben om een nare ervaring snel te doorstaan of die tot een later tijdstip uit te stellen, kiezen ze voor het eerste.

Hoe verklaren we dat, vroeg een team psychiatrische onderzoekers van de Emory University in Atlanta onlangs. Hun hypothese was dat economen geen rekening hielden met angst en beven, en dat die parameter als een zelfstandig onderdeel van de hele som moet worden meegeteld. Onder leiding van de jonge arts en onderzoeker Gregory Berns maakte het team de contouren van het raadsel zichtbaar door een fascinerend experiment waarbij proefpersonen werden blootgesteld aan elektrische schokken.[38]

De tweeëndertig – vrijwillige – proefpersonen kregen in de scanner als inleiding een kleine testschok op de voeten, zodat ze wisten waar het om ging. In het eerste deel van de eigenlijke proef werd hun uitgelegd wanneer de schok zou worden gegeven, en hoe erg die zou zijn. In het tweede deel konden ze kiezen tussen een zware schok direct, of een lichtere schok over maximaal een halve minuut. Alstublieft, wat zal het zijn?

Voor drieëntwintig mensen werd het de lichtere en vertraagde schok, maar negen personen – bijna eenderde – kozen zonder aarzelen voor een zware schok direct. Berns en de anderen zagen bij de twee groepen een enorm interessant verschil in hersenactiviteit.

De mensen in de groep die liever een zwaardere schok hadden om niet een halve minuut te hoeven wachten, vertoonden vooraf een opvallende, verhoogde activiteit in hersengebieden die verantwoordelijk zijn voor het waarnemen van lichamelijke pijn. Bij de overige deelnemers vertoonden die gebieden, die samen de corticale pijnmatrix worden genoemd, echter geen extra activiteit.

Veel van de neuro-economische onderzoeken leveren aanwijzingen op dat rationaliteit en logisch redeneren een dun laagje vernis vormen dat wordt uitgesmeerd over een serie automatische reacties. De emotionele component, die met motivatie, zin en tegenzin te maken heeft, merken we heel sterk maar kunnen we niet bewust bereiken. Het gevoel dat iets gewoon zo hoort, is het gevolg van verborgen berekeningen diep in de hersenen. Onze 'eigen' bewuste berekeningen worden als het ware over de impulsen van het onbewuste heen gelegd en moeten daarmee concurreren en argumenteren. Dit systeem weerspiegelt heel fraai de ontstaansgeschiedenis.

Emoties zijn het product van een lange evolutie waarin ze functioneerden als snelle en effectieve mechanismen om beslissingen te nemen. Het zijn automatische reacties die in statistisch opzicht succes hadden en onderweg fijner werden afgesteld. Bewuste cognitie is een veel latere uitvinding, en pas met de kolossaal ontwikkelde prefrontale cortex van de mens neemt die een tijgersprong in capaciteit. Ondanks die capaciteit heeft het nieuwe mechanisme de beslissingsprocessen niet verdrongen. Dat is de verrassende informatie waar het neuro-onderzoek de laatste paar jaar mee is gekomen, vooral dankzij werk met mensen met hersenschade, bij wie cognitie en intelligentie intact zijn, maar de emoties niet mee mogen doen. Zonder emoties storten onze keuzes in elkaar en worden feitelijk onverstandig. Passies liggen als een noodzakelijke motor in het binnenste van de complexe machine.

De emotionele hersenen hebben een troefkaart: chemische beloningen in de vorm van activering van het dopaminesysteem.

206

We kennen allemaal de tevredenheid die volgt op geldelijk gewin: een aandeel dat stijgt, een obligatie die wordt uitbetaald, of een winnende hand in een spel poker op de late avond. Die vormen allemaal een dopaminejackpot. Iets van diezelfde innerlijke beloning kun je ook halen uit het kiezen voor samenwerking in sociale verbanden. Diverse studies uit de begintijd van de neuro-economie keken naar het zogenaamde vertrouwensspel. Daarbij kregen twee spelers een som geld die hoger of lager kon worden, al naar gelang de spelers elkaar vertrouwden en de ander geld gaven in plaats van het zelf te houden. Het spel werd zowel man tegen man gespeeld als tussen mens en computers, en als het man tegen man is zien we gewoonlijk activiteit in delen van het striatum in de basale ganglia waar het vol zit met dopamineneuronen, die bij plezier worden gestimuleerd.

Hetzelfde beloningssysteem treedt in werking als het gaat om onze schaduwzijde. Dat blijkt uit een bijzonder interessante bijdrage van de neuro-economie, die onthult dat we gewoonweg genieten van het straffen van bedriegers. Een rationeel economisch mens zou alleen anderen straffen als hij er zelf iets aan over zou houden, hetzij rechtstreeks hetzij doordat potentiële bedriegers worden afgeschrikt, zodat ze een andere keer niet weer vals spelen. De werkelijkheid is dat we graag straffen, ook al kost ons dat zelf wat. Dat is wat moderne economen 'altruïstische straf' noemen, en ook die is natuurlijk te zien in onze hoofden.

In een nu klassiek experiment gebruikte Ernst Fehr van de Universiteit van Zürich hersenscanners bij een groep proefpersonen die een geldspel moesten spelen.[39] Twee proefpersonen – A en B – zaten steeds tegenover elkaar en begonnen met hetzelfde bedrag. A kon besluiten om B een bedrag te geven, en als B het geld zou teruggeven zouden beide spelers beloond worden met een extra bedrag. Maar als B ervoor koos om het geld van A te houden kon A besluiten om B te straffen. Dat kon zuiver symbolisch gebeuren, wat niemand iets kostte maar enkel een verbaal geheven vingertje behelsde, maar het kon ook inhouden dat beide spelers alles verloren. De onderzoekers stelden vast dat A bij een weigering door B vrijwel altijd straf uitdeelde, niet symbolisch maar reëel, zelfs als dat betekende dat hij ook zijn eigen geld gedag moest zeggen.

De vermoedelijke achtergrond daarvan werd duidelijk toen de spelers met een MRI-scan werden onderzocht terwijl ze bezig waren. De beelden onthulden dat de beslissing om te straffen een heftige activiteit ontketende in hersengebieden die zijn betrokken bij plezier en voldoening. Het gaat om het dorsale striatum, dat meestal actief wordt wanneer iemand een beloning krijgt na een doelgerichte daad of inspanning. Hoe hoger de activiteit was in het striatum van proefpersonen, des te meer geld waren die bereid op te geven om in ruil daarvoor straf te mogen uitdelen aan de bedrieger.

Een verwante en meer recente proef duidt erop dat mannen en vrouwen verschillen in hoeveel ze genieten van wraak op degenen die tegen hen hebben gezondigd. Tania Singer van het University College London liet haar proefpersonen van beide geslachten hetzelfde spel spelen als Fehr – het heet *'prisoner's dilemma'* – met een reeks partners. Sommige partners speelden gruwelijk vals en streken de winst op, terwijl anderen braaf samenwerkten. Na afloop gingen de proefpersonen de scanner in, waar ze een video zagen waarin hun verschillende partners kennelijk werden gestraft met een stroomstoot. Die onaangename scènes leidden tot duidelijk verschillende reacties.

In alle gevallen zagen de onderzoekers een verhoging van activiteit in die gebieden die meedoen bij het ervaren van pijn, en die bovendien spiegelneuronen bevatten die reageren op het zien van andermans lijden. De identificatie met of empathie voor de slachtoffers was sterk afhankelijk van hoe ze zich in het voorafgaande spel hadden gedragen. Werden de braven op de pijnbank gelegd, dan gaf dat veel meer activiteit dan wanneer valsspelers ervanlangs kregen. Het meest opvallende was echter dat de mannelijke spelers niet alleen minder sympathie met de valsspelers voelden, maar er zelfs van leken te genieten ze te zien lijden. In tegenstelling tot vrouwen vertoonden ze een verhoogde activiteit in de genotsgebieden in het striatum en de orbitofrontale cortex van de hersenschors.

Men is het er niet over eens in hoeverre deze proef een biologisch of een cultureel verschil weerspiegelt. Het kan zijn dat de betreffende vrouwen zijn opgevoed en gesocialiseerd om milder te zijn, terwijl hun mannelijke evenknieën het hele menselijke register mogen bespelen. Maar alle waarnemingen bij elkaar werpen onmiskenbaar een nieuw licht op de vraag hoe we in een samenleving sociale normen handhaven. Het mag dan zo zijn dat wij als individu er niet direct voordeel van hebben om anderen om ons heen te dwingen om zich te voegen en zich te houden aan vastgestelde regels, maar het voelt gewoon zo lekker om regelbrekers te straffen en de huid vol te schelden.

Anderzijds hebben we te maken met verschijnselen als vertrouwen. Evenals de neiging om zich te voegen en de collectieve regels na te leven, is ook vertrouwen de smeerolie van het sociale leven, ja, zelfs een essentieel ingrediënt om überhaupt een sociaal leven te laten functioneren. Vertrouwen is een van de verschijnselen waar de neuro-economie zich recentelijk likkebaardend op heeft gestort als onderzoeksobject.

Er wordt onder andere nader gekeken naar het hormoon oxytocine, dat op de hersenen inwerkt en waarvan al lang bekend is dat het sociale verbanden versterkt. Oxytocine stroomt bijvoorbeeld overvloedig bij borstvoedende moeders, en ook een orgasme ontlaadt een dosis van de stof bij zowel mannen als vrouwen. Een theorie is dat oxytocine in dat verband dient om de twee seksuele partners samen te binden om zo de overlevingskansen te vergoten van de kinderen die eruit voortkomen. Maar niet alleen dat. Oxytocine lijkt ons zelfs te kunnen aanzetten tot zoveel vertrouwen in vreemden dat we gewillig ons geld met hen delen.

Ernst Fehr en zijn medewerkers in Zürich zagen daar aanwijzingen voor bij een proef waarbij ze studenten met elkaar een investeringsspel lieten spelen.[40] De een, de investeerder, krijgt een geldbedrag, waarna hij kan besluiten om een deel door te geven aan zijn tegenspeler, de bewindvoerder. Die krijgt het bedrag meteen verdriedubbeld en kan besluiten hoeveel hij aan de investeerder terug wil geven. Hoe meer de investeerder de bewindvoerder vertrouwt, des te meer kans heeft hij om winst te maken op zijn oorspronkelijke investering. Maar hoe meer vertrouwen, des te hoger het risico dat de investeerder verliest als de bewindvoerder besluit hem te bedriegen.

Bij Fehr kreeg de helft van de jonge investeerders nadat ze een paar ronden hadden gespeeld opdracht om zes keer een neusspray met Syntocinon te inhaleren. Die forse dosis spray, die oxytocine bevat, bleek hun investeringen aanzienlijk te verhogen in vergelijking met de spelers die niet van het hormoon mochten genieten. Door middel van een reeks controles toonden de onderzoekers aan dat het vertrouwen niets te maken had met een algemene trek in meer risico of om in het diepe te springen. Nee, de personen onder invloed van oxytocine waren bereid om de risico's te aanvaarden die horen bij sociale verbanden. Je zou het een hormoon met een sociale voorkeur kunnen noemen.

Een enkel chemisch ingrediënt is één ding, maar wat is vertrouwen in een sociale context überhaupt? Hoe komt het tot uiting als we een stap verder gaan dan waarneembaar gedrag en in de schedel kijken? Vertrouwen lijkt vrijwel exact op een verwachte beloning. Dat is tenminste wat een team Amerikaanse onderzoekers afleidde uit een bijzonder ambitieus experiment waarbij ze twee MRI-scanners in respectievelijk Pasadena en Houston met elkaar verbonden. Read Montague van Baylor College of Medicine en zijn collega's Steven Quartz en Colin Camerer van het California Institute of Technology onderwierpen ieder aan een uiteinde van het continent hun proefpersoon aan een zogeheten hyperscan.[41]

Via een computerverbinding hadden de twee hersenen om zo
te zeggen rechtstreeks contact en konden tijdens de hele seance
tegelijk online door de onderzoekers worden bespied. In de scanner werden de proefpersonen met elkaar aan het spelen gezet als
respectievelijk investeerder en bewindvoerder, maar in plaats van
één enkele ronde moesten ze tien ronden lang investeren, teruggeven en op elkaar reageren. Op een ingebouwd scherm in hun bril
konden ze allebei bijhouden hoe het na verloop van tijd stond met
hun investeringen, en hoe de ander zich gedroeg. De investeerder
kon zijn vertrouwen in de bewindvoerder bijstellen afhankelijk
van hoe die er in de vorige ronden mee om was gegaan, en de
bewindvoerder kon aan zijn kant aflezen hoeveel de ander op hem
vertrouwde, en zijn houding daarop afstemmen.

Er deden achtenveertig hyperparen aan het onderzoek mee.
De onderzoekers konden hun transacties in drie soorten verdelen:
de neutrale transactie, en de positieve en negatieve vergelding
waarbij de partners elkaars houding respectievelijk beloonden en
straften. In het algemeen werd er hard en direct toegeslagen bij
bedrog door de ander, en in de volgende ronde werd er minder
geld de ether in gestuurd. Op diezelfde manier werd vertrouwen
prompt beloond met meer geld.

Op de bijbehorende scans sprong één hersengebied in het oog,
namelijk de nucleus caudatus. Die kern ter grootte van een pinda
ligt diep in het striatum, en het is bekend dat hij in actie komt als
we een vorm van beloning tegemoet zien. Talloze proeven hebben
uitgewezen dat de nucleus caudatus oplicht wanneer mensen een
glas sap of een zak geld in het vooruitzicht gesteld krijgen. Ook
wordt hij actief wanneer cocaïnegebruikers een lijntje nemen en
als goklustigen winnen bij roulette.

In de loop van de vele speelrondes was te zien hoe de activiteit
in de nucleus caudatus van de investeerder op en neer ging afhankelijk van hoeveel hij besloot te investeren bij de bewindvoerder.
De activiteit was met andere woorden een indicatie voor zijn

vertrouwen. Hetzelfde was te zien bij de bewindvoerder. Ook bij hem fluctueerde de activiteit in de nucleus caudatus afhankelijk van hoeveel hij door de investeerder kreeg opgestuurd, en hoeveel hij daarna besloot terug te geven. Men kon zelfs waarnemen hoe de twee zich een mening vormden over de betrouwbaarheid van de tegenpartij. Naarmate het spel vorderde zagen de onderzoekers namelijk dat het vertrouwenssignaal in de twee hersenen zich steeds vroeger meldde, en tegen het eind begon de activiteit een volle veertien seconden eerder dan tijdens de inleidende ronden.

De spectaculaire hyperscan kreeg veel publiciteit. Deels waren mensen verbluft omdat dit de eerste keer was dat iemand de intieme details van een sociale interactie kon volgen. Tegelijk was de boodschap van de onderzoekers ook overrompelend. Gewoonlijk zien we vertrouwen als een volkomen onbaatzuchtig verschijnsel, een meevaller die we kunnen hopen aan te treffen bij goedhartige medemensen. Vertrouwen is iets wat we cadeau geven, zonder duistere bijgedachten, omdat het zijn eigen beloning in zich draagt. Maar nu beweert een groep hersenonderzoekers dat wat wij vertrouwen noemen vermoedelijk een weerspiegeling is van het vooruitzicht op een beloning!

De neuro-economen en de verzorgingsstaat

'Ja, dat hyperscanexperiment was cool,' zegt Colin Camerer als ik hem ontmoet op de haast tropische campus van CalTech in Pasadena. 'Ook daar vonden we die interessante sekseverschillen. Mannen "berekenden" hun vertrouwen, stuurden het geld weg en dachten vervolgens niet meer na over de transactie. Hun hersenactiviteit in de betrokken gebieden daalde zo...' Hij maakt een neergaande handbeweging. 'Maar bij vrouwen bleef de activiteit nog een tijd na hun besluit hoger, zowel in gebieden die vooruitzicht op een beloning uitdrukken als in de gebieden die bezorgdheid reguleren.'

'Zegt u dat vrouwen te veel nadenken?'

'Zo zou ik het niet willen zeggen. Maar misschien denken ze na over de gevolgen van hun keuzes en handelingen, lang nadat ze die hebben uitgevoerd. In elk geval langer dan mannen, of...' Camerer wekt de indruk dat hij liever over iets anders wil praten.

'Maar,' zegt hij dan snel, 'op dit moment ben ik vooral geïnteresseerd in nieuwsgierigheid. We staan op het punt om ons eerste artikel over het onderzoek naar dat verschijnsel in te sturen, naar *Science*,' zegt Camerer en klinkt opeens alsof hij tegen zichzelf praat. 'Het kan zijn dat het meteen geplaatst wordt omdat men het spannend en nieuw vindt, maar het kan ook zijn dat de reviewers zeggen dat het pure bullshit is en nergens over gaat.'

Hij lijkt er niet al te zwaar aan te tillen. Colin Camerer is een veertiger, een zwaargebouwde man met een bierbuik in een tot barstens toe opgerekt blauw T-shirt, en een krans van verward grijs haar om een kale kruin. Ik moet denken aan Jan met de pet maar weet dat Camerer een vlijmscherp verstand heeft. Hij werd als veertienjarige hoogbegaafde jongen toegelaten tot de illustere Johns Hopkins University en verwierf enige faam als wiskundig wonderkind. In zijn vrije tijd gebruikte hij zijn talenten onder andere om te wedden bij de paardenrennen in zijn woonplaats Baltimore, en het gokmilieu stimuleerde zijn belangstelling voor waarschijnlijkheidsberekening en keuzes. Dat voerde de jongeman naar de economie, en als eenentwintigjarige verliet hij de prestigieuze University of Chicago Business School met een doctorstitel op zak. Sindsdien is hij bekend geworden als een van de drijvende krachten en originele denkers van de neuro-economie.

'Nieuwsgierigheid,' zegt hij weer. 'Ik beschouw het als een honger naar informatie.'

We zijn bij zijn grote kantoor aangekomen maar staan nog steeds elk aan een kant. Het lijkt erop dat Camerer vergeet me een zitplaats aan te bieden.

213

'Bij ons experiment stellen we een reeks vragen aan mensen; bijvoorbeeld welk land in de wereld de meeste vrouwen in de regering heeft.'

'Zweden,' zeg ik nonchalant. Dit is voor mij een thuiswedstrijd.

'Fout! Het is Finland.'

Camerer is een van die mensen die altijd volledig in beslag worden genomen door hun gespreksonderwerp. Zijn blik is intens en zijn wenkbrauwen hebben de gewoonte om voortdurend op en neer te bewegen, alsof ze aan de discussie willen deelnemen en ergens de aandacht op willen vestigen.

'De proefpersonen werden gescand terwijl ze werden be-vraagd, en we zien een karakteristiek activiteitenpatroon. Onder andere in de cognitieve delen van de dorsale frontale cortex, iets dat geheel volgens verwachting aangeeft dat de mensen denken en informatie verwerken. Maar er gebeurt ook wat in de nucleus caudatus, die je zeker ook kent...'

'Het vooruitzicht van een beloning?'

'Precies. Daarom had ik het over een honger naar informatie. Kijk, we denken dat de mate van activiteit bij mensen in deze hersendelen weerspiegelt hoe nieuwsgierig ze zijn, en dan wordt het interessant. We kunnen zien dat degenen die erg nieuwsgie-rig waren maar fout antwoordden op onze vraag, reageerden met sterke activiteit in gebieden rond de hippocampus.'

'Iets met het geheugen?'

'Jazeker. Ze waren blijkbaar bezig informatie in hun geheu-gen op te slaan. Bij latere proeven waren ze veel beter dan andere mensen in staat om de antwoorden te onthouden. Daarom denken we dat een honger naar informatie het geheugen en het leerver-mogen feitelijk vergroot, in de zin dat mensen meer van hun fou-ten leren en nieuwe informatie effectiever opslaan wanneer hun nieuwsgierigheid wordt geprikkeld, dan wanneer ze veel minder nieuwsgierig zijn.'

Dat is een interessante hypothese, maar ik begrijp niet goed hoe die zich verhoudt tot de economie.

'Ik denk in de richting van innerlijke motivatie onder kenniswerkers. Klassieke economie praat altijd over werk als iets wat geld in het laatje brengt, maar we leven nu in een kenniseconomie en het draait dus om organisatietheorie en kenniswerk. Dergelijk onderzoek zal betekenis krijgen voor opleiding en training in het algemeen. Het gaat om de erkenning dat mensen nieuwsgierig moeten zijn om optimaal te kunnen leren, en dus om het vinden van manieren om die nieuwsgierigheid te prikkelen.'

Eindelijk merkt Camerer dat we nog staan en begint te kijken of hij een paar zitplaatsen kan vrijmaken. Stapels papier liggen overal verspreid, maar hij haalt een kleine stoel leeg en zet die bij een hoek van het bureau. Ik ga zitten en ontdek een stel fel oranje rubberhersenen vlak voor mijn rechteroog. Ze lijken op een voetbal, en als mijn gastheer me de rug toekeert om spul van zijn eigen stoel te verwijderen knijp ik een paar keer in de sponzige massa. Als hij zit neemt het gesprek een andere wending.

'Ik beschouw de neuro-economie als een natuurlijk verlengstuk van de gedragseconomie,' zegt Camerer, maar hij legt uit dat neuro-economie dieper op vraagstukken ingaat. De onderzoekers spreken niet in algemene psychologische termen maar vragen rechtstreeks waar in de hersenen dingen gebeuren in een reële situatie. Ik vind dat ik de advocaat van de duivel moet spelen en vraag of dat staren naar hersenen eigenlijk wel meer oplevert dan het gewoon bestuderen van gedrag.

'Dat is de grote vraag, en er zijn meerdere antwoorden mogelijk. Enerzijds kun je aanvoeren dat er altijd wel iemand zal zijn – gewone neurowetenschappers – die zich interesseert voor economische onderwerpen...'

'Precies!' Ik citeer Camerers oude mentor, Richard Thaler. Die vooraanstaande gedragseconoom heeft tegenover *Business Week* verklaard dat hij denkt dat neuro-onderzoeken niets

215

wezenlijks aan de gedragseconomie toevoegen, en dat economen neuro-onderzoek moeten overlaten aan neurowetenschappers. Camerer gaat recht overeind zitten in zijn stoel.

'We kunnen het absoluut níét overlaten aan neurowetenschappers! Die begrijpen speltheorie niet goed, en hebben geen idee welke spellen goede modellen zijn voor welke situaties.' Zijn wenkbrauwen dansen op en neer en hij schudt zijn hoofd. 'Neurowetenschappers denken ook dat geld de kern vormt van economische beslissingen. Maar de kern, dat zijn *trade-offs*, afwegingen. Je hebt maar zoveel tijd en zoveel geld, en je stelt altijd prioriteiten te midden van tal van zaken die elk hun eigen waarde hebben. Geld is daar maar één van.'

Hij leunt weer achterover en stelt de retorische vraag: 'Maar mocten we bij economie processen in de hersenen begrijpen?'

Hij geeft in economenjargon het antwoord, namelijk dat het beste argument voor de neuro-economie de *option value* ervan is.

216

'Het is onwaarschijnlijk dat het kijken naar economische vraagstukken met behulp van neurotechnologie níéts bruikbaars zou opleveren. Ik vergelijk het met een reis naar de maan. Eeuwenlang waren mensen hevig geïnteresseerd in de maan. Ze probeerden kennis te vergaren met telescopen en analyses, zonder ooit te overwegen erheen te gaan – dat was gewoon niet mogelijk. Toen was er opeens iemand die zei, laten we daar toch heen gaan. De sceptici zouden kunnen zeggen dat dat strikt genomen niet nodig was, maar denk eens aan wat het heeft opgeleverd! Technologisch en in de vorm van kennis!'

Camerer spreidt zijn armen uit: 'Natuurlijk moeten we bij economie de hersenen bestuderen!'

Voor wie nog niet overtuigd is wijst Camerer erop dat alle centrale terreinen van de economie nog vol raadsels zitten. Niemand weet bijvoorbeeld waarom aandelenkoersen en beurzen schommelen zoals ze doen. En bij sparen heeft men geen idee waarom er zulke cnorme verschillen tussen landen zijn.

'In ons land sparen mensen niets, niets, terwijl de inwoners van Singapore een kwart van hun inkomen oppotten. Tal van economische modellen zeggen dat die 25 procent ideaal is voor de economie in een land, dus waarom sparen we hier in de Verenigde Staten niets? Is het omdat we worden gebombardeerd met kredietmogelijkheden? Ze gooien elke week stapels aanbiedingen voor gemakkelijke creditcards in de brievenbussen!' Meteen verstrakken zijn wenkbrauwen. 'Hoeveel wordt er in Denemarken gespaard?'

'Oei, eens kijken...' Ik ken de getallen niet en voel me ontmaskerd als een economische leek.

'Nou ja, daar zijn jullie vast goed in. Maar hier in de Verenigde Staten zijn er elk jaar een miljoen persoonlijke faillissementen, en dat zou best eens kunnen samenhangen met de kredietmogelijkheden. Het zou ook te maken kunnen hebben met een paar waarden die ons van kinds af aan worden ingeprent. Misschien dat Amerikaanse kinderen met reclame worden gebombardeerd vanaf dat ze heel klein zijn, zodat ze niet leren om hun impulsen te beheersen zoals elders wel gebeurt.'

'Er zijn toch ook individuele verschillen in onze spaarzaamheid?'

'Uiteraard, en waar komen die dan vandaan? Het zou het summum zijn om dergelijke vragen te bestuderen door naar gedrag te kijken en neurologische onderzoeken te doen. Dat kan onthullen wat de hersenen van verschillende individuen uit verschillende culturen als beloning en motivatie zien.'

Ik vraag Camerer of hij denkt dat al die ontdekkingen onze kijk op de menselijke natuur zullen veranderen.

'Absoluut.' Hij is even stil en praat dan wat langzamer verder. 'Je kunt eerder zeggen dat we er eindelijk achter komen wat de menselijke natuur is. De combinatie van genetica en hersenonderzoek gaat een hoop inzicht opleveren, en vooral kennis over nuances en variatie – die we tegenwoordig niet hebben. Denk alleen maar aan wezenlijke vragen zoals in hoeverre wij mensen

217

in aanleg "goed" zijn maar aan verleidingen bloot staan, of dat
we in wezen "slecht" zijn en daarom ingeperkt en gecontroleerd
moeten worden. Wie is wat? En hoe kunnen we de verschillende
mensentypen onderscheiden? Daarover zal de komende tientallen
jaren meer duidelijk worden.'

Zonder waarschuwing bukt Colin Camerer zich opeens, verdwijnt onder de tafel en komt weer naar boven met een literfles
cola waar hij een forse slok uit neemt.

'En dan nog dit, misschien wel het belangrijkste punt: ik denk
dat we zullen ontdekken dat de aard van elk individu veel veranderlijker en beïnvloedbaarder is dan we tegenwoordig aannemen.
Er zijn stapels bewijzen voor kneedbaarheid bij vooral kinderen
en jongeren, en ik ben ervan overtuigd dat we strategieën zullen
ontwikkelen die die kneedbaarheid ook later in het leven kunnen vergroten. Je kent Richard Davidson en zijn onderzoeken met
monniken?'

'Natuurlijk.' Nu kan ik het weer bijbenen.

'Die monniken veranderen hun hersenen en manier van denken sterk door mentale technieken te trainen. Ik weet zeker dat
we die oude technieken kunnen versimpelen tot kortere, maar
wel effectieve en doelgerichte trainingssessies die nog steeds effect hebben op diverse aspecten van persoonlijkheden en wereld-
visies. Er liggen vooral mogelijkheden om mentale veranderingen
tot stand te brengen die mensen gelukkiger, tevredener kunnen
maken.'

Het is wonderlijk om het woord 'gelukkig' uit de mond van
een econoom te horen. Traditioneel heeft dat soort zich toegelegd
op het aanbevelen van strategieën en handelingen op basis van het
welzijn van het systeem, in plaats van het geluk van mensen. Maar
de toon van het vakgebied is vernieuwd. De laatste paar jaar is er
sprake van een nieuw paternalisme, een vriendelijke bevoogding
in het kielzog van het inzicht van de gedrags- en neuro-economen
in onze psychologische bouw.

Onder die nieuwe paternalisten kunnen de Amerikaanse economen Samuel Bowles en Herbert Gintis worden geschaard. Die twee voormalige marxisten hebben hun eerdere opvattingen afgezworen en de uitkomsten van een serie gedragseconomische onderzoeken serieus genomen. Tegenwoordig praten ze openlijk over bijvoorbeeld het inrichten van de sociale zekerheid op zo'n manier dat die niet 'botst met de menselijke natuur'. Dat houdt onder andere in dat automatische ondersteuning van iedereen die in nood is, moet worden opgegeven. De ontvangers moeten het verdienen. Dat moeten ze omdat de betalers het gevoel moeten hebben dat de ontvanger niet zelf schuldig is aan zijn situatie, en dat hij die zelf wil verbeteren. Als dat gevoel niet bestaat kun je volgens Bowles en Gintis terechtkomen in een situatie die verdacht veel lijkt op de drang van de sterken om 'altruïstische straf' te geven aan de zwakken.

'Ik hoef jou niets te leren over paternalisme, daar weten jullie in Scandinavië alles van,' stelt Colin Camerer vast. 'Maar elders heeft dat een slechte naam. Economen hebben een ingebouwde aversie tegen iets wat in strijd is met de zelfbeschikking van het individu, tenzij datgene wat het individu zelf beschikt direct zijn omgeving treft.'

Je hoort bijna een echo van John Stuart Mills essay *On Liberty*. Daarin staat dat een staat alleen maar mag ingrijpen in de daden van een mens als die rechtstreeks anderen schaden.

'Ongetwijfeld zint het begrip paternalisme economen helemaal niet. Maar zoals ik onlangs zei tegen een journalist van *The Economist*, het risico op schadelijk paternalisme komt niet van de gedragseconomen maar van de religie. Kijk maar naar dit land! De grootste neiging om het menselijk gedrag te reguleren komt van religieus rechts, en dat zijn tegelijk degenen die het hardst schreeuwen over vrijheid en het vreselijke van politieke bevoogding.'

Bevoogding in zijn moderne reïncarnatie presenteert zichzelf dan ook als een liberaal paternalisme, dat vrije keus wil bewaren.

219

Het doel van de nieuwe paternalisten is niet het scheppen van een beknellende bemoeistaat, maar iets wat *The Avuncular State* wordt genoemd. Het is een visioen van een staatsapparaat dat, rekening houdend met het individu, hem voor zijn eigen bestwil een vriendelijk duwtje in de juiste richting geeft. Net genoeg om hem niet ten prooi te laten vallen aan zijn eigen betreurenswaardige zwakheden.

'Ik zie het als een haalbare uitdaging voor de gedrags- en de neuro-economie,' zegt Camerer. 'Als we kunnen zien waarom mensen slechte en irrationele keuzes maken, moeten we toch ook richtlijnen kunnen uitstippelen om dat te verbeteren.'

We leven in een tijd van grote uitdagingen voor ons gedrag. Er zijn voorheen onbekende problemen, zoals een globale obesitas-epidemie die de gezondheidszorg dreigt te ontwrichten. Mensen worden gebombardeerd met informatie die zegt dat ze minder moeten eten en meer moeten bewegen. Iedereen weet dat, en de meesten willen er ook eigenlijk wat aan doen, maar in de praktijk komt er niets van terecht. Het gaat om wil en zelfbeheersing. Dat zijn verschijnselen die de gedrags- en neuro-economen kunnen gaan bestuderen en waar hun modellen, in tegenstelling tot de klassieke, iets over kunnen zeggen. De vraag is dus of de combinatie van echte uitdagingen en nieuwe wetenschappelijke mogelijkheden niet zal leiden tot meer gedragsregulerend beleid.

'Daar ben ik van overtuigd,' zegt Camerer. 'In elk geval hebben we de laatste paar jaar een veel serieuzere discussie gevoerd, en dat is goed. En eerlijk gezegd: paternalisme bestaat, wat we ook zeggen en doen. Er zijn regels voor wanneer je mag gaan drinken, wanneer je sex mag hebben, wanneer je mag stemmen en wanneer je in het leger mag gaan. Waar komen die regels vandaan?'

Hij fronst zijn superbeweeglijke wenkbrauwen tot ze boven zijn neus samenkomen. 'Wat ik nu zeg zal niet, en moet ook niet, morgen of meteen gebeuren. Maar op den duur stel ik me voor dat bijvoorbeeld de toelatingseisen voor het leger anders worden bepaald dan de willekeurige leeftijdslimiet. Tegenwoordig hoef je alleen maar achttien te zijn, dan kun je je melden en eventueel op een of ander slagveld worden gedood. Misschien moet de toestemming om dergelijke besluiten te mogen nemen afhangen van een evaluatie van je vermogens om überhaupt beslissingen te nemen en situaties te overzien.'

'Je bedoelt mentale tests die verder gaan dan alleen intelligentie?'

'Tegenwoordig zijn er een heleboel puur fysieke toelatingseisen – hoe gezond je bent, hoe fit je bent – maar misschien moet er eerder getest worden op specifieke mentale vaardigheden. Ik kan me een test voorstellen van je beoordelingsvermogen. Zowel om jongeren te beschermen die niet kunnen overzien waar ze aan beginnen, als om lastige karakters te kunnen weren, met psychische of neurologische mankementen die negatieve gevolgen kunnen hebben.'

Ik zou graag een concreter voorbeeld willen hebben. Camerer kijkt naar het plafond en denkt even na.

'Stel je voor dat potentiële rekruten over enkele tientallen jaren een hersenscan krijgen, waarbij ze beelden te zien krijgen van burgerslachtoffers en van familieleden die treuren over een dode verwant. Als hun hersenen niet op de juiste manier reageren op die prikkels, komen ze het leger niet in.'

Met andere woorden, een blik op hun hersenkronkels moet onrijpe rotjongens en gewelddadige psychopaten uit te buurt van legale wapens houden. Het doel is prijzenswaardig, maar de methode zal sommige mensen nerveus maken.

'Ik weet dat mensen daarvan schrikken. Iemand in een scanner leggen klinkt velen griezelig machinaal in de oren en doet denken aan gedachtenlezen. Maar als je even doordenkt is het toch niet enger dan het huidige systeem, waar het alleen maar erom draait of je achttien bent!'

Zelf lijkt Colin Camerer niet zenuwachtig te worden van het vooruitzicht dat men te werk gaat op basis van kennis die hersenscanners op den duur zullen gaan produceren. Hij trekt een parallel met onderzoek naar gezondheidsaspecten.

'Er is enorm veel belangstelling voor bijvoorbeeld drugsverslaving, die te maken heeft met de beloningssystemen in de hersenen. Als economen zijn we net zo geïnteresseerd in onderzoek naar de vraag of er gedrag is dat in economische zin als pathologisch kan worden aangemerkt. We hebben tegenwoordig te maken met zaken waarvan we niet goed weten of ze op iets abnormaals wijzen.'

Hij noemt manische shopaholics en workaholics.

'Dat sommige mensen workaholic zijn en hun werk echt niet kunnen loslaten lijkt op het eerste gezicht prima. Ze krijgen dingen gedaan. Maar misschien is een workaholic zijn in feite heel beroerd wat betreft stress; het gaat in elk geval gepaard met zowel ziekte als gezinsproblemen, nietwaar. En op den duur kan het leiden tot enorm hoge ziektekosten.'

222   Als workaholics in de toekomst behandeld kunnen worden en in bescherming genomen kunnen worden tegen hun ongezonde neigingen, denkt Camerer, dan zou het omgekeerd ook passend zijn om de maatschappij te beschermen tegen potentieel schadelijke afwijkingen.

'Het is voorstelbaar dat we bij onderzoek bepaalde effecten in de hersenen ontdekken die misschien te maken hebben met beoordelingsvermogen, met bepaalde vooroordelen of met iets heel anders. Zaken die hinderlijke bijwerkingen kunnen opleveren bij beslissingen. Die bijwerkingen kunnen klein en onbelangrijk zijn bij iemand die een doorsnee baan heeft. Maar ze kunnen uiterst schadelijk zijn als ze zich volledig kunnen uitleven op sleutelposities in complexe economieën: algemeen secretaris van de Verenigde Naties, president van de Verenigde Staten, directeur van ENRON, wat dan ook. Als er bij een aantal banen getest kan worden voor bepaalde hersentypen zou dat misschien niet zo slecht zijn.'

We zijn het erover eens dat er nog een lange weg te gaan is voordat iemand echt zal voorstellen om het neurale gereedschap van de Amerikaanse president te testen. Maar er zijn andere belangrijke posities waar zoiets misschien niet ondenkbaar zou zijn.

'Wall Street,' zegt Camerer met een brede glimlach. 'Ik heb net een ontmoeting gehad met een groep financiële figuren, en die zijn erg in de hersenen geïnteresseerd.'

Er zijn er ook die bepaald minder belangstelling hebben. De president van New Frontier Advisors, Richard Michaud, die miljoenen dollars beheert, houdt vol dat neurofinanciën helemaal niets op Wall Street te zoeken hebben. En Alan Greenberg, voorzitter bij de investeringsbank Bear Sterns, heeft publiekelijk gezegd: 'Al dat neurogedoe is gelul als het om de harde realiteit gaat'.

'Oké, oké, de meningen zijn verdeeld,' zegt Camerer. 'Sommigen snappen het, en anderen niet. Maar in het algemeen hebben mensen die in de economische markten werken meer belangstelling voor psychologie en hersenonderzoek dan academische professoren. Financiële mensen zien immers elke dag onverklaarbare en merkwaardige dingen gebeuren terwijl professoren zich blind staren op oude theorieën.'

Terwijl ze dat doen zitten aandelenhandelaren en fondsbeheerders elke dag met miljarden euro's te jongleren. Zowel op Manhattans beroemde Wall Street als bij investeringsbedrijven en banken over de hele wereld zitten ze met hun vingers aan andermans geld. Zoals Camerer zegt: 'Het is verdorie belangrijk dat ze hun werk zo goed mogelijk doen.'

'Denk bijvoorbeeld aan hedgefondsen, investeringsmaatschappijen waar individuele handelaren enorme deals sluiten en zitten te gokken. De bedrijven maken zich zorgen over wat we *rogue traders* noemen, mensen die losslaan en veel te wilde transacties sluiten,' zegt Camerer en houdt zijn colafles dicht tegen zich aan. 'Er was onlangs een zaak over een man die alleen werkte en zes miljard dollar uit één fonds verloor. Zo iemand wil je er toch liever niet bij hebben.'

223

De vraag is of we in staat zullen zijn om via een scan uit te vinden wie emotiebestendig zijn, en wie hysterisch.

'Op den duur is dat voorstelbaar. Het is grappig; je zult mensen krijgen die tot op zekere hoogte immuun zijn voor de pijn van een financieel verlies, maar ook weer niet zó immuun dat ze te grote risico's nemen. Naarmate we beter greep krijgen op welke neuronale mechanismen het evenwicht bepalen, kunnen we natuurlijk iets doen om die mensen te identificeren.'

Een ander voor de hand liggend onderwerp zijn de mensen die echt weten hoe je op de beurzen geld verdient. Beursiconen, aandelenhandelaren die notoir grote bedragen verdienen voor hun cliënten, en particuliere speculanten met fenomenale fortuinen. Iedereen kent de geschiedenis van George Soros. Die stak op één dag een miljard dollar in zijn zak, toen hij met een perfect evenwicht tussen verliescapaciteit en risicobereidheid speculeerde tegen het Britse pond en daarbij zelfs de Bank of England versloeg. Volgens uitspraken van zijn zoon Robert wijzigt de oude man zijn transacties op de markt als hij bepaalde rugkrampen heeft. Maar je zou kunnen overwegen te onderzoeken of er ook iets bijzonders aan de hand is in de hoofden van dergelijke superinvesteerders.

'Heel beslist,' zegt Camerer. 'Dat zijn mensen die beslissingen nemen op basis van dezelfde informatie als iedereen, maar die op cruciale punten anders zijn. Ze doen iets wat anderen in eenzelfde situatie niet doen, en nu hebben we de gereedschappen om systematisch te gaan kijken naar hoe hun psychologie en hersenprocessen zich onderscheiden.'

Beurshaaien met een reptielenbrein

Een van de mensen die in de loop der tijd heel veel geld hebben verdiend is de professionele Amerikaanse investeerder Warren Buffet. Hij wordt 'het orakel van Omaha' genoemd en heeft al lang de status van legende bereikt, wat hem tot onvermijdelijke commentator in de internationale financiële media maakt. Volgens een van zijn bekendste orakelspreuken kun je met een IQ van 25 best een succesvolle investeerder zijn. Wat je nodig hebt is niet superieure intelligentie, maar 'een temperament dat impulsen kan beheersen die andere mensen in de problemen brengen'.

Er zijn aanwijzingen dat de man gelijk heeft. Een kleine kring onderzoekers heeft een begin gemaakt met het onderzoeken van goede en slechte investeerders, en de eerste publicaties liggen nu opgeslagen in de kennisbank. Het prille begin was in 2002, toen Andrew Lo, econoom bij het MIT, toegang kreeg tot een van de grote investeringsmaatschappijen in Boston. Daar plaatste hij elektroden op tien valutahandelaren met verschillende anciënniteit. Om een indruk te krijgen van hun emotionele staat mat Lo gedurende een uur hun hartslag, ademhaling, bloeddruk, lichaamstemperatuur en zelfs hoeveel ze zweetten in de loop van hun dagelijkse transacties, die opliepen tot honderden miljoenen dollars.[42] Een gewone kantoordag. Maar de elektroden onthulden dat zo'n dag gevuld was met emotionele explosies. Harten bonkten, handpalmen zweetten en er werd gehyperventileerd zodra de markt onrustig was, bij perioden van grote schommelingen. Vooral snelle schommelingen prikkelden de gevoelige zenuwstelsels van de handelaren. Maar Lo kon vaststellen dat een handelaar beter in staat was om zijn emotionele golfbewegingen te onderdrukken naarmate hij meer ervaring had.

Aanvankelijk kreeg de professor geen toestemming om het feitelijke succes van de verschillende valutahandelaren te controleren, en daarom kon hij niet zeggen wie de beste was. Drie jaar later kon hij dat wel, toen hij een groep handelaren met ongeveer evenveel ervaring naar het laboratorium liet komen om daar onder gecontroleerde omstandigheden te speculeren en hun kunnen tijdens simulaties te demonstreren. Toen bleek dat de meest succesvolle handelaren in staat waren om hun emoties ongeveer constant te houden, zowel wanneer ze geld wonnen als wanneer het door hun vingers glipte. Hoe minder fluctuatie, des te groter de totale opbrengst.

Nu is Andrew Lo niet alleen professor maar ook directeur van de investeringsmaatschappij Alpha Simplex Group. Hij heeft dus niet alleen een academisch belang om zo diep mogelijk te gaan bij zijn analyses van winst en verlies. Zoals hij onlangs een interviewer van *Bloomberg Markets* vertelde, wil hij graag 'dieper graven in de hersenen om te begrijpen wat er gebeurt, en om onze methoden in de praktijk te verfijnen'. Op MIT is hij daarom nu bezig geselecteerde experts in investeringen te scannen om te kijken of hun hersenactiviteit bijzondere eigenschappen onthult.

Wie voorlopig het verst zijn binnengedrongen in het investerende brein zijn Brian Knutson en Camelia Kuhnen van Stanford University. Die publiceerden in 2006 een artikel in het zeer gerespecteerde tijdschrift *Neuron* dat nogal wat reacties opriep.[43] In dat artikel konden ze aantonen welke soorten hersenactiviteit bij heel gewone investeerders – dat wil zeggen amateurs – goede en slechte beslissingen konden voorspellen.

Kuhnen en Knutson hadden negentien vrijwillige mannen en vrouwen investeerder laten spelen met twintig dollar op zak en de mogelijkheid om die gedurende meerdere ronden te investeren. Bij elke ronde hadden ze de keus tussen een saaie maar oerdegelijke obligatie, die in elke ronde een paar dollar winst zou geven, en twee aandelen met elk een eigen risicoprofiel. Er was een 'zeker' papier, dat 50 procent kans had op tien dollar winst en 25 procent kans op een verlies van tien dollar. Bij het riskante aandeel was er daarentegen 50 procent risico om tien dollar te verliezen en maar 25 procent kans om hetzelfde bedrag te winnen.

De negentien gescande personen kregen niet te horen wat wat was, maar moesten afgaan op de feitelijke resultaten van de beide aandelen in de loop van de hele proef. Dat wil zeggen dat ze uit ervaring moesten leren welk aandeel het hoogste risico gaf en welk de meeste winst opleverde. Maar de twee onderzoekers

226

stelden in de inleiding tot hun artikel koeltjes vast dat doorsnee investeerders bij hun financiële keuzes systematisch afwijken van wat rationeel is. Bij de proef zagen ze twee soorten afwijkingen van de optimale strategie; dat is de strategie die kan worden verwacht van een rationele speler met een gezonde en neutrale houding ten aanzien van risico's. Er waren respectievelijk risicozoekende en risicomijdende personen, en in de loop van de investeringsronden van het spel maakten de investeerders een kwart van de tijd fouten die karakteristiek waren voor hun eigen type strategie.

Voorafgaand aan elke fout zagen de onderzoekers een even karakteristieke hersenactiviteit. Telkens wanneer er een riskante investering werd gedaan, en vooral wanneer er een risicozoekende keuze werd gemaakt, zat er extra vaart in die goeie ouwe nucleus accumbens. Daar zit euforie, en daar word je beloond met dopamine. Je kunt zeggen dat het vooruitzicht van een beloning hier tot uiting kwam als hebzucht, waardoor de opgefokte investeerder zijn eigen interne rekenmachine negeerde. Maar wanneer de investeerders een zekerdere keuze maakten, of wanneer ze gas terugnamen en risicomijdende fouten begingen, lichtte de anterieure insula op. Die waarschuwde voor pijn, afkeer en negatieve gevoelens en zorgde ervoor dat de investeerders hun voelhorens helemaal introkken uit angst voor een nederlaag.

De financiële markten buiten de laboratoria huldigen het principe dat de logica koning is als het om investeringen gaat. Als mensen in aandelen handelen maken ze hun keuzes op grond van verwachtingen die worden opgesteld via competente en weloverwogen analyses van de beschikbare informatie. De theorie van de rationele verwachtingen heeft zelfs een Nobelprijs opgeleverd. Die ging in 1995 naar Robert Lucas, die nog steeds op de University of Chicago zit en beweert dat mensen besluiten nemen met hun verstand en leren van hun fouten.

'Dat is onzin. Als neuro-economische studies íéts uitwijzen, dan is het wel dat wij mensen vol ingebakken vooroordelen en eigenaardigheden zitten, die ons tot slechte investeerders maken,' zegt psychiater Richard Peterson, die ik om zeven uur 's morgens telefonisch interview. Hij is eigenaar van de consultancyfirma Market Psychology Consulting in San Francisco en schrijft op zijn homepage onder andere: 'Het is de schuld van de evolutie dat we niet optimaal zijn geschapen voor het verdienen van geld op de financiële markten.'

Peterson, die nog geen 35 jaar oud is, heeft dat aan den lijve ondervonden. Tijdens zijn studietijd dreef hij samen met een vriend een kleine investeringsfirma, die in futures handelde en financiële voorspellingen deed. Tot zijn eigen verbazing merkte hij hoe 'emoties en het onbewuste voortdurend correcte beslissingen een beentje lichtten'. Als hij zijn voorspellingen moest doen had hij zeven van de tien keer gelijk, maar zodra het ging om echt mensengeld en hij concrete transacties moest uitvoeren ging het succespercentage omlaag naar 30 procent.

'Omdat ik niet kon ontdekken wat er fout ging, kon ik er niet echt wat aan doen. Maar dat is nou net waartoe de neurofinanciën, denk ik, ons in staat zullen stellen,' zegt hij tegenwoordig. Hij heeft twee soorten klanten. Enerzijds fondsbeheerders die zich wentelen in succes en die graag willen weten wat ze goed doen zodat ze hun collega's tot eenzelfde topprestatie kunnen trainen. Anderzijds zijn er financiële mensen met problemen. Aandelenhandelaren die tegen een onverklaarbare stortvloed aan verliezen zijn aangelopen, of die plotseling niet met risico's kunnen omgaan.

'Ik schrijf alleen medicijnen voor als er klinische symptomen zijn, niet om mensen nog beter te maken,' onderstreept Peterson. 'Wat het meest voorkomt is dat ik ze voorlicht over wat we over hersenen weten en over hoe die beslissingen nemen. Ik leg onderzoeken zoals die door Knutson uit en laat scanfoto's zien, en dat inzicht in de mechanismen helpt bij de meeste mensen prima.'

Het is een soort cognitieve zelfhulp. Alleen al te weten dat je amygdala je voor de gek kan houden kan helpen om de macht ervan te verminderen.

'Maar dat werkt maar tot op zekere hoogte. De mechanismen waar het om gaat treden op een onbewust niveau op, en daarom moet er een soort alarmsysteem aan te pas komen zodat een persoon kan reageren als dat nodig is.'

Peterson stelt zich een toekomst voor waarbij de opgejaagde financiële mensen niet alleen maar aan mobieltjes en achter computerschermen hangen maar ook gekoppeld zijn aan slimme, draagbare e.e.g.-registratiesystemen. Die systemen kunnen een melding geven als ze zich in een gevarenzone bevinden waar hun eigen vooroordelen op investeringsgebied en hun ongunstige psychologische neigingen slecht kunnen uitpakken. Ze kunnen die systemen bovendien gebruiken om zichzelf doelgericht te verbeteren.

Dergelijke toekomstbeelden wekken belangstelling in de financiële sector, maar Peterson ervaart ook een flinke scepsis. De deelnemers willen duidelijke producten, iets wat ze kunnen kopen en wat een meetbaar resultaat oplevert.

'We kunnen best aanbieden om potentiële analytici en handelaren te scannen om te beoordelen of ze problemen hebben met risico's, of te weinig zelfbeheersing hebben, maar bij de huidige stand van zaken levert dat niet meer op dan wat je uit een psychologische test kunt halen. De wetenschappelijke studies staan nog maar aan het begin, en we hebben meer inzicht nodig in welke neuronale circuits bij welke situaties betrokken zijn, en hoe dat per individu varieert. Ook moeten we nog veel meer weten over hoe praktisch of juist onpraktisch de diverse beslissingsmethoden zijn. Het kan best zijn dat een bepaald mechanisme in een stijgende markt tot verlies leidt, maar fantastisch werkt in een dalende markt.'

Maar als dergelijke kennis eenmaal beschikbaar is en met een bezoekje aan een MRI-apparaat kan worden getest betwijfelt

Richard Peterson geen moment dat dat zal worden toegepast als toegangskaartje voor een baan op de beurs. Wanneer dat zal gebeuren?

'Och, geef het tien jaar, dan zal er wel een product bestaan.'

Is dat eng? Misschien nogal onthutsend? Altijd wanneer fascinerende nieuwe kennis vorm begint te krijgen in concrete technologie is er bezorgdheid. Opeens staat die kennis dan midden in de werkelijkheid. Dat klinkt niet bepaald geruststellend: een toekomst waarin we zomaar het innerlijk van mensen willen binnendringen en de intieme delen van hun persoonlijkheid willen blootleggen voordat ze gewoon werk mogen doen.

Maar is dat nieuw? Absoluut niet. We hebben altijd bij mensen 'het achterste van de tong' willen zien, zoals dat zo mooi heet. Andermans geest kunnen lezen, achter afweermechanismen kunnen kruipen, het potentieel en de reacties van mensen kunnen inschatten: dat allemaal was evolutionair gezien van levensbelang. Tegenwoordig is het goud waard op de arbeidsmarkt, waar we elkaar nu al als bezetenen testen. In vrijwel alle bedrijfstakken kom je om in de psychologische vragenlijsten en persoonlijkheidstests. Ze worden aan komende en zittende medewerkers voorgelegd om doorlopend te verzekeren dat het bedrijf alleen mensen in huis heeft die optimaal zijn toegerust voor hun taak. Niemand kan zich serieus voorstellen dat belangrijk personeel wordt aangesteld of bevorderd uitsluitend op grond van opleiding, een leuk gezicht en de verzekering dat de baan echt iets voor hen is. Nee, we moeten echt weten wie ze zíjn.

De producten die de jonge Peterson zonneklaar voor zich ziet zullen zeker een afzetmarkt vinden. Dat is deels omdat de testmentaliteit langzamerhand stevig is verankerd, en deels omdat de huidige methoden waardeloos zijn. Die ellenlange afvinklijsten met hun soms bizarre vragen en duidelijke onderlinge verwijzingen geven misschien een aanwijzing wat voor type iemand globaal is. Of ze echter veel meer inzicht opleveren dan een gewoon gesprek met een ook maar enigszins capabele mensenkenner valt te betwijfelen. Het is vermoedelijk zelfs lastiger om een mensenkenner voor de gek te houden dan om een vragenlijst dusdanig in te vullen dat je eruit naar voren komt op een manier die je wat oplevert.

Het hersenonderzoek levert een steeds dieper inzicht op in de processen onder het schedeldak, en de scanners steeds scherpere beelden. Daarmee krijgen we een sterk opgewaardeerd gereedschap in handen voor een oude opgave. Maar ook gereedschap dat op den duur vrijwel alle mogelijke facetten van onze mentale eigenschappen, vermogens en toestanden zal kunnen onderzoeken en testen. Vandaag is dat besluitvaardigheid, morgen loyaliteit, overmorgen gevoeligheid voor omkoping. In het voorjaar van 2007 liet een team van Europese en Australische onderzoekers inderdaad zien hoe een MRI-scan met 90 procent zekerheid kan onthullen of iemand lijdt aan *obsessive-compulsive disorder*, oftewel dwanggedachten en -handelingen. Dat is een begin. Het is duidelijk dat alleen al het bestaan van dergelijk gereedschap de ogen opent voor overwegingen of het misschien gebruikt zou moeten worden voor het soort zaken dat Colin Camerer zo voortvarend introduceert. Kritisch toezicht op staatshoofden, directeuren van wereldbanken of militair personeel dat verantwoordelijk is voor beslissende operaties en gevangen tegenstanders. Is dat eng? Misschien. Maar enger dan de ogen sluiten en er maar het beste van hopen?

De lijnen voor een debat zijn uitgezet, en over niet al te lange tijd zullen we gaan discussiëren over waar de grenzen liggen. Hoe diep mogen we kijken in de persoonlijkheid van een individu, en wie hebben er überhaupt toegang? Mogen verzekeringsmaatschappijen zien welke mijnenvelden en onzekerheden er schuilgaan in de hoofden van hun afnemers? Mogen ouders het potentieel van hun kroost laten onderzoeken voordat ze besluiten om geld te spenderen aan een eliteopleiding? Mogen toekomstige echtgenoten een blik werpen op de neiging tot ontrouw van hun uitverkorene, voorafgaand aan de huwelijkssluiting?

Interessante vragen. Ongetwijfeld zal daardoorheen een bredere discussie lopen die voortkomt uit het nieuwe paternalisme van de neuro-economen. Ik denk dat Colin Camerer gelijk heeft wat betreft het idee dat een vriendelijke en behulpzame bevoogding in de vorm van een *Avuncular State* de toekomst heeft. Het ligt gewoon te veel voor de hand, als we eenmaal bij de mens naar binnen kunnen kijken en hem kunnen beschouwen als een machine of systeem behept met bepaalde neigingen en vreemde gedragingen. Er ontstaat onontkoombaar een drang om die kennis te gebruiken om te vormen en te verbeteren. Als we eenmaal weten dat die dwazen zelf niet in staat zijn om genoeg te sparen voor hun oude dag, en dan tot de bedelstaf geraken, moeten we dan hun geld niet al voor die tijd voor hun eigen bestwil opzijzetten?

Bezien vanuit de verzorgingsstaat met levenslange automatische betalingen voor AOW en verplichte bedrijfspensioenregelingen is dat soort bevoogding natuurlijk geen schokkend nieuws. Maar in meer vrijheidslievende delen van de wereld is het wel nieuw, en een ietwat exotisch idee. En toch – we zien al hoe de mentaliteit overal in de wereld steeds meer bijdraait in de richting van steeds strengere rookregels. We zien de campagnes om ons meer groenten en meer vette vis te laten eten, en om ons eindelijk eens te beschermen tegen schadelijke zonnestralen. Binnenkort kunnen de neuro-economen bijdragen met hun expertise over het benutten van de ingebouwde neigingen van de hersenen, om zo een extra zetje te geven. Vanaf daar is het maar een kleine stap naar doelgericht beleid dat ons kan 'helpen' om te doen wat ons gezegd wordt; uiteraard voor onze eigen bestwil, en die van de maatschappij. En hopla, opeens staan we midden in de realisatie van het toekomstbeeld van Antonio Damasio over het verbinden van wetenschap met politiek.

Hoofdstuk 7

we
verkopen
het aan je
neuronen

Zeg het eens: neuromarketing. Klinkt niet erg leuk, nietwaar? Het
rare woord rolt over de tong en heeft een bijsmaak van gedachten-
controle, horror en sciencefiction. Dat is ook ongeveer de sfeer die
in de publiciteit over neuromarketing wordt opgeroepen. Het onderwerp wemelde van de grote koppen dat de reclamejongens van
deze wereld binnenkort met hun kleffe vingers aan onze innerlijke
'koopknop' gaan zitten. Dat marketingexperts met behulp van
cutting-edge wetenschap rechtstreeks toegang krijgen tot gevoelige
plekken diep in de hersenen waar de juiste stimulans koopgedrag
en rinkelende kassa's kan ontketenen.

Neuromarketing is een jong en pril vakgebied – sommigen
zeggen dat het nog niet eens een vakgebied is – dat ernaar streeft
de interne mechanismen van onze consumptie te ontsluieren.
Je zou het interessegebied en de vragen natuurlijke verlengstuk-
ken kunnen noemen van de meer algemene neuro-economische
studies naar hoe we kiezen en besluiten nemen. Her en der zijn
er dan ook opvallende overlappingen tussen neuro-economen en

onderzoekers binnen de neuromarketing. Het onderzoek binnen neuromarketing is alleen meer specifiek en duidelijk doelgerichter. Want dit is de Heilige Graal: in hersenen kunnen kijken en voorspellen wát ze wensen.

In de reclamebranche kan neuromarketing gezien worden als een poging om de 'kunst' van de reclame tot een wetenschap te maken. Als een marketingexpert bij zijn klanten aankomt met een of ander projectvoorstel dat vaak miljoenen kost, dan willen die klanten het liefst kunnen bouwen op echte gegevens, en niet alleen op vermoedens. Tot nu toe werden psychologen aangetrokken om tests en theorieën te ontwikkelen, en van de sociologen hebben reclamemensen het concept van de testgroep overgenomen. Hersenonderzoekers zijn als het ware de derde golf. Neuromarketing heeft een warme gloed in de reclamewereld gebracht. Er worden meetings en congressen gehouden over het potentieel, en zo nu en dan wordt er geschreven dat dit beslist de toekomst heeft. Binnen de wetenschappelijke arena is enthousiasme moeilijker te ontwaren. Marketing is geen wetenschap, zeggen velen en wijzen erop dat maar een handjevol onderzoeken in wetenschappelijke tijdschriften is gepubliceerd.

Toch begon het feest in het academische milieu toen hersenonderzoeker Clinton Kilts van de Emory University in Atlanta in 2003 een aantal proefpersonen opriep voor een reeks experimenten. Die moesten meer licht werpen op de rol van de hersenen bij voorkeuren voor producten. Want hoe wordt iets waar we tuk op zijn in de activiteit van de hersencellen weerspiegeld, vergeleken met iets waar we helemaal niets mee hebben of wat ons gewoon niets zegt? Kilts had destijds helemaal niets te maken met marketing of de reclamewereld als zodanig, maar de basisvragen prikkelden zijn nieuwsgierigheid.

De vrijwilligers arriveerden en kregen eerst een reeks verschillende producten voorgezet, waaraan ze punten voor aantrekkelijkheid moesten geven. Simpele antwoorden op een schaal van getallen. In de volgende fase namen ze allemaal plaats in de MRI-scanner, waar ze nogmaals beelden van dezelfde producten kregen te zien terwijl de apparatuur de ontstane hersenactiviteit registreerde. Toen Kilts later de reacties van de proefpersonen analyseerde viel hem meteen een overeenkomst op. Telkens als iemand – of het nu mannen of vrouwen waren – een product zag dat werkelijk aantrekkelijk werd gevonden, stroomde het bloed naar een klein gebied vooraan in de hersenschors. De mediale prefrontale cortex brandde op de foto's als een vuurtje.

Dat resultaat zette Clinton Kilts op zijn beurt in vuur en vlam, want hij wist dat hij iets interessants te pakken had. De mediale prefrontale cortex is namelijk niet zomaar een hersendeel, maar een gebied dat sterk betrokken is bij onze zelfidentificatie en bij de constructie van onze persoonlijkheid in het algemeen. Wat zweverig zou je kunnen zeggen dat dat deel van de frontaalkwabben erbij betrokken is wanneer we ons op de een of andere manier verhouden tot onszelf en tot wie we zijn. Kilts had zijn conclusie snel klaar. De scanproeven wezen volgens hem uit dat aangesproken worden door een product samenhangt met een identificatie daarmee. Het product past bij het beeld dat iemand van zichzelf heeft.

Het was heel spannend, puur academisch gezien, maar tegelijk leek dit eerste experiment een buitenkansje om een heel nieuw soort marktonderzoeken te doen. Er was een toekomst voorstelbaar waarin het niet langer nodig zou zijn om de straat op te gaan en mensen te vragen wat ze van een product vinden, waarbij je moet vertrouwen op hun onzekere antwoorden en slechte zelfkennis. Nee, nu was men op weg om via het scannen van potentiële consumenten de onfeilbare antwoorden van de hersenen zelf te krijgen.

Niet lang na zijn doorbraak was Clinton Kilts betrokken bij de vestiging van een nieuwe divisie van het Amerikaanse marketingconsultancybedrijf BrightHouse, namelijk een Neurostrategiegroep. Daar wilde men niet geassocieerd worden met gewone marketingonderzoeken van het type waarbij producenten verteld wordt hoe ze een reclamefilm voor aardbeienjam of sportwagens moeten opzetten om doel te treffen. Nee, alle uit te voeren onderzoeken zouden een fundamenteel karakter hebben, verklaarde men tegenover de pers. Experimenten die waren ontworpen om te begrijpen hoe consumenten denken en vooral hoe ze zich een houding vormen tegenover bedrijven en merken.

Al snel draaide het daarbij om het begrip *branding*. Dat is een situatie waarin iets – dat wil zeggen een product, een instelling of zelfs een concept – niet alleen direct wordt herkend, maar ook direct wordt geassocieerd met een geschiedenis, een heel eigen verhaal. Het product is niet enkel een op zichzelf staand ding, maar is behept met een heel mentaal universum dat zich aan de consument opdringt. Denk aan Levi's, iPod, Marlboro en de beelden tuimelen over je interne beeldscherm. Branding is al lang een hot topic in de reclamewereld, en het is inderdaad een erg invloedrijk verschijnsel. Branding beïnvloedt aantoonbaar onze keuzes en koopgewoonten, en er zijn zelfs aanwijzingen dat branding ook kan veranderen hoe we essentiële zintuiglijke prikkels interpreteren.

Dat valt in elk geval af te lezen uit een voorlopig unieke en klassieke studie binnen neuromarketing, een fascinerend onderzoek naar wat je de Pepsi-paradox kunt noemen. Al tientallen jaren blijkt Pepsi bij blindproeven als cola de voorkeur te krijgen, maar toch blijkt Coca-Cola nog steeds het best verkocht te worden, zowel thuis in de Verenigde Staten als elders in de wereld. Sinds 2004 kunnen we zien welke kortsluiting er optreedt in de hoofden van de coladrinkende massa's.

Initiatiefnemer van het experiment was Read Montague van Baylor College of Medicine in Houston. Je kunt zeggen dat hij doorbrak bij een breder publiek met zijn proef waarbij mensen werden uitgenodigd om cola te proeven tijdens een MRI-scan. De bijna zeventig proefpersonen werd in eerste instantie gevraagd

237

om de twee concurrerende producten blind te proeven, en zoals
zo vaak won Pepsi, ruimschoots zelfs. Tegelijk veroorzaakte Pepsi
een veel sterkere activiteit in het zogeheten centrale putamen
dan Coca-Cola dat deed. Het putamen is een gebied diep in de
hersenen in het striatum, en het maakt onder andere deel uit van
het beloningssysteem. Dus die uitkomst kon linea recta worden
geïnterpreteerd – de activiteit betekende heel eenvoudig: 'Dit voelt
goed.'

Maar op het bewuste niveau waren het duidelijk niet de smaak
en het actieve striatum die bepaalden wat mensen graag hadden.
Wat dat dan wel was bleek toen bij de volgende reeks proeven
de etiketten zichtbaar waren. Als de proefpersonen verteld werd
welke bruine vloeistof van welk merk was, gaven ze bijna allemaal
plotseling de voorkeur aan Coca-Cola, zelfs als dat eerst niet zo
was. Nu vonden ze beslist dat de smaak van Coca-Cola veel beter
was dan die van Pepsi. Die radicale omslag volgde op een belangrijke verandering in de hersenen; nu was de mediale prefrontale
cortex in actie gekomen. De hersenschors met zijn hogere cognitieve processen greep in en overtroefde de directe ervaring van
een beloning die door de smaaksensatie was opgeroepen. Het product dat eigenlijk slechter smaakte en een geringere fysiologische
beloning gaf werd beter gevonden als het hele identificatieapparaat
en gedachten als 'dit past precies bij me' meededen.

Bij het colaexperiment, dat verscheen in het prestigieuze tijdschrift *Neuron*, kun je spreken van branding als mind over matter.[44]
En dan gaan marketingmensen de zaken rooskleurig zien. Want
het viel te verwachten dat hersenonderzoekmethoden zouden kunnen bijdragen aan een beschrijving van hoe de felbegeerde positieve branding kan worden opgebouwd. Het toekomstbeeld is dat
wetenschappers met hun scanners zich erin zullen verdiepen welke
inspanningen nodig zijn om de juiste reclame-elementen in te
zetten om een duurzame branding te krijgen. Verhaaltjes vertellen
aan de mediale prefrontale cortex.

Een handjevol wetenschappers is daar volop mee bezig. Naar verluidt is BrightHouse voor een kwart miljoen dollar aan het testen hoe producten door consumenten worden gezien. Ze willen erachter komen welke producteigenschappen de beste zelfidentificatie geven en daarmee de grootste neiging tot kopen. Op zijn homepage pronkt BrightHouse al een tijd met het feit dat het welbekende namen als Coca-Cola, K-Mart en Delta Airlines in zijn stal heeft. Maar dichterbij dan de homepage kom je niet. De mensen bij BrightHouse nemen de telefoon niet op en staan er tegenwoordig vooral om bekend dat ze zich niet in de kaart laten kijken. Twee andere bedrijven, ShopConsult in Oostenrijk en Neurosense in Oxford, leuren ook met neuromarketing, en bij laatstgenoemde praten ze wel graag over de zaken.

Volgens medeoprichter Gemma Calvert, die een achtergrond in zowel marketing als neuro-onderzoek heeft, gaat het zo goed dat het bedrijf geen reclame hoeft te maken. Neurosense kan de vraag gewoon niet aan; die komt vanuit een breed palet aan bedrijfstakken en komt volgens haar daarbuiten bij de klanten via mond-tot-mondreclame tot stand. De prijs is in Oxford dan ook heel anders dan in de Verenigde Staten. Het kost tussen de 35.000 en 55.000 pond om een onderzoek te doen waarbij fMRI wordt ingezet, en dat is niet zo heel veel meer dan wat moet worden opgehoest voor een vergelijkbaar traditioneel onderzoek met testgroepen. En testgroepen kunnen het helemaal fout hebben. Dat maakte Calvert mee toen een cliënt de reactie wilde laten testen op een nieuw product dat het merk zou moeten uitbreiden – 'dat ik dus niet kan onthullen, want het ligt wat gevoelig'. De scans bij Neurosense gaven aan dat het publiek niet erg enthousiast was. Tegelijkertijd werd het product gelanceerd in de Verenigde Staten, waar de testgroep 'ja graag!' had gezegd – en het werd een reusachtig fiasco.

Voor Gemma Calvert draait het bij concrete projecten meestal om het vinden van objectieve fysiologische indicatoren voor onze reacties op producten. Zo zit ze momenteel midden in een vrij

groot samenwerkingsproject met een grote speler in de parfumindustrie, waarbij men erop uit is te achterhalen wat geuren
daadwerkelijk met ons doen. De producenten of de 'neuzen' die
de geuren ontwikkelen smijten graag om zich heen met uitdrukkingen als 'geruststellend', 'opwindend' of 'verfrissend' zonder dat
een sterveling weet waar ze vandaan komen. Tijdens een soort
klinische tests van een handvol geuren en ingrediënten bekijkt
Neurosense hoe die de hersenactiviteit en fysiologische parameters
van proefpersonen beïnvloeden. Volgens Calvert kun je inderdaad
zien dat iets bijvoorbeeld kalmerend en activiteitsverminderend
werkt, terwijl iets anders de alertheid vergroot, en het doel is om
geuren van een toelichting te kunnen voorzien.

Terwijl de parfumindustrie nieuw is in de klantenkring, is de
media-industrie een oude bekende. Dat zijn bijvoorbeeld grote
spelers als Viacom, dat een heleboel tv-kanalen bezit, en PHD
Media, dat voor klanten uit alle bedrijfstakken reclame organiseert
en inkoopt. Wat tv-reclame betreft werd die tot nu toe enkel en
alleen gekocht en betaald op basis van hoeveel kijkers er op een
gegeven tijdstip zijn, maar dat blijkt een erg slechte methode te
zijn. Via scanonderzoeken heeft Calvert aangetoond dat de context
waarin een reclamespot wordt vertoond alles uitmaakt voor het
effect ervan. Door bijvoorbeeld de respons in emotionele hersendelen te meten kun je zien dat een context de perceptie omhoog of
omlaag kan duwen. Een campagne voor het Rode Kruis laten zien
midden in een aflevering van South Park is bijvoorbeeld ronduit
schadelijk voor de manier waarop het individuele stel hersenen
voor het scherm tegen de hulporganisatie aankijkt.

Juist waar het campagnes betreft probeert Neurosense ook in
de gunst te komen bij de overheid, die bijvoorbeeld in Groot-
Brittannië een serie boodschappen heeft die ze de burgers graag
wil inpeperen. Zo moeten ze ophouden met rijden onder invloed
tijdens de kerstdagen, zoals ze ook moeten stoppen met roken.
Maar hoe laat je de kern van de boodschap doordringen? Hierbij

kan Gemma Calverts MRI-scanner helpen door bijvoorbeeld te onthullen welke campagnefilmpjes en welke waarschuwingen op sigarettenpakjes de trek in een peuk het best onderdrukken, die bij rokers zetelt in het ventrale striatum. Daar lijkt belangstelling voor te zijn. In elk geval heeft Calvert gesprekken geregeld met 'meerdere overheidsinstanties'.

Ook in de publieke sector zijn er ondernemende onderzoekers die hun academische basis gebruiken om concepten voor neuromarketing te ontwikkelen. Een voorbeeld is Steven Quartz van het California Institute of Technology. Naast academische studies naar economische en morele keuzes, heeft Quartz een bruikbare standaardoplossing ontwikkeld ten behoeve van de filmindustrie. Hij is zich ervan bewust dat Hollywood kampt met een winstmarge van een magere vier procent en daarmee alle hulp kan gebruiken die het kan krijgen. Het draait allereerst om het verhogen van de doeltreffendheid. Die van de films zelf, maar nog meer die van de voorfilms die ons moeten verleiden tot het kopen van een duur kaartje. Normaal wordt een geselecteerd testpubliek gevraagd de voorfilms te bekijken en te zeggen wat het ervan vindt, maar Quartz biedt aan om datzelfde publiek in zijn scanner te leggen.

De redenering is dat je zo toegang krijgt tot informatie die individuen niet vrijwillig kunnen geven omdat die voor henzelf niet toegankelijk is. Quartz kijkt vooral naar wat hij 'onthoudbaarheid' noemt. Het is heel belangrijk dat een voorfilm, die misschien maanden voordat een film in de bioscoop uitkomt wordt bekeken, een indruk achterlaat die niet vervliegt zodra de filmstrook is afgerold. Terwijl je een testpubliek niet kunt vragen hoe goed ze een voorfilm denken te zullen onthouden, kan een scanner een aanwijzing geven door te onthullen of de film activiteit opwekt in de omgeving van de hippocampus. Dat zijn hersengebieden die van cruciaal belang zijn voor het opslaan van nieuwe indrukken in het langetermijngeheugen.

Ook wil Quartz zijn methoden graag verfijnen zodat hij uit-spraken kan doen over wat er karakteristiek is aan een bepaalde prikkel zodat de hersenen die markeren. Een groot deel van onze onbewuste hersenactiviteit zorgt voortdurend voor het filteren van indrukken uit de buitenwereld en voor het beslissen wat belang-rijk genoeg is om te worden doorgestuurd naar het bewustzijn. Het kan soms lastig zijn om mensen daarover te ondervragen. Wat antwoord je bijvoorbeeld op zo'n vraag: 'Kun je me vertellen wat er allemaal interessant was aan de voorfilm van *Rocky IV*?' Nee toch? Maar met de wetenschap welk activiteitenpatroon bepaalt wat er door het mentale filtersysteem glipt, kunnen de interessante elementen worden geïdentificeerd en kan de voorfilm dusdanig worden samengesteld dat hij zo veel mogelijk in het bewustzijn doordringt.

Het hoeft natuurlijk niet beperkt te blijven tot voorfilms. Oplettendheid is bij alles belangrijk. Neuromarketing heeft, niet geheel onverwacht, haar tentakels ook uitgestoken naar de politieke arena, waar het zoals bekend erom gaat dat je je bood-schap en misschien vooral je kandidaat kunt verkopen. In 2004, toen de campagnes voor de Amerikaanse presidentsverkiezingen op volle stoom waren, met persoonlijke aanvallen en negatieve re-clame, gingen een paar initiatiefnemers aan de slag met het peilen van de diepten van zowel Republikeinse als Democratische herse-nen. Twee voormalige campagnestrategen van Bill Clinton, Tom Freedman en William Knapp, werkten samen met Freedmans broer, de psychiater Jonathan Freedman en diens collega Marco Iacoboni van UCLA. Ze wilden uitvinden hoe de twee groepen kiezers reageerden op de beschikbare verkiezingspropaganda.

In dezelfde MRI-scanner waarin de conditie van mijn eigen spiegelneuronen was getest, speelden de onderzoekers campagne-films af voor een groep vrijwilligers. Daarbij zagen ze dat Demo-cratische hersenen zich veel meer ergerden aan signalen over gevaar en dreigingen dan Republikeinse. Beelden van de aanvallen van 11 september 2001, waar de Bush-campagne stevig op inzette, veroorzaakten veel meer activiteit in de amygdala van Democraten, een aanwijzing dat die er negatiever tegenover stonden dan hun Republikeinse tegenstanders. Hetzelfde verschil was aanwezig toen de twee politieke groepen een video uit 1964 te zien kregen waarin de Democratische kandidaat, Barry Goldwater, gebruikmaakte van de atoomdreiging met zijn onheilspellende paddestoelwolken. Voor Freedman en Knapp bevestigde het resultaat de oude theorie dat Democraten sterker reageren op het gebruik van macht dan Republikeinen.

En waarvoor is die kennis bruikbaar? Tja, dat blijft wat vaag. Zodra de media zich op het opzienbarende experiment stortten ontkenden Freedman en Knapp zorgvuldig dat ze de neurowetenschap ooit zouden willen gebruiken voor campagnefilms die beter konden manipuleren. Nee, nee, absoluut niet. Ze wilden alleen maar een begin maken met onderzoek naar deze *new frontier* omdat ze oprecht geïnteresseerd waren in wat er in de hoofden van kiezers aan de hand was. Ze wilden met andere woorden een beetje meer 'wetenschap' introduceren in de politieke wetenschap.

Later, in 2006, verklaarden ze in de *New York Times* dat ze eigenlijk vonden dat de politiek nog niet rijp was voor de neurowetenschap. Met hun consultancyfirma FKF Applied Research zijn ze ertoe overgegaan bedrijven aan te bieden om hun reclamemethoden te onderzoeken. De zaken lijken goed te gaan, want de twee hebben ontdekt dat het grootste deel van de talloze reclames waaraan we dagelijks worden blootgesteld geen enkele indruk maakt. Volgens FKF is er bij de helft van de reclames op de Amerikaanse tv geen reactie te bespeuren in de hersenen. Die kostbare seconden worden niet anders verwerkt dan om het even welke doorsneezintuigelijke waarneming.

Maar onder de reclames die er wél in slagen de aandacht van de kijkers te trekken zijn wel degelijk winnaars aan te wijzen. Met steun van FKF ondernamen Marco Iacoboni en zijn medewerkers

243

Jonas Kaplan en Eric Mooshagian in 2006 een experiment dat ze 'Instant Science' noemden. Het was een proef waarbij ze in de loop van slechts twee dagen analyseerden hoe de reclames tijdens de Amerikaanse Superbowl-finale onderling presteerden. Vijf proefpersonen kregen de korte reclamefilms te zien, en de volgende dag publiceerden de onderzoekers de resultaten op internet. De winnaar was Disney, concludeerde Iacoboni; met een film die uitnodigde om naar Disneyland te gaan slaagde het bedrijf erin om zowel een positieve verwachting als empathie bij de argeloze kijkers op te wekken. In elk geval bracht de reclame krachtige activiteit op gang in zowel beloningsgebieden in het striatum als in delen van de hersenschors met spiegelneuronen. Vlak daarachter volgde een reclame voor Budweiser; het zag er echter hopeloos uit voor Burger King, die alleen maar de amygdala te pakken kreeg, wat op een gevoel van angst en walging duidt.

Intussen knaagt de vraag: hoeveel wetenschap zit er in al dat soort onderzoeken? Neem de Superbowl-proef en de respons op de Budweiser-reclame: die gaat over een man die bier drinkt. De aanblik van de man leidt bij de kijkers tot een respons in gebieden met spiegelneuronen, wat op empathie of identificatie zou kunnen duiden. Het zou echter ook kunnen betekenen dat men spiegelneuronen te pakken had die alleen maar reageerden op het zien van een bepaald soort beweging. 'Wat het ook is,' schrijft Iacoboni op zijn homepage, 'het lijkt in elk geval een goede respons op de reclame te zijn.'

Dat is heel ander taalgebruik dan waar de wetenschappelijke literatuur om bekend staat, waar men dan ook niet van onder de indruk is. Neuromarketing 'lijkt een uitermate speculatieve investering te zijn', zo heet het in een redactioneel artikel in het tijdschrift *Nature Neuroscience*. Jonathan Cohen, hersenonderzoeker bij Princeton, heeft de aandacht gevestigd op het feit dat hersenscans weliswaar fantastische mogelijkheden bieden om in de hersenen te kijken, maar dat de interpretatie van de resultaten vaak uiterst complex is. Hij meent dat maar moeilijk vermeden kan worden dat erin wordt gezien waar iemand van tevoren naar op zoek was.

Er loopt ook een andere groep spelbrekers rond, namelijk consumentenactivisten, die principieel niets op hebben met de koppeling van methoden uit de medische wereld aan het einddoel van de reclamewereld: een hogere omzet. Ze waren snel op de been. Al kort nadat Clinton Kilts een overeenkomst had gesloten met BrightHouse stuurde de consumentengroep Commercial Alert uit Oregon een open brief naar de rector van Emory University en verzocht hem om de banden met de marketingmensen te verbreken en ze de toegang tot universitaire faciliteiten te ontzeggen. Ze zagen niet in hoe een instelling die onder andere onderzoek doet naar het genezen van ziekten, het kan verantwoorden om apparatuur beschikbaar te stellen voor onderzoek naar hoe je meer cola en meer koekjes aan de bevolking kunt verkopen.

De universiteit vond dat alles in orde was. De onderzoekers daar bij BrightHouse deden immers onderzoek dat ze op den duur van plan waren te publiceren in wetenschappelijke tijdschriften. Het bestuur zag niets verkeerds in een traject van wetenschap naar winst. In de woorden van de decaan van de medische faculteit van Emory tegenover de krant *Atlanta Journal-Constitution*: 'Als je snapt hoe mensen beslissingen nemen, ja, dan is daar duidelijk een commerciële toepassing voor.'

'En is daar op zich iets verkeerd aan?' vraagt Read Montague via de telefoon vanuit Houston. Als drukke directeur van een groot onderzoekscentrum heeft hij niet al te veel tijd, maar wil toch graag de gelegenheid aangrijpen om te onderstrepen dat hij niet medeplichtig is aan het op de wereld zetten van een onbeheersbaar monster.

'Ja, met het colaonderzoek hebben we het vakgebied opgestart,' zegt hij als inleiding, met krachtige stem en snel sprekend. 'Het toonde aan dat culturele boodschappen een grote invloed kúnnen hebben op besluitvorming, zoals het ook uitwees dat vragen naar

245

voorkeuren voor producten rechtstreeks op mensen kunnen worden getest en via scans kunnen worden beantwoord. Ook zonder mensen rechtuit te hoeven bevragen. Wat betreft de commerciële kant kun je zeggen dat een dergelijke methode voor de hand ligt, als je BMW bent en met een nieuw model auto zit dat de markt op moet. Misschien wil je goed testen wat er gebeurt als je de velgen of de lampen op een bepaalde manier wijzigt. Lijkt dat potentiële kopers gunstig of ongunstig te gaan beïnvloeden? Als ik zakenman was zou ik het een redelijke beslissing vinden om wat scans uit te proberen voordat ik miljoenen en nog eens miljoenen aan ontwikkelkosten zou riskeren.'

'U ziet neuromarketing als een manier om dure vergissingen te voorkomen?'

'Heel duidelijk. Er worden massa's producten de markt in gepompt die floppen, en waarom zouden we dat niet vermijden als dat mogelijk is? Iets anders is, of de techniek gebruikt kan worden om mensen zover te krijgen dat ze alle mogelijke rommel kopen. Dat is de "koopknop" waar de media destijds over schreven en die ze nog steeds met tussenpozen oppikken als een soort schrikscenario. Ik denk dat het een broodje aap is. Laat me duidelijk zijn,' zegt Montague. 'We hébben geen koopknoppen! Mensen zijn geen automaten. We zijn het enige dier in het universum dat op het idee komt om te sterven voor een idee. Mensen verzinnen het om een oorlog te beginnen of in hongerstaking te gaan voor een ideologie of geloof. Geen enkel ander dier is in staat om basale biologische driften op te schorten ten dienste van iets wat ze zich intellectueel hebben voorgenomen.'

'Neuromarketing is dus niet zo eng als men beweert?'

'Nee. Onderzoek naar neuromarketing of naar besluitvorming en communicatie, waar het in werkelijkheid om draait, maakt ons niet tot megashoppende zombies. In tegendeel, het biedt uitzicht op een antwoord op de vraag waarom we shoppen, waarom we iets kopen en hoe diverse groepen mensen kunnen worden beinvloed door de markt, door culturele boodschappen en door de manier waarop die worden gepresenteerd.'

Dan gebruikt Montague een erg Amerikaanse term. Wat dit bijzondere onderzoek oplevert, zegt hij, is *empowerment*: macht, geen hulpeloosheid.

'Stel dat we scanproeven kunnen doen die bevestigen dat kinderen mateloos sterk reageren op speeltjes die bij hun hamburgers zijn gestopt. Dan kunnen we het politieke standpunt innemen dat we misschien moeten verbieden om speeltjes bij hamburgers te stoppen, als we niet willen dat kinderen dik worden en diabetes krijgen. Ik geloof niet dat dit tot griezelig effectieve reclame zal leiden maar eerder tot maatschappelijk inzicht dat er regels moeten komen voor het maken van reclame.'

'Maar er gaan ook in het academische milieu stemmen op van mensen die niet snappen wat marketingonderzoek op universiteiten te zoeken heeft.'

'Ja maar, die hebben het helemaal verkeerd begrepen. Op deze manier komen de resultaten naar buiten, waar ze ook thuishoren. Volgens mij is het ergste wat kan gebeuren dat dit soort onderzoek uit het academische milieu wordt verwijderd. Want dan gaat het in de particuliere sector plaatsvinden, waar we geen lijntje hebben om te horen of er nieuwe belangrijke kennis bij is gekomen. Nu worden we verdorie toegerust om ons te weren tegen beïnvloeding door anderen! Kennis is altijd macht, en ik weet niet hoe u erover denkt, maar hoe meer we weten over hoe we door invloeden van buitenaf kunnen worden gestuurd, des te beter kunnen we ons verzetten, en erover nadenken.'

'Waarom shop ik?'

'Bijvoorbeeld. Maar mensen hebben een spontane afkeer van dit soort dingen en schilderen ze zo afschrikwekkend af, omdat we ons op een terrein begeven dat nu pas voor het eerst wordt verkend, namelijk de hersenen, het mechanisme achter alles. Op de een of andere manier voelen mensen dat er wordt gerommeld in de la met hun vuile ondergoed, en dat vinden ze maar niks.'

Montague trekt een parallel met voortplanting. Vroeger wisten mensen heel weinig over de details van waar kleine kindertjes vandaan komen. Terwijl in de wetenschap bijgeloof en bizarre voorstellingen floreerden was het onderwerp in de dagelijkse omgang tussen mensen taboe.

'Maar toen deed men onderzoek en kwamen de kaarten open op tafel, en wat eerst verborgen en gewaagd was, werd nu een volkomen normaal onderdeel van de cultuur en de collectieve conversatie, en tegenwoordig maken we kindertjes in laboratoria. Grondige kennis over onze eigen reproductie heeft ons veranderd. Heel zeker. En het is net zo zeker dat grondige kennis over de hersenen en het zenuwstelsel ook onze kijk op de mens en de mensheid zal veranderen.'

'Hoe dan?'

'Hoe precies is moeilijk te voorspellen. Maar ik denk dat het de kant op zal gaan van meer zelfinzicht en daarmee meer macht over ons dagelijk leven.'

We spelen alleen maar

Ook Marco Iacoboni, met wie ik eerder sprak over existentiële neurowetenschap en de menselijke natuur, ziet geen probleem. Als ik terug ben in zijn hoekkantoor op UCLA om over zijn neuromarketingonderzoek te horen, doet hij niet moeilijk over eventuele beïnvloeding van ons koopgedrag.

'Hou toch op,' zegt hij en glimlacht net zo breed als bij onze eerste ontmoeting. 'Mensen kopen de hele tijd. Ze zijn er gek op om naar producten te kijken, en meestal houden ze van reclame, die langzamerhand entertainment is geworden.'

Dan gaat de tengere Italiaan rechtop in zijn kantoorstoel zitten en kijkt serieuzer.

'Zoals ik je eerder al vertelde vind ik dat de neurowetenschap de samenleving in moet. Het idee om hersenscans te gebruiken om te begrijpen wat mensen leuk vinden spreekt mij aan als een eenvoudige manier om uit de ivoren torens te komen, de markt op.'

'Maar wetenschap,' dring ik aan, 'zit daar nog wel wetenschap in?' Het vakgebied heeft immers nog niet meer publicaties opgeleverd dan je op de vingers van één hand kunt tellen. Iacoboni houdt zijn hoofd wat scheef.

'Dat komt omdat dit soort studies niet geschikt is voor wetenschappelijke publicatie. Het grootste deel is niet opgezet om een biologisch probleem te verklaren maar om de houding ten aanzien van bepaalde producten te begrijpen. Maar luister eens. We weten dat mensen geen flauw idee hebben van hun eigen besluitvormingsprocessen of van hoe ze feitelijk in hun leven keuzes maken. Ze kunnen je alle mogelijke verhalen vertellen over dat ze dit of dat liever hebben, en waarom dan. Maar in werkelijkheid is er geen verband tussen hun innerlijke besluitvormingsprocessen en dat wat mensen dénken dat er gebeurt.'

Precies als bij mijn eerste bezoek hangt Iacoboni's ene hand nu halverwege zijn borst en wordt zijn stem zwaarder, haast plechtig.

'We denken,' zegt hij, 'dat neuro-onderzoek en gegevens over de hersenen menselijk gedrag veel beter kunnen voorspellen dan de eigen verklaringen van mensen.'

'Maar weten jullie eigenlijk wel in hoeverre de hersenactiviteit die jullie als positieve respons presenteren, er ook werkelijk toe zal leiden dat we eropuit gaan om de spullen te kopen?'

Even is er een korte, haast onmerkbare pauze.

'Nee. We hebben geen idee. Het zou getest kunnen worden door in verschillende delen van het land op verschillende manieren reclame te maken en dan het resultaat te bekijken, maar dat is enorm lastig uitvoerbaar.'

'Dat betekent dat de bedrijven en bureaus die stevige bedragen op tafel leggen eigenlijk niet weten wat ze geleverd krijgen,' zeg ik en vraag me gelijk af of ik niet te brutaal ben. Iacoboni lacht hard en leunt achterover.

'Ze hebben geen flauw idee maar lusten het rauw! Je moet bedenken dat al het traditionele onderzoek in de reclame puur giswerk is, dat niets met wetenschap te maken heeft.'

Ik ga brutaal door en vraag of neuromarketing niet vooral iets is dat reclamebureaus kunnen verkopen aan grote bedrijven. Iacoboni knikt nadrukkelijk en zegt: 'Helemaal mee eens.' Hij denkt zelfs dat er in de markt sprake zal zijn van een imitatie-effect.

'Er is een hype rond scanonderzoek, en als bureaus zien dat anderen het gebruiken willen ze het allemaal opeens hebben, want ze zijn bang om achter te blijven.'

Dan wordt Iacoboni weer serieus.

'Nee, we weten niet of concreet gedrag samenhangt met wat we in de hersenen zien. Zelfs bij de klassieke Pepsi-test van Montague bekijkt hij subtiele zaken. Weet hij of het de branding is, waardoor Coke verkoopt? Nee. Luister, het verschijnsel imitatie interesseert me enorm, en we weten dat mensen anderen imiteren en hun opvatting van de werkelijkheid door anderen laten beïnvloeden. Van de virtuele markt weten we bijvoorbeeld uit een neuro-economisch onderzoek dat mensen die muziek downloaden dat in hoge mate doen op basis van het besef dat anderen die muziek hebben gekozen. Dus misschien draait het niet om branding en verhalen vertellen en dat soort dingen, maar gaat het er alleen maar om of anderen dat merk of die muziek aantrekkelijk vinden.'

Nu vind ik het tijd voor een citaat van neuro-econoom George Loewenstein, waarin hij zegt dat neuromarketing net koffiedik kijken is.

'Oké, ik weet niet of ik me daarbij kan aansluiten. We kijken naar de hersenactiviteit van mensen en op basis van wat we verder nog weten over de hersenen interpreteren we de resultaten en zeggen wat die volgens ons betekenen.'

Voor de UCLA-groep ligt het belang vooral in wat ze hebben geleerd van hun wetenschappelijke studies over spiegelneuronen. Die bijzondere cellen duiken overal op.

'We weten dat spiegelneuronen cruciaal zijn voor empathie, en we denken dat die cellen op de een of andere manier achter ons vermogen zitten om ons met iemand of iets te kunnen identificeren. Als we dus activiteit zien in gebieden waar ze zitten kan dat bijdragen aan de voorspelling of iemand zich met een product identificeert,' legt Iacoboni uit.

Dat klinkt aannemelijk, maar als advocaat van de duivel moet ik toch vragen of zijn spiegelneuronen eigenlijk wel iets zeggen. Als er al identificatie optreedt, is dat slechts één onderdeel van het hele besluitvormingsproces. Ik kan me uitstekend identificeren met die mooie jonge meiden die in de reclame in snelle auto's rijden, maar dat betekent niet dat ik uit mijn leunstoel kom, naar de dichtstbijzijnde Mercedes-dealer race en mijn pinpas trek.

'Uiteraard. Daarom kijken we ook naar wat er gebeurt in de beloningssystemen en andere gebieden die indicatoren zijn voor menselijk gedrag. Maar bij enkele proeven kregen we heel duidelijke resultaten. Ik zal je iets laten zien,' zegt Iacoboni en begint te vertellen over een proef die hij en de jonge Kaplan aan het uitvoeren zijn voor een van de grote creditcardmaatschappijen.

'Ik kan je de naam zeggen, maar je mag die niet opschrijven, oké?'

Dat is helemaal oké, verzeker ik hem grootmoedig. Daarna draait hij zijn Mac een halve slag zodat ik mee kan kijken. Bij de proef, zegt Iacoboni, laat hij de personen in de scanner twee series afbeeldingen zien. Bij de ene serie staan de naam en het logo van de gehcime firma op gevels of T-shirts geplakt, en bij de andere zie je dezelfde scènes zonder logo, maar met de creditcard strategisch in beeld.

'Kijk, op de scans zie je een paar heel duidelijke plekken. Nu kijken we naar het verschil in activiteit tussen de twee situaties.

Eerst heb je de scènes met het logo, en uiteraard is er activiteit in de visuele cortex – die rode vlekken daarachter – en vrijwel nergens anders.'

Dat is duidelijk te zien – een aantal donkergrijze hersenen, elk met twee bloedrode plekken achteraan bij de nek. Ik knik. Iacoboni glimlacht bemoedigend en roept een andere reeks beelden op het scherm op.

'Wanneer ze de scènes met de creditcard zien gebeurt er iets. Er ontstaat geheel nieuwe activiteit hier frontaal in de hersenen. Dat zijn de premotorgebieden, en dat klopt ook wel, want daar zitten spiegelneuronen die actief worden als ze iets waarnemen dat kan worden vastgepakt en gebruikt. Maar voor mij betekent het ook dat de hersenen veel meer reageren op het zien van dingen dan zuivere symbolen. Dus mijn simpele advies aan bedrijven is dat ze niet alleen hun logo in de openbare ruimte moeten zetten maar dat ze hun waren, de kaart, moeten laten zien. Dat stimuleert meer.'

'Misschien zouden ze iemand moeten laten zien die de kaart gebruikt? Zou dat niet nog meer stimuleren?'

'Dat zou kunnen,' zegt Iacoboni en wordt helemaal lyrisch over de beelden. 'Dat zijn toch dramatische verschillen! Zie die vlekken eens!' Dan gaat hij verder: 'Ik houd me met neuromarketing bezig, omdat die me in staat stelt om een paar leuke onderzoeken te doen waar ik anders geen geld voor zou kunnen krijgen, en die ik niet kan publiceren in de wetenschappelijke literatuur. Maar ze kunnen inzicht gaan opleveren in de werking van de hersenen. Misschien ontdekken we iets echt belangrijks en fascinerends, wie weet.'

Hij vertelt dat hij een droom heeft waarvoor hij hoopt steun te kunnen krijgen van een paar bedrijven. Die droom is dat hij wil uitvinden welke activiteit in de hersenen een indicatie is van besluitvorming.

'Ik weet zeker dat er hersenactiviteit bestaat die het gedrag van mensen veel beter kan voorspellen dan de uitspraken waar ze zelf mee komen. Dat soort activiteit wil ik zó graag vinden. Het is een verdraaid grote opgave. Ik garandeer je dat verschillende indicatoren en verschillende factoren zullen blijken mee te spelen bij besluitvormingsprocessen, afhankelijk van waar het om gaat. Of het gaat om het kopen van een auto, om te trouwen, enzovoort. Er bestaat geen hersencentrum voor beslissingen. Maar de hersenen maken berekeningen door een verschillend beroep te doen op verschillende gebieden, dus bij sommige besluiten wegen de emoties misschien zwaarder terwijl bij andere de cognitie meer gewicht krijgt.'

Voordat hij zich helemaal in de toekomst verliest vraag ik naar zijn uitstapjes naar politieke marketing. Iacoboni, Kaplan en een van de gebroeders Freedman blijken juist bezig te zijn met een artikel dat uit precies zo'n soort onderzoek voortkomt.

'Ik zal het uitdraaien, ook al staat het interessantste hier niet in. Je kent het basisconcept. Het was midden in de campagne van 2004, die erg gepolariseerd was, en we begonnen vlak na de nominatie van Kerry in het voorjaar. We kregen geregistreerde kiezers van beide partijen te pakken, mensen die hadden besloten voor wie ze wilden stemmen. We lieten ze eerst foto's van de drie kandidaten zien – de onafhankelijke Ralph Nader was een soort controle – en daarna een Bush-reclame met indringende beelden van 11 september 2001. Daarna kregen ze opnieuw foto's van de kandidaten te zien.'

253

We bladeren het artikel door en kunnen constateren dat de gezichten van de opponenten samengaan met activiteit in de welbekende emotionele gebieden die afkeer en negatieve gevoelens aangeven. Als de proefpersonen kijken naar foto's van de kandidaat van de tegenstanders zit er ook nog vaart in een paar cognitieve controlegebieden. Die cognitieve input ontbreekt echter volledig wanneer ze hun eigen kandidaat zien.

'Dat kan zo worden uitgelegd dat ze negatieve gevoelens hebben over de tegenstander en cognitief proberen die te onderdrukken.

Of het kan zijn dat ze cognitie gebruiken om de afkeer die ze al voelen nog groter te maken. Ze bedenken wat een grote idioot de tegenstander is, of wat een hopeloos beleid hij wil voeren.'

Maar die identificatie dan waar Iacoboni voortdurend over praat, waar is die plotseling gebleven? Ik vraag of er dan helemaal niets te zien was in de gebieden met spiegelneuronen, en daarbij kom ik misschien wat spottend over.

'Ha! Ik dacht al dat je dat zou vragen. En ja, wanneer de proefpersonen hun eigen kandidaat zagen was er inderdaad een sterke respons in de orbitofrontale cortex, die wordt geassocieerd met positieve prikkels en empathie, en die anatomisch verbonden is met spiegelneuronen. Maar weet je wat er gebeurde? Tijdens het onderzoek interviewde de *New York Times* ons en maakte het experiment voorpaginanieuws. Door al die stampij moesten we drie maanden wachten totdat iedereen alles was vergeten, eer we de laatste deelnemers konden gaan zoeken.'

254 Nu zagen de beelden er heel anders uit.

'Het fascinerende aan deze sociale situaties is dat ze na verloop van tijd veranderen en niet zoals experimenten in laboratoria bevriezen. Maar goed, de campagne was in de loop van de zomer echt kwaadaardig en negatief geworden, en bij onze laatste groep zagen we geen enkele empathische respons op de eigen kandidaat. Helemaal geen antwoord van de spiegelneuronen! We deden een formele analyse tussen de twee groepen, en er was enorm veel verschil. Ik denk dat de resultaten aangeven dat negatieve campagnes mogelijk op korte termijn werken, omdat ze de empathische respons onderdrukken die mensen anders misschien bij hun eigen kandidaat hebben. Maar tegelijk geloof ik dat die strategie op de lange termijn levensgevaarlijk kan zijn, omdat die er uiteindelijk voor zorgt dat de kiezers zich helemaal van politici distantiëren. En dat willen we niet hebben, toch?'

Iacoboni krijgt het er warm van maar herstelt zich voordat zijn enthousiasme met hem op de loop gaat. Ja, ja, geeft hij toe,

voorlopig gaat het om vermoedens en afgeleiden, maar die zijn wel
interessant. Ze zorgen ervoor dat hij zin krijgt om meer politieke
onderzoeken te doen.

'Het allerliefst wil ik uitvinden wat mensen ertoe brengt om
te gaan stemmen. De Verenigde Staten hebben het kolossale en
gênante probleem dat mensen niet stemmen. Het zou extreem lastig zijn om dat experiment te organiseren, en ik heb het nog niet
gedaan. Maar het zou zeer zeker geen klassiek opgezet experiment
zijn, waarbij je een volledig geformuleerde hypothese opstelt en
die test tegen een andere. Het zouden meer open onderzoeken zijn
die draaien om het verwerven van inzicht in de werking van de
hersenen. Dat levert een onnauwkeurig beeld op, maar hoe meer
van dat soort dingen we doen, des te nauwkeurige het wordt.'

De Mac hindert blijkbaar plotseling met zijn zachte snorren,
want hij wordt dichtgeklapt en weggezet. Marco Iacoboni vat zijn
standpunt samen.

'Je kunt het zo zien. Neuromarketing is niet zozeer een onderzoeksgebied maar meer een speelplaats. Een speelplaats waar we
helemaal vrij zijn om dingen te doen en misschien stuiten op iets
wat een belangrijk nieuw inzicht kan worden. Dan kunnen we
dat gaan toetsen met klassieke academische proeven.'

Op jacht naar 'cool'

Het woord speelplaats schiet me weer te binnen als ik me later
op CalTech bevind, nu om een van Colin Camerers zakelijke
contacten te ontmoeten, Steven Quartz. Ook hij flirt met neuromarketing. Hij heeft me uitgenodigd voor een ontmoeting op een
caféterras op de campus. Kleine groepjes studenten gieten caffè
latte naar binnen onder grote canvas parasollen.

Ook over Quartz zelf hangt een waas van ontspanning. Of
'cool' is nog de beste beschrijving. In mijn tas heb ik een oud
exemplaar van de *Los Angeles Times* met zijn portret op de cover,

255

en daar lijkt hij als twee druppels water op Sting toen de zanger op zijn hoogtepunt was. De binnenkort vijfenveertigjarige professor heeft gebleekt, licht haar met wortels die een tikje donkerder zijn, precies zoveel dat het *smart* is en niet gewoon slonzig. Zijn kleren zijn bijpassend informeel en vlot genoeg om zich van de massa te onderscheiden, maar dan op een coole manier. Jeans en een nauwsluitend, gebloemd hemd dat best eens duur kon zijn. Ik heb begrepen dat Quartz ook niet in het slaperige Pasadena woont maar in het trendy Malibu, waar hij naar verluidt bijna buurman is van diverse rockartiesten en filmsterren. Als zowel filosoof als neuro-onderzoeker hoort Quartz zelf ook bij de academische *trendiness*. Bij hem geen saaie creditcards en banale logo's die aandacht krijgen, maar film en vlotte designproducten.

'Wat echt mijn interesse heeft, is hoe hersenen waarde weergeven,' bekent Quartz en onderstreept dat met een licht gebalde rechterhand. Ik merk het fraaie horloge om zijn pols op, maar op die afstand kan ik het merk niet onderscheiden.

'Ik wil graag weten hoe de hersenen ons in staat stellen om te navigeren en te ontdekken wat in onze omgeving waarde heeft; hoe ze leren om te voorspellen wat een beloning zal opleveren. Een van de grote aardverschuivingen in de ontwikkeling van de mens was het vermogen van de hersenen om waarde niet alleen te herkennen in de vorm van bruikbaarheid – stenen die bijlen kunnen worden, en planten die voedsel kunnen worden – maar ook in de vorm van sociale waarde.'

'Je bedoelt dat we producten op een sociale manier gebruiken?'

'Heel duidelijk. Opvallend genoeg ontbreekt dat element in de moderne economie, maar al in de 18e eeuw schreef Adam Smith dat economie een sociale activiteit is. Mensen voeren niet alleen economische transacties uit om in hun basisbehoeften te voorzien, maar ze gebruiken de markt in hoge mate ook sociaal. Als een manier om zichzelf te identificeren, maar ook om te laten zien dat ze tot bepaalde groepen behoren.'

De studenten achter ons staan allemaal tegelijk op en slenteren in gesloten formatie naar buiten. Ik maak van de gelegenheid gebruik om Quartz' punt aan te vullen, en zeg dat mensen erom bekend staan dat ze zichzelf binnen een rangorde plaatsen op basis van economische capaciteit. Gedragseconomische studies en onderzoek naar geluk tonen aan dat we ons meer bekommeren om ons relatieve dan om ons absolute inkomen. Het gaat er niet om wat we zelf hebben maar hoeveel we hebben vergeleken met de buren.

'Precies. We interesseren ons voor de sociale waarde van objecten. Maar hoe komt het dat die objecten een sociale waarde vertegenwoordigen? Hoe zorgen we ervoor dat bepaalde spullen ons definiëren en identificeren? We hebben nog steeds geen idee hoe de hersenen dat doen.'

Steve Quartz heeft me nadrukkelijk gezegd dat neuromarketing maar een zijspoor is binnen zijn onderzoek, maar desondanks heeft die hem veel publiciteit bezorgd. In *Seed*, een glossy en trendy Amerikaans magazine voor cultuur en wetenschap, werd hij in 2005 uitgeroepen tot een van de wetenschapsiconen van het jaar. De concrete aanleiding was hetzelfde experiment dat hem op de cover van de *Los Angeles Times* bracht, namelijk de zogenaamde coolscan, waar Quartz ook een boek over aan het schrijven is.

257

'Kunnen we daar niet wat later op terugkomen? Laat me hier even een paar hoofdlijnen uitzetten. Als je denkt in termen van hoe hersenen waarde toekennen, dan zijn marketing en reclame bij uitstek de terreinen waarop alles zich afspeelt. Tegenwoordig is de beperkende factor niet het aanbod aan producten. Zoals Daniel Bell al in 1976 schreef in zijn essay '*The Cultural Contradictions of Capitalism*' leven we voor het eerst in een economie die niet is gericht op het vullen van magen maar op het onderhouden van leefstijlen. Functioneel gezien zijn de moderne producten gelijk. Ze kunnen hetzelfde; waarin ze verschillen is hoe wij ze sociaal gebruiken. Neem een verschijnsel als een merk. Wat is een merk?

Het is een sociaal onderscheid dat we creëren als een product niet verschilt van andere.'

'Met andere woorden, de essentie van het colaexperiment van Montague?'

'Ja. Cola is bruin suikerwater, en de hersenen zien daar niet veel verschil in totdat de gegevens over het merk erbij komen. Dan zien de hersenen opeens enorm veel verschil.'

Zoals gezegd heeft Steve Quartz een stuk gereedschap ontwikkeld – en met succes op de markt gebracht – om voorfilms te onderzoeken door middel van MRI-scans van het publiek. Als iemand echter zou suggeren dat neuromarketing een ietwat verdacht vakgebied is, waar een stel slimme onderzoekers probeert snel geld te verdienen, zou hij zijn voorhoofd fronsen. Nee, het is een terrein waarop neuro-onderzoekers zich vanzelfsprekend moeten bewegen, want het kan een paar interessante vragen beantwoorden.

258   'Mij gaat het meer om fundamentele onderzoeksvragen dan om een commerciële toepassing. We hebben het over omstandigheden die het moderne economische leven bepalen. De markt is de plek waar we al deze sociale signalen met elkaar uitwisselen, en we snappen echt maar heel weinig van wat er op een fundamenteel neurologisch niveau gebeurt. In laatste instantie gaan mijn experimenten over onderzoek naar hoe mensen objecten sociaal waarderen.'

'Zoals de coolexperimenten,' zeg ik, opdat we dat niet vergeten. 'Ja, ja, dat is duidelijk,' zegt Quartz en knikt. 'Die experimenten proberen om dichter bij die ondefinieerbare eigenschap te komen dat iets "vet", "cool" is.'

Het experiment, dat Quartz samen met de Zweedse ontwerper Anette Asp uitvoert, is op zichzelf simpel uitgedacht. Een groep mensen – vrouwen, mannen, jong en oud – mocht zijn houding bepalen ten aanzien van een serie designproducten, maar ook van een reeks bekende personen uit de culturele sfeer. De vraag was of er een of andere gemeenschappelijke factor is die zich bij onze beoordeling van zowel dingen als mensen laat gelden. En dat lijkt er wel op.

Praktisch gezien verliep het zo: een groep trendvolgende designstudenten mocht bijna vijftig welbekende voorwerpen uitkiezen die ze al dan niet cool vonden. Dat waren voorwerpen als de alomtegenwoordige Louis Vuitton-tas, diverse Prada-spullen, een Aeron-kantoorstoel, een iPod, een gewone Ford Escort en een hoop andere herkenbare producten. Op eenzelfde manier stelden ze ook een lijst samen van bekende personen met verschillende profielen, van acteurs als Uma Thurman en Al Pacino via homoicoon Barbara Streisand tot crooners als Michael Bolton en Barry Manilow.

Op een vragenlijst van veertien pagina's mochten de proefpersonen voorwerpen en personen beoordelen op een coolschaal van 1 tot 5, en vervolgens gingen ze de scanner in om naar plaatjes te kijken. Alle voorwerpen en personen werden een voor een op de schermbrillen geprojecteerd, terwijl de onderzoekers de hersenactiviteit maten die eventueel werd opgeroepen. Nu zou je misschien denken dat dat eenvoudige sensaties van afschuw of waardering zijn, die huizen in klassieke emotionele gebieden als het ventrale striatum met al zijn dopamine en die trouwe amygdala. Maar nee. Wel was er activiteit in meer geraffineerde circuits en gebieden die met complexe verschijnselen als zelfinschatting, zelfbeeld en identiteit worden geassocieerd. Dat waren delen van de mediale prefrontale cortex die ook al van zich hadden laten horen bij het colaexperiment, en vooral Brodmanngebied nr. 10, zoals het zo onromantisch heet.

'Dit resultaat past goed bij het idee dat elk afzonderlijk product in bepaald opzicht door je sociale zelf wordt geabsorbeerd,' zegt Quartz. 'Wanneer je het beoordeelt denk je dus aan jezelf in sociale situaties samen met dat product, en aan hoe het je status en de kijk van anderen op jou zou beïnvloeden.'

Het lijkt erop dat bekende personen in onze hersenen de status van een soort product hebben. In elk geval hadden ze vooral activiteit in het Brodmanngebied gemeen. Hoe meer ze als cool werden ervaren, des te meer activiteit.

'Bij sommigen,' zegt Quartz. 'Maar nadat ongeveer twintig proefpersonen door de scanner waren geweest zagen we een interessant patroon in wat wel en wat geen activiteit opriep. Het verrassende was dat er twee grote groepen proefpersonen waren, waarvan de ene zich sterk identificeerde met hooggeplaatste voorwerpen en personen, en de andere omgekeerd veel sterker reageerde op voorwerpen en mensen die de betreffende proefpersoon als negatief beschouwde. Hun Brodmanngebied knalde erop los wanneer ze een paar lompe schoenen zagen en een geretoucheerde foto van Barry Manilow.'

Bij Quartz en Asp kreeg die laatste groep de aanduiding 'uncool', terwijl hun tegenpolen de 'cool fools' waren. De onderzoekers hebben een theorie dat de twee groepen elk door iets anders worden aangestuurd in hun verhouding tot producten, namelijk door respectievelijk angst om gênant en stijlloos te lijken, en verlangen om trendy te lijken.

'Natuurlijk zijn er ook mensen die in het midden zitten en niet erg sterk reageren. Vermoedelijk mensen die het niet zo zwaar opvatten,' zegt Quartz.

'Maar hoe zit het met de spiegelneuronen van al deze mensen. Was daar geen activiteit?'

'Nou nee… niet echt significant.'

'Maar ik heb net gesproken met Marco Iacoboni, en hij beschouwt spiegelneuronen als cruciaal voor identificatie. Zeggen jullie verschillende resultaten niet dat dit verschijnsel heel lastig te interpreteren is?'

Nu flikkeren de blauwe ogen eventjes, en dan zegt Steve Quartz: 'Ja, dat kan je wel zeggen. In die paar artikelen die gepubliceerd zijn zie je ook dat er veel afstand zit tussen resultaten enerzijds en discussie en conclusie anderzijds. Vaak zijn meerdere interpretaties van de resultaten mogelijk. Daarbij komt nog dat veel hersenstructuren bij meerdere functies betrokken zijn, en soms kunnen ze meedoen met nogal abstracte verschijnselen die lastig te doorgronden zijn. Neem bijvoorbeeld de amygdala. Die werd lang uitsluitend geassocieerd met angst, omdat hij bij angstexperimenten altijd oplichtte. Maar later ontdekte men dat hij ook bij vreugde betrokken kan zijn, en tegenwoordig wordt gedacht dat de amygdala vermoedelijk te maken heeft met emotionele schommelingen in het algemeen. Hij wordt actief als prikkels hetzij positief, hetzij negatief zijn en dus níet neutraal.'

Steven Quartz leunt achterover in zijn caféstoel. 'Maar dit is allemaal nog maar eerstegeneratieonderzoek...'

Een andere draai aan de coolexperimenten is gegeven door te kijken in hoeverre de zeer verschillende reactiepatronen in de hersenen verschillende persoonlijkheden weerspiegelen. Sommige onderzoeken hebben uitgewezen dat de hersenen van sommige mensen gevoeliger zijn voor positieve informatie, terwijl anderen eerder worden getriggerd door iets negatiefs. Men spreekt van positieve en negatieve *priming*. Quartz en zijn team hebben hun proefpersonen door grondige persoonlijkheidstests geloodst en zijn nu bezig te analyseren of er consistente patronen en verbanden zijn.

Mensen die vol schrik reageren als ze worden ontmaskerd met Barry Manilow of stijlloze producten, zouden bijvoorbeeld introverte neuroten kunnen zijn. En misschien zijn modebewuste cool fools vooral te vinden onder de extraverte en zorgeloze types van deze wereld. In een nog later stadium zou onderzocht kunnen worden of de houding van een individu kan worden gewijzigd, en hoe dan. De antwoorden komen in het langverwachte boek, dat zich zal richten op een breed publiek, maar er moeten ook wetenschappelijke artikelen uit voortkomen, zegt Quartz. Al geeft hij toe dat voor dat laatste een aantal hindernissen overwonnen moeten worden.

'In dit milieu heerst een cultuur die voorschrijft dat onderzoek over dagelijkse zaken bijna een besmette vorm van wetenschap is.

261

Maar ik meen heel serieus dat dergelijk onderzoek belangrijk is voor onze economische zelfkennis.'

'Het baart je dus geen zorgen dat jij als wetenschapper een handreiking doet naar mensen die ons allemaal alleen maar een stel producten door de strot willen duwen?'

'De verkoop van producten interesseert me geen moer. Mijn voornaamste motivatie is het begrijpen van het proces. Weet je, als deze studies op den duur uitlopen op iets commercieel interessants, dan geloof ik niet dat dat bij marketing van zeeppoeder of hondenriemen zal gebeuren. Eerder op het gebied van design. Denk maar na: hoe maak je producten die voor mensen aantrekkelijk zijn, wat is goed design? Het gaat om perceptie en om ervaringen tijdens de interactie met voorwerpen, en daar kun je met neuro-onderzoek in duiken.'

'Maar is dat iets wat kan voortkomen uit jullie onderzoek?'

'Misschien. We hebben er in elk geval met designers over gesproken, en we hebben samengewerkt met mensen van een grote designopleiding in de Verenigde Staten. We delibereerden over hoe neuro-onderzoek zou kunnen worden ingebed in design, en zij stonden daar erg open voor.'

Steve Quartz strijkt langzaam met zijn hand door zijn haar en knijpt zijn ogen dicht tegen de zon, die onder onze parasol kruipt.

'Ik denk dat de volgende grote stap zal komen als het vakgebied meer geïntegreerd raakt in de sociale neurowetenschap,' verkondigt hij dan. En ik bedenk: als het sociale aspect zo vooropstaat in de hoofden van de onderzoekers, is dat weer een aanwijzing dat de individualistische golf over zijn hoogtepunt heen is. In Europa praten reclamemensen en trendvolgers over tekenen van een keerpunt in de freewheelmaatschappij. We zien in dat openlijk materialisme en de intense ik-cultus niet gelukkig maken, en we gaan weer terug naar iets wat meer op 'wij' gericht is.

'Kijk, in de jaren zestig en zeventig bestond er een sterke stroming van een tegencultuur waarin het collectieve nog iets

betekende en serieus genomen werd. Toen kwamen de jaren
tachtig en negentig, waarin het individu werd gecultiveerd en we
ironisch waren. Nu ontdekken mensen geleidelijk aan dat er niets
mis is met serieuzer zijn en meer sociaal verantwoordelijk, en ik
denk dat dat tot op zekere hoogte komt doordat ze de ecologische
crisis om de hoek zien komen. Maar het ligt ook in onze aard.
De hersenen hebben een paar diepgewortelde mechanismen om
sociale verbanden en gemeenschappen op te zoeken.'

'Kan neuro-onderzoek naar sociale aspecten van onze houding
een rol spelen bij het tot stand brengen van veranderingen?'

'Ik denk dat het kan, mits dergelijk onderzoek kan helpen bij
het articuleren van de sociale behoeften, en het mensen zover kan
krijgen dat ze die beter begrijpen. Heel concreet geloof ik bijvoorbeeld dat dit de volgende stap zal zijn: dat het soort onderzoek
waarover ik het had bedrijven zal kunnen helpen om producten te
maken die niet alleen een acute behoefte bevredigen maar die ook
een rol spelen bij het samenbinden van mensen.'

263

'Hoe dan?'

'Voorbeelden die ik hier voortdurend zie zijn de zeer zuinige
Toyota Prius en die gele plastic Lance Armstrong- armband. Al
ver terug in de prehistorie waren er artefacten als emblemen die
mensen in gemeenschappen samenbonden en die een sociale betekenis hadden. Nu komt dat langzamerhand in producten terug,
en het zal nog veel sterker worden.'

'Dus de Prius met zijn milieuvriendelijke profiel creëert een
soort gemeenschap, het is een stammenauto?'

'Ja maar, zo is het! Een Prius-eigenaar probeert je altijd over
zijn wagen te vertellen, en je merkt dat hij je graag voor de goede
zaak wil winnen.'

'De Prius-missie dus. Liggen daar niet paralellen met religie?'

'Ja, die zijn er. In een seculiere wereld kunnen producten precies dezelfde gevoelens en mechanismen aanspreken.'

'Je identiteit en je gevoelens huizen in je spullen?'

'In een bepaald opzicht zijn we wat we kopen, niet? En als die identiteit berust op een diepere moraal, iets met essentiële waarden, dan wordt ze nog krachtiger.'

Terwijl ik onder de parasol het restje van mijn ijscappuccino opslurp, slentert Steven Quartz langs de kronkelende campuspaden weg naar zijn kantoor. Ik bedenk me hoe passend het is dat juist hij is uitgeroepen tot wetenschapsicoon. Die peroxidefilosoof ís een soort verkondiger van nieuwe tijden. Zowel Quartz als de glimlachende Iacoboni in Los Angeles is een levende illustratie van hoe de natuurwetenschappen, die vroeger binnenskamers bleven in hun eigen universitaire rijkje, nu bezig zijn hun territorium uit te breiden. Ze verspreiden zich onbekommerd naar de overige maatschappelijke sectoren.

De ivoren torens staan leeg en verlaten terwijl de onderzoekers zich alliëren met de industrie en het bedrijfsleven. Dat deden ze natuurlijk al lang, maar nu tekenen zich de contouren af van een nieuw samenwerkingsmodel. Het gaat niet langer om traditionele productietrajecten, waarbij onderzoekers kennis produceren die ze dan aan de hoogste bieder verkopen. Nee, kennisproductie is nu van meet af aan volledig geïntegreerd in het dagelijkse leven, dat tegelijk ook afnemer is. Het hersenonderzoek is een perfect voorbeeld. Hier staan alle mogelijke belanghebbenden klaar om zelf experimenten voor te stellen en nieuwe onderzoeksgebieden te definiëren.

Marketing en branding lopen vrolijk voorop, en niet ver daarachter komt onder andere de managementwereld. Op amper honderd meter van het gebouw waar Marco Iacoboni op UCLA 'speelt' met neuromarketing, werkt psychiater Jeffrey Schwartz met wat hij 'neuromanagement' noemt. Schwartz kreeg in eerste instantie bekendheid door het ontwikkelen van cognitieve behandelmethoden voor mensen met dwanggedachten en dwanghandelingen. Zijn werk met het wijzigen van denkpatronen van zieke mensen voerde hem rechtstreeks naar de consultancy. Management, begreep de psychiater, gaat ook over het beïnvloeden van denk- patronen, en het kon best een cognitieve oppepper gebruiken.

De gedachte achter 'neuromanagement' is dat problemen bin- nen bedrijven en organisaties voortaan moeten worden aangepakt met neurowetenschappelijke methoden. Niet langer de schoolboe- ken van de heao, maar kennis over hersenfuncties moet vragen beantwoorden over het doorvoeren van veranderingen. Inzicht in hersenprocessen geeft ons aanwijzingen hoe het leervermogen van medewerkers kan worden versneld, hoe we in onzekere situaties leiding moeten geven, en hoe mensen een stortvloed aan informa- tie kunnen verwerken om betere besluiten te kunnen nemen.

Langzamerhand komt er vaart in. In mei 2007 vond de eerste internationale topontmoeting over *NeuroLeadership* plaats in Asolo in Italië. Hier kon men niet alleen genieten van goed eten en het spectaculaire Noord-Italiaanse landschap, maar zich ook in gezel- schap weten van 'een exclusieve groep eminente denkers, onder- zoekers en zakenmensen'. Samen met hen kon men getuige zijn van 'het ontstaan van een nieuwe discipline en het creëren van nieuwe verbanden die nieuw onderzoek, nieuwe gereedschappen en nieuwe denkwijzen over leidinggeven zullen definiëren'.

Nieuw, nieuw, nieuw en allemaal geconcentreerd op de her- senen. Als alle nieuwe vakgebieden met 'neuro' als eerste letter- grepen íéts aangeven, dan is het wel de weg naar de neuromaat- schappij. Een maatschappij waarin onze hersenen op alle mogelijke gebieden en in alle mogelijke verbanden een rol spelen. Hersenen worden de grote gemeenschappelijke noemer.

Hoofdstuk 8

anatomie van een leugen

Waar mensen zijn, daar zijn leugens. Zoals gezegd heeft ons vermogen tot bedrog zich volgens de theorie van de machiavellistische intelligentie ontwikkeld door de sociale manier van leven van onze voorouders. Dat vermogen werd verfijnd naarmate hun primatenhersenen groeiden en complexere structuren kregen. Onderzoek naar onze naaste verwanten, de apen, suggereert dat het vooral gaat om de – evolutionair gezien – jongste delen van de hersenen. Dat zijn de uiterst kronkelige millimeters die de neocortex worden genoemd en die bij ons bijna 80 procent van het hele hersenvolume uitmaken. De Schotse primatoloog Richard Byrne van de University of St. Andrews heeft samen met zijn partner Nadia Corp hersenen en gedrag van achttien soorten primaten onderzocht. Ze vonden opvallende correlaties. Hoe groter de neocortex, des te vaker en handiger de dieren in het dagelijkse leven hun soortgenoten bedriegen.

Homo sapiens liegt doorlopend. Als individu ontdekken we het bestaan van de leugen wanneer we drie of vier jaar zijn, en vanaf dat moment is hij een natuurlijke handlanger; weinigen kunnen zich een leven zonder leugen voorstellen.

Ook een moderne en goed functionerende samenleving is niet echt voorstelbaar zonder leugens. Bedrog heeft weliswaar een slechte naam, maar in de praktijk fungeert het als een soort smeerolie die de grote maatschappelijke machine met al zijn tandwielen en hun onderlinge relaties laat draaien. Als we op het werk of thuis alleen maar de waarheid en niets dan de waarheid zouden spreken, zouden we heel snel zonder baan of familie zitten. Als politici ronduit zouden zeggen wat ze bedoelden en hun ambities en plannen met de macht eerlijk zouden presenteren, kregen ze die macht nooit.

Zelfs de taal weerspiegelt de doorslaggevende rol van de leugen. Er is maar één term voor de waarheid, maar de leugen heeft heel veel namen – ongeveer dertig synoniemen in het Nederlands en maar liefst 112 in het Engels. Dat komt natuurlijk omdat de leugen een overvloed aan nuances en facetten kent. Hij kan zwart en zondig zijn en groot lijden veroorzaken, maar hij kan er ook een van het witte soort zijn, waarbij bedrog misschien helpt om anderen te beschermen of blij te maken. In het spanningsgebied tussen die twee polen zitten talloze grijstinten.

269

Er bestaat vrijwel geen religie die de leugen goedkeurt, maar als je bijvoorbeeld de Bijbel leest zie je begrip voor hoe fundamenteel en diep menselijk hij is. Hij verscheen al in het scheppingsverhaal op het toneel, toen Adam en Eva zoals bekend tegen hun schepper logen zodra ze een hap van de boom van goed en kwaad hadden geproefd. Ook hun zoon Kaïn hield zich niet in toen hij zijn geliefde broer Abel had doodgeslagen en Jahwe wilde weten waar de jongen was. 'Dat weet ik niet,' antwoordde Kaïn, 'ben ik mijn broeders hoeder?' In beide gevallen werd de leugen naar behoren bestraft, en vaders hamer sloeg prompt en hard. Adam en Eva werden verbannen vanuit een paradijselijk bestaan naar een armzalig aards leven, en Kaïn werd veroordeeld tot een bestaan als rusteloze vluchteling onder vreemden. God had alles gezien.

Die truc hoopt men nu met een eenvoudige hersenscan te kunnen nadoen. Gedachtig het devies: 'Jij liegt misschien wel, maar je
hersenen niet', werkt een aantal onderzoekers aan de ontwikkeling
van zowel MRI- als e.e.g.-technologie om een echte leugendetector
te maken. In de Verenigde Staten bestaan al twee commerciële
ondernemingen die om een marktaandeel strijden, er is belangstelling in het buitenland voor hun product, en onder advocaten en
rechters woedt het debat of het goed of slecht is om rechtstreeks in
de werkplaats te kunnen kijken waar leugens worden gemaakt.

Een betrouwbare methode om leugens en bedrog te kunnen
onthullen is natuurlijk een oeroude droom. Alle culturen hadden
hun eigen huismiddeltjes en meningen over hoe je zondaars kunt
identificeren. In het middeleeuwse Europa werden mensen die van
hekserij werden beschuldigd bijvoorbeeld in een zak gebonden
en in het water gegooid; zonken en verdronken ze, dan waren ze
onschuldig, bleven ze drijven dan waren ze schuldig en moesten
ze meteen worden verbrand. In het oude China was het gebruike-
lijk om de mond van een verdachte te vullen met rijstkorrels. Die
moest hij binnenhouden terwijl de aanklager zijn verhaal hield,
en als de rijst na afloop van het verhaal nog steeds droog was, was
de betreffende persoon onschuldig. Men zag speekselproductie
namelijk aan voor een teken van angst. Ook in West-Afrika gokte
men op nervositeit, want men liet verdachten eieren naar elkaar
overgooien. Wie het ei niet kon vangen maar liet vallen deed dat
uit angst voor ontmaskering en was dus schuldig.

Eigenlijk ligt hetzelfde principe een beetje ten grondslag aan
het apparaat dat wij als leugendetector kennen, de zogeheten polygraaf. De polygraaf registreert een reeks fysiologische parameters
die onwillekeurig veranderen wanneer we nerveus en gespannen
zijn. Bloeddruk, zweten, hartritme en het geleidingsvermogen
van de huid, dat weer de zweetproductie weerspiegelt: ze worden
allemaal gecontroleerd door het autonome zenuwstelsel. Bij een
polygraaftest wordt de geteste persoon blootgesteld aan een breed

scala aan vragen, waarvan sommige neutraal zijn en andere refe-
reren aan het onderwerp waarvan men wil testen of de persoon er
iets van afweet. Vervolgens worden de grafieken van de fysiologische parameters geanalyseerd en geïnterpreteerd door mensen met
ervaring op dat gebied.

De polygraaf is een Amerikaanse uitvinding met wortels die
terugreiken tot 1913. Hij wordt niet veel in Europa gebruikt,
aangezien veel Europese landen hem niet als betrouwbaar bewijsmateriaal beschouwen. In de Verenigde Staten wordt hij echter
ongelimiteerd gebruikt door advocaten, aanklagers en de politie,
en volgens een uitspraak van het Hooggerechtshof is het aan de individuele rechter om te bepalen of polygraafgegevens in een recht-
zaak als bewijs mogen worden gebruikt. De machine wordt vaak
gebruikt bij voogdijzaken en wordt vrijwel altijd van stal gehaald
als er moet worden beoordeeld of een zedendelinquent met proefverlof kan of op vrije voeten kan worden gesteld. Dat laatste heeft
misschien de Britten geïnspireerd. In elk geval introduceerde de
Britse regering in 2005 een wet die het voor veroordeelde pedofielen verplicht maakt om een leugendetectortest te doen voordat ze
eventueel op proefverlof kunnen.

Inmiddels ligt de leugendetector hevig onder vuur; hij zou on-
deugdelijk zijn. Er zijn zelfs verenigingen opgericht – zoals Anti-
Polygraph.org – die ijveren voor de afschaffing van het apparaat
op grond van het ontbreken van een wetenschappelijke onderbouwing. Als hij tekenen van nervositeit registreert, kan dat net zo
goed een uitdrukking zijn van angst voor de test zelf als een aanwijzing voor een slecht geweten, beweren de tegenstanders. Ook
kun je leren om die signalen te beheersen ondanks je schuld. Er is
een lange reeks zaken bekend van beruchte criminelen – van spi-
onnen tot seriemoordenaars – die een detectortest met glans hebben doorstaan en hun carrière nog een tijd lang hebben voortgezet.

De polygraaf meet wat de toestand binnen in het lichaam is,
maar er zijn ook hardnekkige pogingen om bedrog aan de

271

buitenkant van het lichaam af te lezen. De psycholoog Paul Ekman, die tegenwoordig emeritus professor is bij de University of California San Francisco, heeft het grootste deel van zijn carrière besteed aan het verwerven van expertise op het gebied van de weerspiegeling van de leugen in gezichtsuitdrukkingen. Hij heeft een Facial Action Coding System uitgewerkt, dat de duizenden genuanceerde gezichtsuitdrukkingen categoriseert die met combinaties van de 43 onafhankelijke gelaatsspieren kunnen worden gevormd. Dat zijn gezichtsuitdrukkingen die zich minder dan een halve seconde voordoen en die een tegenstelling onthullen tussen wat we zeggen en wat we voelen. Als die uitdrukkingen worden gelezen aan de hand van Ekmans codesysteem en worden vergeleken met de overige lichaamstaal, dan zou je bedrog van verre kunnen herkennen.

Ekman beweert zelf dat zijn systeem door iedereen kan worden geleerd – voor 35.000 dollar geeft de professor vijfdaagse workshops – en dat je na een grondige training andermans leugens met een waarschijnlijkheid van 95 procent kunt ontdekken. In de loop der jaren zijn het idee en de lesmethode aangekocht door onder andere Amerikaanse ambassades, inlichtingendiensten en politiekringen, die hun personeel trainen in het identificeren van en alert zijn op potentiële leugenaars.

Maar zowel de polygraaf als het lezen van gezichten werkt van buiten. De nieuwe scanmethoden hebben de hoop aangewakkerd om voorbij indirecte metingen tot bij de bron van de leugen zelf te kunnen komen, namelijk de hersenen. Inderdaad zijn de ontwikkelingen verbazend snel gegaan. De eerste proeven werden rond de millenniumwisseling ondernomen door psychiater Daniel Langleben. Die was destijds verbonden aan Stanford University en eigenlijk bezig met een onderzoek naar de werking van bepaalde soorten medicamenten op de hersenen van hyperactieve kinderen. Tijdens zijn werk stuitte hij toevallig op een theorie dat deze kinderen als bijwerking van hun ziekte maar heel moeilijk konden liegen. Hij merkte dat de hyperactieve kinderen die hij kende uitste-

272

kend konden liegen. Maar ze konden wel zo nu en dan problemen hebben met het verzwijgen van de waarheid, en dat bezorgde hun problemen in sociale situaties. Langleben kwam op het idee om nader te kijken naar de diverse ontwikkelingsstadia van leugens.

Zijn theorie was dat we een aantal onafhankelijke mentale handelingen moeten verrichten om een leugen te kunnen vertellen. Enerzijds moeten de hersenen voorkomen dat de waarheid naar buiten glipt, en anderzijds moeten ze de leugen zelf samenstellen en de wijde wereld in sturen in plaats van de waarheid. Langleben meende dat die dubbele boekhouding op een hersenscan waar te nemen zou zijn als activiteit in verschillende circuits. Met andere woorden, de leugen zou een fysiologisch spoor moeten achterlaten.

Om zijn idee te testen riep hij geen hyperactieve kinderen op, maar gewone studenten die instructies kregen om te liegen over een bepaalde speelkaart. Ze kregen een klavervijf in een enveloppe en gingen daarna de MRI-scanner in. Daar moesten ze op een knop met 'ja' of 'nee' drukken terwijl een serie speelkaarten een voor een op een scherm werden getoond. Ze hadden van tevoren te horen gekregen dat ze twintig dollar zouden winnen als ze zó overtuigend zouden liegen dat de machine ze niet zou betrappen. Maar zoals te lezen valt in het artikel dat later werd gepubliceerd, bakten de studenten er weinig van.[45] Zelfs hun onschuldige kaartleugentje liet een duidelijke afdruk achter.

Wat de onderzoekers onmiddellijk opviel was dat een leugen leidde tot verhoogde activiteit in de hele prefrontale cortex, een aanwijzing dat het meer denkwerk en cognitieve arbeid kostte om te liegen dan om de waarheid te zeggen. Er waren ook speciale gebieden die eruit sprongen. De onderzoekers hechtten vooral veel belang aan de cortex cingularis anterior, waarvan de functie nog discutabel is maar die vermoedelijk een rol speelt bij het verwerken van tegenstrijdige informatie. In elk geval wordt hij ook uiterst actief bij de klassieke Stroop-test, waarbij mensen een reeks woorden voorgelegd krijgen die een bepaalde kleur beschrijven maar die

273

geschreven zijn in een andere kleur. Wanneer de proefpersonen het verzoek krijgen om te zeggen welke kleur de inkt heeft, klungelen ze daar vaak mee en zeggen in plaats daarvan het woord dat geschreven staat, en terwijl ze dat doen staat hun cortex cingularis anterior in de alarmstand.

Daniel Langleben raakte geboeid, en toen hij verhuisde naar de University of Pennsylvania zette hij zijn werk met gemodificeerde leugenscenario's voort. Bij zijn volgende experiment konden de deelnemers kiezen tussen twee kaarten, zoals ze ook zelf konden kiezen of ze tegen die aardige onderzoekers wilden liegen. In grote lijnen was het resultaat gelijk – delen van de hersenschors onthulden of er werd gelogen – maar minder duidelijk was of de anatomie van de leugen nu helder in kaart was gebracht. Intussen had het leugenthema belangstelling gewekt, en onderzoekers in Groot-Brittannië en HongKong publiceerden ieder hun eigen onafhankelijke studies van de leugen. Die wezen allemaal uit dat er bij alle proefpersonen een duidelijk verschil was tussen leugen en waarheid. Maar de experimenten waren allemaal een tikje verschillend van opzet, en ook waren er bij de geteste personen verschillen in welke delen van de hersenschors nou precies tijdens de oefening in actie kwamen.

In Harvard was de psycholoog Stephen Kosslyn begonnen over de zaak na te denken, en hij meende dat het voorlopige plaatje veel te simpel was om de werkelijkheid te kunnen weergeven. Leugens en bedrog kunnen oneindig veel gedaanten aannemen, en het ligt niet voor de hand dat de hersenen die allemaal gelijk zouden behandelen. Een spontaan leugentje ophoesten voelt immers heel anders dan een zorgvuldig voorbereide valse verklaring afleggen.

Dat was precies wat Kosslyn nader ging bekijken. Hij wilde de resultaten van experimenten met spontane leugens à la Langleben rechtstreeks vergelijken met die met ingestudeerde verhalen, waarvoor zijn proefpersonen ruim de tijd kregen om ze te leren.

274

Concreet gezegd begonnen ze de proef met hun eigen verslag van een vakantie, dat ze in opdracht van Kosslyn op bepaalde punten moesten veranderen. Hij verplaatste de vakantie misschien naar een andere locatie en voorzag de reizigers van een fictieve metgezel. Na enkele uren repeteren gingen de in totaal twintig vrijwillige leugenaars vervolgens de scanner in, waar ze vragen beantwoordden over hun vakantiebelevenissen.

Precies zoals Kosslyn al had vermoed waren er verschillen tussen de twee soorten leugens.[46] Onder andere bleek duidelijk dat bij de ingestudeerde leugens de cortex cingularis anterior totaal niet in dezelfde mate betrokken was als bij spontaan bedrog. Tegelijk waren er opvallende verschillen in de manier waarop het geheugen erbij werd ingeschakeld. Bij de twee scenario's speelden namelijk verschillende delen van de frontale cortex een rol, en de patronen pasten uitstekend bij een situatie waarbij de persoon een beroep deed op verschillende soorten geheugen. Als iemand spontaan en recht voor z'n raap loog was er activiteit in gebieden die worden geassocieerd met wat het werkgeheugen wordt genoemd, en tot voor kort het kortetermijngeheugen heette. Dit is een geheel aan structuren en processen die het ons mogelijk maken om tijdelijk informatie vast te houden en te manipuleren. In computertaal: een soort mentaal RAM. Bij de ingestudeerde leugen had men echter het episodische geheugen te pakken, wat betekent dat mensen werkelijke herinneringen aan situaties uit de mentale voorraadkast tevoorschijn halen.

Bezien door Stephen Kosslyns bril zijn de onderzoekers alleen nog maar aan het buitenste glazuur op de taart van de leugen aan het krabben. Hij argumenteert dat voor een goed begrip van het verschijnsel veel intensiever onderzoek nodig is, waarbij het probleem vanuit veel verschillende kanten wordt benaderd. Volgens Kosslyn is het een vereiste voor de verwerving van reëel inzicht in het mechanisme van de leugen dat we dieper duiken in fundamentele verschijnselen als het geheugen en de zintuigen.

275

Terwijl Kosslyn langs complexe lijnen dacht groeide de belangstelling voor leugens intussen tot voorbij het academische. Nadat
het onderwerp eerst een lage prioriteit had gehad en haast vergeten
was, gingen bij het Amerikaanse leger in het kielzog van de ramp
in New York in 2001 de ogen wijd open. Nu was het opeens van
het grootste belang om de betrouwbaarheid van bronnen en uitspraken te kunnen beoordelen, maar helaas ontbrak daarvoor het
gereedschap. Dat punt werd nog eens stevig ingewreven in 2003,
toen de National Research Council haar rapport *The Polygraph and
Lie Detection* uitbracht. Men had een reeks onafhankelijke onderzoekers gevraagd om de leugendetectorresultaten van tientallen
jaren door te lopen, afkomstig van onder andere de FBI, en de
experts stelden vast dat de polygraaf ongeschikt is voor zijn taak.
De onderzoekers wezen er ook op dat de inlichtingendiensten, die
de polygraaf zo intensief hadden gebruikt, er niet in waren ge-
slaagd om een wetenschappelijke basis te ontwikkelen voor welke
fysiologische vorm van leugendetectie dan ook. Zoals de leider
van het onderzoek, Stephen Fienberg, over de polygraaf opmerkte:
'Nationale veiligheid is te belangrijk om haar over te laten aan een
dergelijk suf instrument.'

Goede raad was duur – en het was onder andere het Department of Defense Polygraph Institute, kortweg DODPI, dat moest
betalen. Na het – voor de polygraaf – trieste rapport werden alle
onderzoekers van de natie uitgenodigd om met voorstellen te komen voor projecten op het gebied van leugendetectie. Daarbij nam
het DODPI aan dat hersenen de toekomst hadden.

Nadien volgden ook het Department of Homeland Security
en de Defense Avanced Research Projects Agency (Darpa), en
ze trokken hun beurzen voor onderzoek naar de leugen. Darpa
ondersteunde onder anderen Daniel Langleben, die al snel na zijn
eerste studies besloot om wetenschappelijke spitsvondigheid op
een laag pitje te zetten en keihard in te zetten op de ontwikkeling
van een functionele leugendetector.

Met de ervaringen met de polygraaf in gedachten richtte hij zich onder andere op het creëren van een methode die vrij was van subjectieve interpretatie, oftewel een manier van dataverwerking waarbij geen mensen waren betrokken. Dat bereikte hij door algoritmen te ontwikkelen die konden zeggen wanneer een persoon in de scanner loog, en wanneer hij of zij antwoordde overeenkomstig de waarheid. Andrew Kozel van de Medical University of South Carolina kreeg hetzelfde idee, en in 2003 publiceerde hij zijn eigen algoritmen. Die konden tijdens gecontroleerde proeven een leugen van de waarheid onderscheiden. In beide gevallen ging het om computerprogramma's die zonder tussenpersoon gegevens van MRI-scanners over hersenactiviteit konden analyseren en aangeven waar er achter die activiteit leugens schuilgingen.

Gaandeweg belandden al deze deelresultaten als kleine berichtjes in de media, maar in 2006 brak het onderwerp serieus door en werd het breed uitgemeten in hoofdartikelen en reportages. De grote Amerikaanse kranten en tijdschriften concurreerden met elkaar om van het front te berichten en hun journalisten bij de betrokken onderzoeksteams in de scanners te krijgen. Wat vooral nieuwsgierigheid wekte was ongetwijfeld de nieuwigheid dat er nu twee particuliere bedrijven stonden te trappelen om een product op de markt te brengen. Het patent en de technologie van Andrew Kozel waren beland bij het bedrijf Cephos, terwijl de kennis en algoritmen van Langleben waren opgekocht door een bedrijf met de opzienbarende naam No Lie MRI.

Volgens het DODPI zijn er tegenwoordig alleen al in de Verenigde Staten rond de vijftig laboratoria op de een of andere manier bezig met het begrijpen en detecteren van leugens. Daarbij speelt niet alleen fMRI-technologie een rol, maar onder andere ook diverse vormen van e.e.g. Psychologe Jennifer Vendemia van de University of South Carolina heeft bijvoorbeeld de laatste paar jaar – met vijf miljoen dollar van het DODPI – bijna zevenhonderd studenten getest met e.e.g.-metingen. Ze propt hun hoofden

277

in een kap met 128 elektroden verdeeld over de hele schedel en registreert de elektrische ontladingen die optreden in de vorm van diverse hersengolven. Wat Vendemia interesseert in verband met leugens, zijn de zogeheten *event-related potentials* of ERP's; dat zijn hersengolven die door speciale prikkels worden veroorzaakt.

Als je bijvoorbeeld iemand iets visueels laat zien, dan zal die persoon na 300 tot 400 milliseconden reageren met fraaie ERP's, die aangeven dat er 'iets' in de hersenen gebeurt: een gedachte of verhoogde alertheid. Een e.e.g. levert niet, zoals scanners wel doen, een goed ruimtelijk beeld op, maar wel is het veel beter geschikt voor gegevens over tijd. Een fMRI-scan maakt bijvoorbeeld maar om de seconde een foto, terwijl elektroden op het hoofd wijzigingen kunnen registreren tot op eenduizendste van een seconde.

Jennifer Vendemia's resultaten hebben met die tijdsverschillen te maken. Bij haar experimenten legt ze proefpersonen meestal een paar korte uitspraken voor, die of vals of waar zijn, en die gecodeerd zijn in twee kleuren. Elke keer als een uitspraak rood is moet de persoon antwoorden 'waar', terwijl het antwoord 'vals' wordt gevraagd wanneer de korte zin in blauw is gedrukt. De kaarten zijn dusdanig geschud dat zowel rode als blauwe uitspraken hetzij waar, hetzij vals kunnen zijn. De proefpersonen antwoorden zoals gevraagd, maar hun ERP-patroon onthult wanneer ze liegen. Als je bijvoorbeeld de rode uitspraak krijgt: 'Een slang heeft dertien poten', en je antwoordt 'waar', dan duurt het 200 milliseconden langer eer je antwoordt, en het ERP-signaal is sterker in hersendelen midden voor en boven in het hoofd. Heel globaal zijn dat enkele van de gebieden die ook door de MRI-experimenten worden aangewezen.

Jennifer Vendemia denkt niet dat haar methode door goede leugenaars kan worden omzeild. In elk geval heeft ze gekeken naar de vraag of oefening de extra reactietijd kan wijzigen, en ze ontdekte dat zelfs geoefende leugenaars precies hetzelfde ERP-patroon vertoonden als absolute beginners.[47] Maar haar meest interessante bewering is dat haar metingen een leugen kunnen voorspellen voordat de leugenaar zelf daartoe heeft besloten. Ze ziet namelijk de eerste wijzigingen in het e.e.g. van die persoon ongeveer 250 milliseconden nadat de uitspraak op het computerscherm is verschenen, terwijl het 400 tot 600 milliseconden duurt voordat het patroon dat op een besluit wijst zich vertoont.

In Seattle zit een derde speler, Lawrence Farwell, die met zijn bedrijf Brain Fingerprinting Laboratories zijn bloedeigen Brain Fingerprinting-methode op de markt brengt. Net als bij Vendemia gaat het om e.e.g.-technologie, maar Farwell gebruikt in plaats van een kap een voorhoofdsband bezaaid met elektroden, en hij richt zich vooral op de zogeheten p300-hersengolven, een onderdeel van het totale ERP-patroon. Hij test in hoeverre een persoon een bepaalde prikkel herkent. Dat kan alles zijn van een telefoonnummer tot een foto van een vervallen zomerhuis op het platteland. Het principe is dat iets wat je eerder hebt gezien een karakteristieke elektrische respons veroorzaakt tussen de 300 en 800 milliseconden nadat de foto is vertoond. Op e.e.g.-grafieken zijn de p300-golven herkenbaar als een duidelijke top in een curve met kleinere golven. Met behulp van zijn gepatenteerde algoritme meent Farwell een leugen te kunnen detecteren met niet minder dan 100 procent zekerheid. In zijn promotiemateriaal zegt hij dat hij de techniek heeft uitgeprobeerd bij in totaal 200 proefpersonen, in projecten die door de CIA en de FBI werden gefinancierd. In gepubliceerde artikelen zijn dat echter nog maar zes proefpersonen.[48]

Farwell is met zijn voorhoofdsband opgetreden bij alle grote tv-netwerken in de Verenigde Staten, maar Brain Fingerprinting heeft ook al zijn debuut gemaakt in een rechtszaal. In 2000 hield een districtsrechtbank in Iowa een hoorzitting om te bepalen in hoeverre de voor moord veroordeelde Terry Harrington zijn zaak heropend zou kunnen krijgen nadat hij al vanaf 1978 gevangen

279

had gezeten. Farwell werd ingehuurd door de verdediging en testte Harrington door hem onder andere beelden van de plaats van de misdaad te laten zien, en hij verklaarde dat de veroordeelde volgens zijn p300-resultaten die plek niet eerder had gezien. Toen gaf de enige getuige in de zaak toe dat hij had gelogen dat hij Harrington op de plek van de moord had gezien, en uiteindelijk werd het vonnis nietig verklaard. In verband met de hoorzitting was er acht uur lang een discussie over de vraag of Brain Finger-printing überhaupt in rechtszaken kon worden gebruikt. In 2001 stelde de rechter vast dat de test voldeed aan de juridische criteria voor wetenschappelijk bewijsmateriaal.

Sommige mensen denken dat er tekenen zijn dat MRI-techno-logie binnenkort zal worden toegelaten. In elk geval bepaalde het Amerikaanse Hooggerechtshof in 2005 dat minderjarigen niet langer konden worden geëxecuteerd, een beslissing die deels was gebaseerd op MRI-onderzoeken die uitwezen dat de hersenen van jonge mensen in veel opzichten niet functioneren zoals die van geharde volwassenen.

Maar terwijl leugenonderzoek met MRI in recordtempo wordt omgezet in productontwikkeling en marketing, staat een aan-tal bezorgden langs de zijlijn en waarschuwt. De socioloog Paul Root Wolpe is net als Langleben verbonden aan de University of Pennsylvania maar werkt bij de faculteit voor ethiek. Hij kan zich een geweldige tegenreactie van gewone mensen voorstellen. Veel mensen zullen de techniek alleen maar zien als een stuk griezelige sciencefiction die doet denken aan gedachtenlezen en bewaking à la Orwells 1984, denkt Wolpe. Zelf pleit hij onvermoeibaar voor een open en breed debat over het onderwerp.

Tot degenen die hebben geprobeerd om een debat op gang te brengen behoort de American Civil Liberties Union, ACLU. Die zijn vooral bang dat een nieuwe sexy techniek om leugens aan te wijzen zal worden misbruikt onder het mom van de *war on terror*. In het voorjaar van 2006 organiseerde de ACLU een symposium

op Stanford University. Daar presenteerde een selecte groep onderzoekers, filosofen en andere waarnemers hun opvatting over
de zaak, en vervolgens verzocht men de Amerikaanse regering
om inzicht in de stukken. De ACLU wilde graag het publiek een
kijkje geven in hoeveel overheidsgelden werden aangewend voor
onderzoek in MRI en andere technieken voor leugendetectie.

Ook in Europa hoorden we een echo van die discussie. In
2005 kwamen enkele honderden uitgenodigde burgers en neuro-
onderzoekers bijeen op het congres Meeting of Minds in Brus-
sel, waar ze discussieerden over de toekomstige betekenis van
hersenonderzoek en kennis over de hersenen. Een paar van de
problemen die ter sprake kwamen waren de mogelijkheden voor
'gedachtenlezen'. Concreet gezegd kwam Brain Fingerprinting
aan de orde, en meerdere vooraanstaande onderzoekers uitten
hun wezenlijke ethische bezorgheid over het potentieel van dit
soort technieken om onze innerlijke ruimte binnen te dringen.
Door op zo'n manier hersenprocessen bloot te leggen wordt
ontegenzeggelijk het recht van het individu geschonden om zijn
gedachten en emoties binnen de grenzen van het privéleven te
houden.

De gevangen van Guantánamo en CIA-agenten

Bij het bedrijf Cephos is men niet bezorgd maar juist hoopvol.
'Cephos is opgericht op basis van de simpele premisse dat de waarheid waardevol is,' staat er op de homepage. De man achter dat
idee – tegenwoordig zowel directeur als hoofdaandeelhouder – is
de nog maar vierendertigjarige Steven Laken. Een man die in
wetenschappelijke kringen bekendstaat als een soort wonderkind.
Al als zesentwintigjarige promovendus was hij een ster aan Johns
Hopkins University, waar hij de eerste bloedtest voor erfelijke
kanker van de dikke darm ontwikkelde. Die prestatie leverde
hem destijds portretten en besprekingen op in alle media, van de

New York Times en de *Wall Street Journal* tot de grote Amerikaanse
talkshows.

Laken runt Cephos vanuit een paar anonieme kantoren in
Peperell, Massachusetts, maar daar is niets te zien en hij wil liever
afspreken in het atrium van de Boston Public Library. 'Het is daar
prachtig,' schrijft hij in zijn e-mail. Nu sta ik hier op de uitkijk
tussen patriottische muurschilderingen en beelden van leeuwen
met gedenkteksten voor de gevallenen van de Burgeroorlog. Ik
vraag me af hoe ik Laken zal herkennen. Een stroom mensen glijdt
door de grote open deuren van de hoofdingang, en ik heb geen
flauw idee hoe je een man herkent die leeft van het opsporen van
leugens.

Hij blijkt niet op een onderzoeker te lijken. Steven Laken –
uiteindelijk vindt hij mij – lijkt juist onmiskenbaar op een jonge
zakenman. Net blauw pak, zwarte aktetas en het lichte haar in
een zorgvuldig verzorgde korte coupe. Laken vertelt dat hij uit
het Midwesten komt en Noorse en Zweedse voorouders heeft.
Hij heeft een paar vriendelijke lichtblauwe ogen, en hij staat erop
me een kop koffie aan te bieden. We gaan in het atrium van de
biblioheek zitten, dat pas is opgeknapt maar dunbevolkt is, en
aangenaam afgeschermd van het lawaai en gedruis van centraal
Boston. Helaas staat er een fontein die idioot veel lawaai maakt.
Dat wedijvert zozeer met Lakens enigszins gedempte, ingehouden
stem dat ik me ver over het kleine cafétafeltje tussen ons in moet
buigen.

Ik beken dat ik me afvroeg hoe iemand ertoe komt om een positie als *hotshot*-onderzoeker in de moleculaire biologie van kanker
op te geven om met een hoogtechnologische leugendetector te
gaan leuren.

'Ja sorry, maar dat lijkt me gewoon wat vreemd,' zeg ik. Laken
glimlacht warm, haast geduldig. Hij had altijd al, ook toen hij student was, zin om een bedrijf te beginnen, vertelt hij. Toen hij zijn
sensationele kankertest had ontwikkeld raakte hij betrokken bij

het kleine bedrijf Exact Sciences, dat de test op de markt bracht en daarna naar de beurs ging en hem een hele hoop geld opleverde. Dat lag nu op de bank en wilde graag rollen.

'Toen kwam 11 september 2001, en ik dacht veel na over de mensen die we op diverse plaatsen in de wereld vasthouden – Guantánamo, Afghanistan – en of er manieren waren om erachter te komen of die mensen informatie hadden of niet.'

Dus volgde de jonge onderzoeker-zakenman ook een jaar colleges in de neurowetenschap. 'Het waren die heerlijke kleurenfoto's van hersenen die me aantrokken,' zegt hij. Als verstokte moleculair-bioloog dacht hij aanvankelijk dat er bepaalde eiwitten of stresshormonen te vinden moesten zijn die getest zouden kunnen worden om leugens te ontdekken.

'Maar waar komen hormonen vandaan? Uit de hersenen. Dus ik kwam erachter dat we rechtstreeks in de hersenen zouden moeten kijken.'

Hij las onder andere de eerste gepubliceerde onderzoeken van Langleben en Kosslyn, en in 2003 zat hij drie maanden in de bibliotheek op Harvard en zocht naar relevante onderzoeksresultaten en patenten op dat gebied. Door 'puur toeval' nam hij ook deel aan een congres in New York, waar een kleine groep onderzoekers een hele week doorbracht met discussiëren over scantechnieken en het in kaart brengen van hersenen. Daar liep hij Andrew Kozel tegen het lijf. Die had nog niet over leugens gepubliceerd maar liet hem zijn voorlopige werk zien, en Laken constateerde dat de onderzoekers uit South Carolina iets op het spoor waren. Hij deed metingen bij verschillende groepen mensen en verschillende soorten leugens met diverse scanners, en hij kreeg steeds een aantal reproduceerbare verschillen in activiteitspatronen te zien. Laken rook commerciële mogelijkheden. Hij keek om zich heen naar investeerders, wist een paar rijke mecenassen te overtuigen, stopte een deel van zijn eigen geld en een beetje van het geld van zijn vrouw in de zaak en ging aan de slag.

'Op de bijeenkomst in New York voelde ik heel intens dat neuro-onderzoek de nieuwe genetica is. Het bevindt zich op het punt waar de genetica vijftien jaar geleden stond, en de onderzoekers maken deels dezelfde fouten. Ze creëren een enorme hype over een paar schijnbare verbanden die we nog niet helemaal begrijpen. Het is precies zoals toen ze genen vonden die samen leken te hangen met bepaalde ziekten, maar waarvan ze geen idee hadden waarom ze die ziekten veroorzaken.'

'Maar je vroeg je niet af of het wel een goed idee was om je op dit nieuwe terrein te begeven? Of het misschien problematisch was om naar leugens te kijken?'

Hij pauzeert even, grijnst en kijkt naar de fontein.

'In het begin van het Manhattan-project, toen het maken van een atoombom het doel was, was er iemand die zei dat wetenschap altijd tegen de grenspalen van de ethiek schopt, en dat is waar. Ethiek loopt zelden op de wetenschap vooruit.'

Daar kan ik hem alleen maar gelijk in geven.

'We leven in een periode die sterk verschilt van de tijd vóór 2001,' zegt hij en leunt nu zelf over de tafel. 'Maar om wat we voorstellen te kunnen uitvoeren moet je wel iemand hebben die wil meewerken. Je kunt iemand die niet wil meewerken niet dwingen door gewoon zijn hoofd in de scanner steken. Wat betreft verdachten die vastzitten gaat het er mij om dat we moeten doen wat we kunnen om mensen vrij te laten die zonder enige reden worden vastgehouden. Het is voor iedereen duidelijk dat er situaties zijn waarin mensen zonder reden uit hun land zijn weggehaald, geregistreerd en mishandeld. Ik wil er graag aan meewerken om dat te verhinderen.'

'Hoe kijk je tegen de markt aan?'

'De markt is fenomenaal,' zegt Laken en klapt in zijn handen. Een abrupte en ongecontroleerde beweging voor deze anders zo beheerste man. 'In de Verenigde Staten zijn er jaarlijks – dit is echt ongelooflijk – dertig miljoen civiele en criminele rechtszaken.

Daarvan staan er bij misschien 10 procent grote geldbedragen op het spel, maar draait de hele zaak om de ene bewering tegen de andere. Niemand kan precies uitmaken wie de waarheid spreekt. Hier kan fMRI van pas komen.'

'Als die techniek wordt goedgekeurd.'

'Ja kijk, goedkeuring is prima, maar niet allesbepalend. Luister, het is nu al zo dat de polygraaf 250.000 tot 500.000 keer per jaar wordt gebruikt, ook al is die niet als bewijs in een rechtszaak goedgekeurd. Verdedigers gebruiken hem bijvoorbeeld om het bericht de wereld in te sturen dat hun cliënten onschuldig zijn. Heb je die zaak gevolgd van de lacrossespelers van Duke University die werden aangeklaagd wegens verkrachting van een stripper? Ze deden vrijwillig een polygraaftest en doorstonden die glansrijk, en de boodschap van de verdediging was: vergeet het maar, ze zijn onschuldig. Het volks-'recht' is erg machtig, en als verdediger probeer je potentiële juryleden en de publieke opinie in het algemeen te beïnvloeden. Met een MRI-scan kun je tegen de andere partij zeggen: "Kijk eens, we hebben een interessant nieuw stuk gereedschap, stel je voor dat we het zouden mogen gebruiken." Dat is gereedschap waarmee je zaken kunt doen.'

'Het publiek zal toch ook gefascineerd zijn door de fraaie plaatjes van hersenen, en door het idee dat we in onze diepste gedachten kunnen kijken?'

'Zeker. Maar het recht probeert natuurlijk een onderscheid te maken tussen wat wetenschap líjkt en wat wetenschap ís. Op het ogenblik zijn neuro-onderzoekers het erover eens dat fMRI iets kan met leugens, maar dat ze nog heel nauwkeurig moeten onderzoeken wat de gegevens zeggen.'

'Er is vast ook een markt buiten de rechtszaken?'

'Absoluut. De regering gebruikt de polygraaf bij veiligheidscontroles van mensen die al zijn aangesteld als agenten bij de FBI of de CIA, of bij mensen die daar graag een aanstelling willen krijgen. Er zijn bijna een half miljoen tests per jaar. Gewoon een

achtergrondcheck; je kent die vragen wel: Hebt u ooit drugs verkocht? Hebt u ooit drugs gebruikt?'

'Hebt u geïnhaleerd?'

Nu lacht hij voor het eerst, maar laat de lach net zo snel weer
verdwijnen als hij verscheen.

'Dit is mijn roeping: de Verenigde Staten zijn in oorlog, er zijn
nog steeds gevangenen, Al-Qaida bestaat nog steeds, en de Amerikaanse en andere regeringen voeren nog steeds een oorlog tegen
terreur. Als ik kan bijdragen aan het voorkomen van een tweede
11 september en de wereld veiliger kan maken, dan ben ik tevreden. Ook als ik daar geen cent aan verdien.'

Het is onwaarschijnlijk dat dat zal gebeuren. Cephos is weliswaar nog niet op de markt, maar het is al met diverse Amerikaanse
regeringsinstanties in gesprek. De onderzoekers op de University
of South Carolina ontvangen geld van het ministerie van Defen-
sie, en het bedrijf werkt er ook mee samen aan wetenschappelijk
onderzoek en aan te volgen richtlijnen.

'Ze zijn enorm geïnteresseerd. Tegenwoordig gebruiken ze po-
lygrafen en verhoortechnieken, en nu hebben ze de mogelijkheid
gekregen om bepaalde dingen te doen...'

'Je hebt het over uitgebreide bevoegdheden voor verhoorme-
thoden, wat sommigen marteling noemen?'

'Hmm... ja. Maar de vraag is of een dergelijke aanpak wel juist
is. Als je de keus hebt tussen MRI-scans en een stel soldaten die zich
gedragen zoals in Abu Ghraib, dan denk ik dat MRI de toekomst
heeft.'

Dat brengt ons bij de technologie zelf. Hoe goed is die, als
puntje bij paaltje komt? Onderzoekers zien toch dat verschillende
hersengebieden actief worden bij hun diverse experimenten?

'Correct. Het is heel lastig om op dat punt resultaten van laboratoria rechtstreeks te vergelijken. Maar er zijn overeenkomsten.
De meeste onderzoekers zien verhoogde activiteit in bepaalde
gebieden, te weten de rechter mediale frontaalkwab, de rechter

orbitofrontaalkwab en de cortex cingularis anterior, overwegend rechts. Dat is ook het patroon dat wij zien. Maar het hangt een beetje af van welk soort scenario je precies gebruikt om je leugen te testen. Wij hebben geprobeerd aan te tonen dat er bij het gebruik van geselecteerde gebieden als indicatoren voor leugen of bedrog, negen van de tien keer meer activiteit in die gebieden zal zijn wanneer mensen bewust liegen bij ja-neevragen.'

Laken heeft zijn bewijzen meegenomen, in de vorm van een artikel met zijn en Andrew Kozels naam erboven en die van nog wat andere onderzoekers.[49] Het is het meest uitgebreide experiment tot nu toe, waarbij 61 proefpersonen de opdracht kregen om een ring of een horloge te stelen. De onderzoekers moesten uitmaken of ze logen, zonder te weten wat de proefpersonen hadden gejat, en of ze überhaupt wel wat hadden gejat. Mijn oog valt op een passage in de discussieparagraaf: 'Dit is het eerste onderzoek waarbij fMRI wordt gebruikt om bedrog op het niveau van het individu te detecteren. Meer werk is nodig om duidelijk te maken hoe goed deze technologie zal fungeren in andere situaties en bij andere populaties.'

Tot nu toe verliep al die leugendetectie in de vorm van gecontroleerde experimenten. Ringen, horloges en speelkaarten. Maar hoe in 's hemelsnaam zal dat gaan in de buitenwereld, waar je alle mogelijke soorten leugens kunt hebben en waar je maar met één persoon te maken hebt, en niet een groep vrijwillige studenten waar je statistiek op kunt toepassen?

'Heel eenvoudig,' zegt Laken en schakelt over op een didactische toon. 'De geïnteresseerde persoon neemt contact met ons op en komt samen met zijn advocaat opdagen. We bekijken de zaak en formuleren een reeks specifieke vragen die met de bewuste misdaad te maken hebben. Sommige daarvan zijn leugens, andere zijn waar. Dat kunnen vragen zijn zoals of ze thuis waren toen de moord werd begaan, als dat toevallig is wat ze voor de rechtbank beweren. We maken ongeveer twintig ja-neevragen om te testen, en de persoon moet de vragen begrijpen en ze van tevoren kennen. De scan zelf gebeurt bij Andrew Kozel in South Carolina, waar ze eerst oefenen en dan in de scanner worden gelegd en elke zeven seconden een willekeurig gekozen vraag krijgen. Die zien ze op een scherm en beantwoorden ze met een muisklik. Er zijn drie reeksen vragen, waarvan sommige neutraal zijn – zoiets als "Bent u Nederlander?" of "Is het vandaag dinsdag?". Elke anderhalve seconde neemt de scanner een foto en alle foto's die in een half uur opnametijd worden geproduceerd worden naar ons gestuurd. We analyseren ze met een softwareprogramma dat speciaal voor dat doel is ontwikkeld in Engeland.'

Alle foto's worden omgezet in grafieken en getallen – zuivere data – wat een half uur kost. Dan wordt de computer gevraagd wat er telkens bij het stellen van de cruciale vragen gebeurde. Zien de data er markant anders uit dan bij de overige vragen? De computer komt dan met een analyse – zonder dat een levend mens daarbij betrokken is – van welke hersengebieden bij die speciale vragen actief waren.

'Bijvoorbeeld: was u thuis of was u niet thuis? De computer laat zien waarbij de meeste activiteit optrad, en dat noemen wij dan de leugen. We kijken naar wat we de groepen 1, 2 en 4 noemen in ons artikel, dus de cortex cingularis anterior, de rechter mediale frontale cortex en de rechter orbitofrontale cortex. Ik moet meteen zeggen dat er veel verschil in activiteit is als je verschillende personen vergelijkt, dus het gaat om relatieve activiteit per individu. Ik kan bijvoorbeeld jou en mij niet vergelijken.'

Maar hij kan me wel wat foto's laten zien en haalt zijn meegebrachte laptop uit zijn aktetas. Het eerste bestand dat hij opent bevat wat mistige grijze beelden van een stel hersenen.

'Dit hier ondergaat een bewerking door de machine,' verklaart Laken en drukt op een paar knoppen waardoor het beeld nog waziger wordt. Haast smoezelig. Maar tegen die achtergrond zijn de oplichtende plekken met activiteit beter te zien. Hij laat verschillende proefpersonen zien terwijl ze antwoordden op de vraag

288

of ze een horloge hebben gestolen. Er is op veel plekken activiteit, maar als het computerprogramma dat heeft opschoond is de leugen duidelijk zichtbaar in geel en rood. Kleine begrensde vuiltjes op de goede plaatsen.

'Laten we er nog een paar nemen, gewoon voor de lol,' zegt hij en vermaakt ons met een hele serie. Als ik vind dat ik genoeg heb gezien vraag ik of er eigenlijk ook een paar echt goede leugenaars zijn getest. De elite onder de leugenaars. Ons aller doorsnee talent voor bedrog is één ding, maar je zou je kunnen voorstellen dat professionele leugenaars, die hun techniek en stijl hebben getraind en geperfectioneerd, iets kunnen wat anderen niet kunnen, net als bij de polygraaf.

'Daar moeten we uiteraard naar kijken. We hebben toevallig net een subsidie gekregen van het National Institute of Mental Health om kinderen te testen die pathologisch liegen. Er bestaat een groep zware jeugdcriminelen bij wie de diagnose van pathologisch leugenaar is gesteld, en die gewoon altijd over alles liegen.'

'Ze kunnen het niet laten?'

'Nee, het lijkt van niet. Maar we zien dat hun hersenen bij onze experimenten precies zoals die van alle anderen reageren. Oké, een paar dingen lijken anders te zijn; een gebied dat heeft te maken met impulsbeheersing licht wel op bij deze kinderen maar niet bij normale controlegroepen. Het kan ermee te maken hebben dat ze problemen hebben met het beheersen van hun gedrag. Tot nu toe hebben we nog maar drie kinderen onderzocht, maar de studie zal worden uitgebreid.'

'Maar lijkt het erop dat ervaren leugenaars in een scanner op andere mensen lijken?'

'Voorlopig. We hebben het onderzoek ook uitgeprobeerd op een paar journalisten – ja, sorry – en op anderen die allemaal zeiden dat ze de test gemakkelijk om de tuin konden leiden omdat ze ervaren leugenaars waren. Dat konden ze niet. Hun hersenen zagen eruit zoals die van alle anderen, zelfs als ze echt hun uiterste best deden.'

Laken en Kozel hebben zelfs een paar buitenlanders getest die Engels als tweede taal hadden, en ook dat lijkt geen verschil te maken voor de manier waarop leugens in de hersenen zichtbaar worden.

'Er zijn duidelijk verschillen tussen ingestudeerde leugens en spontane leugens, dat heeft Kosslyn in Harvard aangetoond, maar bij onze testgroep is er alleen sprake van ingestudeerde leugens. Je wilt juist niet dat iemand bij zo'n test verrast wordt, want dat levert alle mogelijke ruis op die lastig te interpreteren is.'

Steven Laken zucht en krijgt een kleine rimpel boven zijn linkerwenkbrauw. 'Op een gegeven moment,' zegt hij dan, 'moeten we echte hardcore criminelen gaan testen om te zien hoe die het ervan afbrengen.' Hij stelt zich voor om een paar gedetineerden te testen in zaken waarbij er DNA-bewijs is en men op ooggetuigenverslagen af kan gaan, zodat de echte gang van zaken bekend is.

'Maar ik wil duidelijk onderstrepen dat we ernaar streven om de technologie in civiele zaken te gaan gebruiken, waarbij MRI-gegevens slechts een extra stuk forensisch bewijs vormen dat gewicht in de schaal kan leggen. Voor strafzaken, waar er geen spoor van twijfel mag zijn, is er meer nodig. Onze methode is niet als DNA, dat globaal gezegd een 100 procent zeker bewijs oplevert. Ik zou een MRI-scan nooit willen gebruiken als bewijs dat iemand liegt. Maar de techniek ligt op één lijn met andere vormen van wetenschappelijk bewijs: handschriftanalyse, vezelanalyse, schoenafdrukken en dat soort dingen.'

Er zijn advocaten in de Amerikaanse juridische wereld die actief proberen om hersenscans binnen het systeem geaccepteerd te krijgen. Het gaat om verschillende zaken die op de een of andere manier draaien om hersenen. Steven Laken noemt een man die na een auto-ongeluk, waarbij hij hersenschade opliep, niet meer in staat was om zijn goedbetaalde baan voort te zetten. Met de scans en uitspraken van neurologen in handen wilde hij compensatie eisen.

'Wetenschappelijke bewijsvoering moet een gedegen wetenschappelijke basis hebben en daarmee reproduceerbaar zijn en
algemeen wetenschappelijk geaccepteerd,' zegt hij. En dan: 'Wij
voldoen aan die criteria.'

'Maar toch bieden jullie de test nog niet aan?'

'Nee, want we willen resultaten hebben die een leugen met
meer dan 95 procent zekerheid kunnen onderscheppen. Dat was
niet het geval met het onderzoek van die 61 proefpersonen, dus
daarom zijn we nu bezig met een ander onderzoek. Ik wil beslist
dat het echt goed is, voordat we voor het eerst naar de rechtbank
gaan.'

'Maar is er belangstelling van anderen dan alleen de media?'

'Een heleboel. Zelfs vanochtend nog werd ik opgebeld door
iemand die terechtstaat voor een misdaad die hij naar eigen zeggen
niet heeft begaan. Er is contact met ons opgenomen vanuit Aus-
tralië, China, Mexico, Spanje, Portugal en Duitsland. Als je wordt
beschuldigd van iets wat je niet hebt gedaan, dan wil je alles wel
doen, ook naar de Verenigde Staten vliegen en in een MRI-scanner
gaan liggen.'

Het wordt ook niet eens zo heel duur, denkt Laken. De scan
zelf kost maar driehonderd dollar, maar inclusief het ontwikkelen
van een goede vragenreeks en de behandeling van de zaak komt
het hele pakket op vijfduizend tot tienduizend dollar.

'En dat is niet meer dan een kleine facelift kost.'

Hoge raadsheren

'Aanklagers, advocaten en de beklaagde in een rechtszaak zouden
ontploffen als ze een leugendetector voor zich kregen,' heeft de
Deense strafpleiter Peter Hjørne gezegd. Een klein jaar voordat
hem zijn bevoegdheid werd ontnomen omdat hij vertrouwelijke
gegevens naar de pers had gelekt, zei hij tegen de Deense krant
Kristeligt Dagblad: 'Er wordt altijd gelogen.'

'Op zo'n uitspraak wil ik geen commentaar geven,' zegt Robert Shapiro vanuit zijn kantoor in Los Angeles. Hij is een van de meest besproken strafpleiters in de Verenigde Staten, niet in de laatste plaats omdat hij heeft bijgedragen aan de vrijspraak voor ex-footballheld O.J. Simpson, die was aangeklaagd voor moord op zijn ex-vrouw Nicole en haar minnaar. Shapiro zit ook in de raad van bestuur van Cephos en is mede-eigenaar van het bedrijf. Hij is een drukbezet man, en zijn secretaresse heeft moeite moeten doen om vijf minuten te vinden waarin hij aanwezig is en een telefoongesprek kan voeren. Maar het is gelukt, en Shapiro komt meteen ter zake.

'Drie jaar geleden nam Laken contact met me op, en ik zag meteen dat MRI een enorm spannend en interessant stuk gereedschap was. Leugens te kunnen ontmaskeren is een van de oude dromen van de mensheid. Als ik dus investeer in Cephos doe ik dat in de overtuiging dat er een grote markt is – er zal altijd vraag zijn naar tests of mensen liegen, nietwaar?'

'Uh, zeker.'

'Maar als je het mij vraagt komt de ultieme toepassing niet vanuit het rechtssysteem, maar vanuit het leger, de inlichtingendiensten en het hele regeringsapparaat. Veiligheidscontroles.'

'En advocaten zoals uzelf?'

'Voor mijzelf is het enorm relevant voor intern gebruik. Ik gebruik de polygraaf al in mijn praktijk.'

'Om geen mensen te hoeven verdedigen die schuldig zijn?'

'Omdat ik zélf de waarheid in de uitspraken van een cliënt wil kennen, zodat ik hem of haar zo goed mogelijk kan helpen,' antwoordt Shapiro op een toon die erop wijst dat ik iets volslagen idioots heb gezegd. Dan pakt hij de draad weer op.

'Maar er zijn problemen met de polygraaf, en MRI-scans zijn veel wetenschappelijker. Als de nauwkeurigheid ook beter wordt zijn er grote toepassingsmogelijkheden.'

'Maar kan de methode door de rechterlijke macht worden erkend?'

'Ik denk dat dat heel lastig wordt. Niet vanwege het wetenschappelijke aspect, maar omdat de techniek iets cruciaals zal
wegnemen bij de jury, bij de twaalf mensen die, zo hebben wij
ooit bepaald, moeten beoordelen wat waar is en wat onwaar. Het
systeem wil niet dat het al te machinaal wordt, en dat mensen de
rechtvaardigheid uit handen wordt genomen.'

Shapiro is niet de eerste die gaat proberen erkenning voor de
technologie te krijgen, maar hij twijfelt er niet aan dat die 'zo sexy
is dat advocaten zich erop zullen storten om het uit te proberen.
Dat zal staat voor staat gebeuren. Maar besef wel dat lang niet alle
zaken zich daartoe lenen. Het moet om iets heel specifieks gaan:
heb je díé auto gestolen, of heb je díé persoon vermoord. Met
andere woorden, iets wat zwart-wit is. Bij gradaties van schuld,
waarvan vaak sprake is, is de techniek niet bruikbaar.'

Wie voortrekker zal zijn, betwijfelt Shapiro geen moment.
Snel en haast toonloos zegt hij: 'Welgestelde personen met geschikte zaken en agressieve advocaten.'

293

'Ja, op het ogenblik hebben we drie categorieën juristen,' zegt
David Faigman twee minuten later aan de telefoon. 'Allereerst
mensen zoals Robert Shapiro, die enthousiast zijn over MRI, dan
de sceptici die dat zijn geworden op grond van hun ervaringen
met de polygraaf, en ten slotte degenen die de nieuwe technologie
nog niet hebben ontdekt.'

Faigman zelf is jurist van het academische soort. Als professor bij de University of California, Hastings College of Law, heeft
hij onderzoek gedaan naar en geschreven over het gebruik van
wetenschappelijke bewijzen in het Amerikaanse rechtssysteem. In
tegenstelling tot zijn zelfstandig operende collega in Los Angeles
denkt hij niet dat er in principe belemmeringen zijn voor het toestaan van MRI in rechtszaken.

'De achterliggende wetenschap is nu misschien nog wat
onzeker, en de techniek moet bewijzen dat ze voor bepaalde

toepassingen betrouwbaar is. Maar als dat er goed uitziet en de onderzoeksresultaten zich opstapelen, zal de rechterlijke macht MRI toelaten. Eerst in sommige zaken, later in meer. Het kan bijvoorbeeld moeilijk zijn om toestemming te weigeren als een beklaagde de techniek wil gebruiken, want volgens de grondwet moet men een verdachte het voordeel van de twijfel geven.'

'Is weigeren ook moeilijk omdat het om een sexy wetenschap gaat?'

'Dat het sexy is zal de praktijk niet gaan overheersen. Denk ik tenminste. Deels wordt de rechterlijke macht steeds vertrouwder met de omgang met wetenschappelijk bewijsmateriaal, maar deels bestaat er ook enorm veel angst voor neurowetenschap.'

Tenzij er rechtstreeks nieuwe wetgeving voor de nieuwe technologie wordt geïntroduceerd zal het aan elke individuele rechter zijn om angst en belang tegen elkaar af te wegen en zijn rechtszaal voor de techniek open te zetten. Het is ook nog vroeg, schat Faigman in.

'Maar als ik moet raden welke zaken de eerste zullen zijn, dan denk ik dat mensen die al veroordeeld zijn zullen proberen om hun zaak heropend te krijgen. Ter dood veroordeelden die niet beschikken over DNA-bewijs maar die zich erop zullen beroepen dat een betrouwbare leugendetector serieuze twijfel zal zaaien over hun schuld.'

Als de MRI-leugendetector zijn bruikbaarheid bewijst, ziet Faigman 'een fantastisch stuk gereedschap' voor zich. In elk geval bij zaken die kunnen worden teruggebracht tot een paar simpele vragen. Maar in tegenstelling tot Shapiro gelooft hij niet dat de techniek geschikt is om agenten in spe voor de CIA of FBI te testen.

'Absoluut niet. Daarbij is men op zoek naar karaktertrekken en probeert men om ongewenste persoonlijke neigingen te ontmaskeren. Dat soort zaken komt zelden naar voren via ja-neevragen.'

'Maar tegenwoordig gebruiken ze toch de polygraaf?'

'Dat klopt; ik heb echter net meegewerkt aan een rapport dat aanbeveelt om dat gebruik sterk te beperken.'

'Maar betekenen de huidige onzekerheid en angst voor terreur niet dat het verleidelijk is om elke technologie te gebruiken die belooft leugens te ontmaskeren?'

'Tja, dat is misschien wel zo,' zegt Faigman, en voegt er meteen aan toe dat er ongetwijfeld in de toekomst druk zal worden uit-geoefend om de MRI-technologie te gebruiken 'in alle mogelijke situaties, naarmate ze beter wordt'.

'Tegenwoordig kun je nog niet al te veel in een scan zien, maar laten we eens vooruitkijken naar 2026; tegen die tijd zullen we de gekleurde vlekken veel beter kunnen interpreteren en er veel meer informatie uit kunnen halen. Heel dat omvangrijke neuro-wetenschappelijke onderzoek is daar op gericht: het vergroten van inzicht in wat onze hersenactiviteit betekent. We ontkomen er niet aan dat er vragen zullen rijzen over een *brave new world*. Alle biologische technieken, of dat nu hersenscans, DNA of fysiologische metingen zijn, bewegen zich in de richting van steeds meer ont-hullingen over onszelf. Het is ook grensverleggend om in staat te zijn direct in de hersenen te kijken en dingen af te lezen die in de hele geschiedenis van de mensheid binnen in ons zaten en absoluut ontoegankelijk waren.'

'Zal die situatie ook bijdragen aan een herdefinitie van ons idee over de privésfeer? Wat we tegenwoordig beschouwen als onze binnenste en onaantastbare kern zal misschien niet langer privéter-rein zijn...'

'Daar hebt u gelijk in. In elk geval niet in alle situaties. Het is een grote uitdaging voor de wetgevers om voortdurend af te wegen waar en wanneer bijvoorbeeld MRI-leugendetectie mag worden gebruikt. Ook op dat gebied zullen we een ontwikkeling zien.'

'Zoals?'

'In dit land valt de MRI-technologie tegenwoordig onder de wetgeving voor de polygraaf. Dat betekent dat ze niet mag worden gebruikt in verband met benoemingen in de particuliere sector of door verzekeringsmaatschappijen. Maar als het inderdaad mogelijk is om leugen en zwendel te ontmaskeren, dan zou het best kunnen dat er op een gegeven moment wordt gevraagd waarom een bedrijf daartoe dan niet het recht zou hebben.'

Springtime for Stalin

Bij No Lie MRI zijn ze bijna klaar om de wereld bescherming te bieden tegen infame leugenaars. Volgens de homepage van het bedrijf zitten die overal: 'Leugenaars doen hun voordeel met hun vaardigheden ten koste van andere personen of groepen. Naar schatting speelt een leugen een rol bij minstens één op de drie gesprekken, en ook wordt er geschat dat 5 procent van de bevolking een natuurlijke leugenaar kan worden genoemd.'

Net als Cephos heeft ook No Lie MRI te maken met een brede geografische spreiding. Stichter en directeur Joel Huizenga huist met de kantoorafdelingen in San Diego, maar hij heeft voorgesteld om af te spreken in Newport Beach, een klein kustdorpje ten zuiden van Los Angeles. Hier is hij namelijk van plan een aantal MRI-faciliteiten te leasen. We ontmoeten elkaar in een privékliniek die zich specialiseert in beeldtechnieken voor diverse medische doeleinden. Het is een uitnodigend gebouw, café-au-lait-kleurig geschilderd en met een parkeerplaats die vol staat met al even uitnodigende auto's. Een zilverkleurige Audi TT, een paar Porsches en een knalrode Mercedes sportwagen.

'De kliniek is eigendom van twee cardiologen,' verklaart Huizenga, die zelf verschijnt in een minibusje in onbestemd grijs. 'Artsen zijn vaak slechte zakenmensen. Daarbinnen staat voor tientallen miljoenen dollars aan scanapparatuur waar ze geen klanten voor hebben.'

De grote lichte lobby met de zachte cacaokleurige stoelen is dan ook leeg, afgezien van een team glimlachende receptionisten en een wachtend echtpaar met twee kleine kinderen. 'Wat zei ik? Geen klanten,' zegt Huizenga triomfantelijk en wijst naar een afgeschermde hoek waar we kunnen wegzakken in twee diepe fauteuils. De lange lichtharige man is ergens in de veertig, en hij vertelt trots dat zijn bijzondere achternaam Fries is. Ik ben meer geïnteresseerd in zijn opleidingen: hij heeft een bachelordiploma in moleculaire biologie en een mastertitel van een businessschool. Dat zakelijke schijnt erdoorheen, nog directer dan bij de concurrent van de oostkust, Steven Laken. Net als Laken raakte Huizenga bij toeval in de leugenbusiness verzeild toen hij hoorde over het nieuwe onderzoek en meteen commerciële moge- lijkheden zag.

'Dat was in 2001, toen er in de *New York Times* een klein bericht stond dat Langleben een paar voorlopige resultaten had behaald en bij mensen leugens in de hersenen kon opsporen. Dat was erg interessant, want ik had al eerder een bedrijf gehad dat MRI-scans gebruikte, om kalkafzettingen in leidingen op te sporen, gepatenteerd en volledig geautomatiseerd met software. Ik belde dus Langleben op en zei tegen hem dat ik zijn leugendetector ook kon automatiseren. Ik ging met ze praten en kreeg toegang tot hun patent en de technieken.'

'Ze waren op zoek naar een zakenpartner?'

'Nee, bewaar me, ze hadden geen flauw benul dat dat wat ze in handen hadden een toepassing zou kunnen hebben. Zelfs de afdeling voor technologie-uitwisseling van de universiteit wist niet dat het iets zou kunnen opleveren. En ze geloofden er ook niet in, tot december 2005, toen het artikel verscheen en aantoonde dat de techniek bij individuen werkte.'

297

'Dat was toch ongeveer toen de mensen van Cephos met iets dergelijks naar buiten kwamen?'

'Ja, dat klopt wel. Maar de basis voor hun bedrijf is een enkele vent uit South Carolina, en ze hebben de processen niet geautomatiseerd. Ze doen het met de hand.'

'Laken heeft me verteld dat hun analyses volautomatisch worden gedaan met software die in Groot-Brittannië is ontwikkeld.'

Joel Huizenga lijkt licht geïrriteerd maar antwoordt beleefd.

'Luister, Langlebens groep van de University of Pennsylvania heeft een artikel over hun software gepubliceerd, maar Cephos heeft dat niet gedaan. En eerlijk gezegd geloof ik niet eens dat ze hun product kunnen laten werken. Alles wat ze hebben gedaan, deden ze later dan wij, inclusief hun patentaanvraag, dus ik denk niet dat ze dat patent krijgen. En let wel: ze hebben geen investeerders, alleen maar hun eigen geld. Ik ben absoluut niet bang voor die concurrentie,' zegt Huizenga en uit zijn onbezorgdheid met een minachtende blik. Dan glimlacht hij sluw en zegt dat het misschien goed is dat Cephos bestaat.

'Journalisten zien graag dat er twee bedrijven op de markt zijn, zodat er geen monopolie lijkt te zijn. De technologie op zichzelf is al eng genoeg.'

'Eng?'

'Ja, alle verslaggevers behandelen het onderwerp immers als een griezelverhaal. Het zijn de emoties die het verhaal zo verkoopbaar maken.'

'Het zou toch ook kunnen zijn omdat de techniek interessant is?'

'Ha! Interessánt is ze alleen voor intellectuelen. Voor de rest van de wereld draait het alleen maar om angst en hebzucht.'

Hij lacht wat schamper.

'Mensen zijn nieuwsgierig, nietwaar, maar ook bang dat er iemand komt kijken wat er achter de façade gebeurt. Het werkelijk angstaanjagende aan MRI is dat de techniek lijkt te werken, in tegenstelling tot de polygraaf.'

Even is hij stil, en slaat dan een zijpaadje in.

'Weet je, ik dacht niet veel na over leugens voor ik hier aan begon, maar nu merk ik hoe de leugen overal is. Je kunt geen krant openslaan zonder dat het wemelt van leugens, bedrog en verzwegen zaken. En in het dagelijkse leven liegen mensen voortdurend tegen je, om alle mogelijke redenen.'

'Maar MRI is toch niet echt een middel tegen de dagelijkse triviale leugens?'

'Ben je gek!'

Huizenga schudt zijn hoofd en grinnikt terwijl hij een hand op mijn schouder legt.

'Waar mensen in deze wereld zich zorgen over maken, dat zijn seks, macht en geld, in die volgorde, en dat is waarover ze liegen. Als we het hebben over het privéleven, dan is seks, voor zover ik weet, extreem belangrijk voor mensen. We weten dat elk tiende kind een andere vader heeft dan hij of zij denkt. Er bestaat een heleboel mannelijke angst en onzekerheid – is mijn vrouw trouw, of maakt ze een slippertje? Dat zou voor ons een gigántische markt kunnen zijn.'

Nog steeds met zijn hand op mijn schouder vertelt hij dat No Lie MRI trouwens naar buiten wil treden met juist zo'n zaak om overspel. Ze willen hun technologie testen en demonstreren voor een genodigd publiek dat bestaat uit camerateams van de netwerken CBS en NBC. Het zal live plaatsvinden en hopelijk de hele natie bereiken.

'Onze advocaten hebben gezegd dat we een zaak moeten kiezen die niet crimineel is maar die wel weerklank zal vinden in de media, en we hadden een heleboel vrouwen die opbelden en tegenover hun mannen hun trouw wilden bewijzen.' Hij knipoogt naar me. 'Gek genoeg zijn er geen mannen die hetzelfde willen.'

Dan verandert hij van toon en verklaart dat No Lie MRI waarachtig ook met serieuzere zaken bezig is: moordzaken.

'We hebben een moordzaak die op het ogenblik bij de rechter ligt. Maar dat soort dingen houden we achter gesloten deuren.

Het zijn niet de advocaten maar grotendeels de mensen zelf die met ons contact opnemen, en we proberen die zaken eruit te pikken die de technologie op een goede manier aan de rechtelijke macht kunnen presenteren. Andere cliënten laten we een verklaring ondertekenen die het erg lastig voor ze maakt om de techniek in een rechtszaak te gebruiken. We willen geen risico lopen met slechte zaken of incompetente advocaten die de techniek een slechte naam bezorgen en onze mogelijkheden belemmeren om die wetenschappelijk of strategisch te gebruiken. Maar om het samen te vatten: we gaan eerst de particuliere markt op, daarna de juridische en later wat zich maar aandient.'

'Wat zou dat kunnen zijn?'

'Besef wel dat onze hele maatschappij berust op vertrouwen,' zegt Huizenga en spreidt zijn armen uit. 'We hebben bijvoorbeeld een enorme markt voor internetdating, heb je dat al eens geprobeerd?'

300   Dat heb ik inderdaad, maar het lukt me niet om daar een leugen over te verzinnen eer hij op dat punt doorgaat.

'Mensen liegen als waanzinnigen als ze zichzelf moeten verkopen. Ze presenteren zich heel anders dan ze zijn, en dat betekent dat datingbedrijven de problemen van alleenstaanden niet oplossen. Je weet niet wie de andere daters zijn, en hebt dus niet het voordeel waarin de bedrijven beweren te voorzien, namelijk dat je kunt uitzoeken welke persoon je graag wilt. Vrouwen sturen foto's van hun dochters in, en dat soort dingen. Bijna eenderde van de mensen op de grote datingsites blijkt getrouwd te zijn! Het zou een nuttige service voor daters zijn als je als provider op de een of andere manier gebruikers zou kunnen screenen en je tegen dat soort grove leugens zou kunnen beschermen.'

Ik denk aan Steven Lakens vergelijking van de kosten met de prijs voor een kleine facelift en vraag wat No Lie MRI voor zijn diensten denkt te gaan vragen.

'Ik denk ongeveer dertig dollar per minuut, en dan een start-tarief dat onze inspanning dekt om met de klant om de tafel te gaan zitten om de juiste vragen te vinden en ze om te zetten tot de goede computerformat. Als je vrouwen neemt die willen worden gezuiverd van de verdenking van een misstap, dan schatten we dat het negenhonderd dollar kost. Dat is spotgoedkoop.'

Huizenga is niet bang dat angstscenario's van de media en mensen die roepen over ethische bezwaren zijn bedrijf in de weg zullen staan. Hij is niet onder de indruk van de aandacht en de seminars van de ACLU. In elk geval krijgt hijzelf nooit negatieve opmerkingen.

'Vreemd genoeg hebben de meeste mensen die zich uitspreken over bezwaren helemaal niet aan het ergste gedacht. De meest angstaanjagende vooruitzichten zie ik binnen de arena van macht en politiek. Stel je voor dat de nieuwe Stalin ergens in opkomst was en erop uit was zijn positie te bestendigen door zijn vijanden uit de weg te ruimen. Stalin liet in zijn tijd gewoon alle verdach-ten vermoorden en sleurde ongetwijfeld velen mee die niet bezig waren om hem te verraden. Met een paar betrouwbare leugende-tectoren had hij zich kunnen concentreren op degenen die inder-daad gevaarlijk en niet loyaal waren, en dan zou hij veel effectiever de controle hebben gehad.'

Joel Huizenga kijkt me aan alsof hij een reactie verwacht, maar die laatste uitval heeft me een beetje van mijn stuk gebracht. Ik staar alleen maar terug.

'Vind je dat vergezocht? Maar weet je zeker dat er geen wes-terse regeringen voorstelbaar zijn die misschien hun ministers willen testen voordat die op hun stoel plaatsnemen? Ik weet in elk geval dat de partijen in de Verenigde Staten erg clanachtig zijn en volledige loyaliteit eisen. En als ik op radio of tv kom is het eerste onderwerp van discussie altijd politici en hun leugens. Politiek en leugen zijn gewoon onlosmakelijk met elkaar verbonden.'

Ik vraag of er iets is waar Joel Huizenga zijn naam en zijn MRI-scanner niet aan wil verbinden. Hij tuit zijn lippen en lijkt daar even over na te denken. Dan ontwijkt hij behendig.

'Ik kan me voorstellen dat er een heleboel voorstellen zullen komen voor iets wat onethisch zal blijken te zijn, maar dat kan ik niet van tevoren raden, dus dat beoordelen we van geval tot geval. Volgens de opzet van ons bedrijf zal alles heel anoniem zijn. Er worden contracten afgesloten met de centra waar de cliënt binnenkomt en in de machine wordt gelegd door technici die niets over de betreffende zaak weten. De vragen kunnen via internet worden gesteld, en de resultaten gaan rechtstreeks van de scanner naar onze centrale computer en worden daar geanalyseerd. Die centra staan ons toe om te controleren welke dingen daar worden gedaan, en we zullen niemand testen die geen test wil. De klanten kunnen ook alleen maar worden getest op dingen waar ze schriftelijk toestemming voor hebben gegeven. Als het gaat om de vraag of ze geld uit de kassa hebben genomen zullen we ze niet vragen of ze soms ook een affaire met hun secretaresse hebben. We stellen onze software niet aan anderen beschikbaar, en we werken alleen met centra die instemmen met onze manier van werken. Onze markt is groot genoeg om het op een ethisch verantwoorde manier te kunnen doen en toch nog ruim voldoende klanten te hebben.'

Eerlijk gezegd is er al sprake van internationale mogelijkheden, zegt Huizenga. Voorlopig heeft hij warme contacten in Zwitserland, waar de juridische kanten nog moeten worden geregeld, en daarna: 'Wie weet? Laatst werd ik geïnterviewd door een internationaal vakblad voor MRI-specialisten. Heb je dat artikel gezien? Ik heb een prachtcitaat.'

Huizenga kijkt de lege ruimte in en beschrijft met zijn handen een rechthoek. Een denkbeeldige neonreclame, denk ik. Dan citeert hij plechtig zichzelf. '"Coming soon to an MRI-center near you." Is-ie goed of niet?'

Schuld en Boete

Hij is zo goed dat ik een paar dagen later probeer om naar zijn
Grand Opening te gaan, waar een niet met naam genoemde
vrouw tegenover haar man – en de natie – wil bewijzen dat ze niet
ontrouw is geweest. Ik moet gewoon bij dat circus zijn. Ik kan me
vast wel in een klein hoekje achter de tv-camera's wringen, zeg ik
plagend aan de telefoon tegen Huizenga, die belooft erover te zullen nadenken. Maar hij meldt me dat er helaas geen plaats is voor
een Deense journalist.

'Het is niet dat ik je niet aardig vindt, maar ik moet in pr-
termen denken, en jij schrijft immers voor een totaal onbelangrijk
taalgebied.'

Als alternatief ga ik naar Stanford University in Palo Alto om
te praten met professor in de rechten Hank Greely. Hij behoort tot
de voorhoede van een groep academici die erover nadenkt hoe de
moderne biologische wetenschap de sociale, ethische en juridische
aspecten van het bestaan beïnvloedt.

'Kom binnen en ontspan je,' zegt Greely als ik te laat en buiten
adem aankom. Ik heb wanhopig rondgereden over de enorme
campus en ben twee keer illegaal gestopt voordat ik eindelijk het
goede gebouw vond. In zijn ruime kantoorstoel zit Greely als een
rustige en glimlachende boeddha. Hij lijkt op een grote grijze
knuffelbeer die een blikje cola in zijn poten houdt.

'Heb je Huizenga ontmoet?' vraagt Greely nieuwsgierig. 'Is hij
een charlatan?'

'Ik geloof dat hij een man is die het om het even is waar hij
geld mee verdient, zolang hij maar een interessante markt ziet.'

'Tuk op publiciteit?'

'Tja. Hij heeft in elk geval twee nationale tv-zenders ingeschakeld om getuige te zijn van de lancering van zijn product op de
markt.'

Greely knikt een paar keer en zegt dan dat Steven Laken hem

betrouwbaarder lijkt. 'Ik merk dat die er echt in gelooft. En weet je, als het lukt om een betrouwbare leugendetector te ontwikkelen, dan denk ik ook dat er diverse legitieme doeleinden zijn waarvoor de techniek zou moeten worden gebruikt.'

Zijn voornaamste zorg lijkt te zijn of de techniek wel echt werkt. 'Toen ik hier voor het eerst over hoorde in 2002 was mijn reactie: "Dit is machtig interessant!" Zou dit kunnen werken, en zo ja, wat doen we dan? Dat is nog steeds mijn reactie.'

Het verbaast me een beetje hoe positief neuro-eticus Greely staat tegenover een futuristische leugendetector. Het is duidelijk dat hij MRI inderdaad ziet als een nuttig element in de dagelijkse juridische praktijk, ondanks zijn bezorgdheid over de vraag of het ook echt werkt.

'Ja nou! Dat zou een groot deel van de zaken overbodig kunnen maken, nietwaar? Denk maar aan zaken die berusten op het feit dat een politieagent zegt dat hij drugs aantrof bij een verdachte, terwijl de verdachte zegt dat de drugs door de agent waren toegeschoven. Een simpele test, en de zaak is afgerond.'

'Zou het zo ver kunnen komen dat het onethisch zou zijn om de technologie níét te gebruiken, mits die voldoende betrouwbaar is?'

'Misschien. Het hangt ervan af hoe je al die verschillende belangen tegen elkaar afweegt. Laten we zeggen dat iemand niet wil dat MRI op hem wordt toegepast. Dan is het alleen onethisch om dat ook niet te doen als je meent dat het belang om de waarheid boven tafel te krijgen groter is dan het belang van het recht van het individu om de toegang tot zijn eigen hersenen te controleren.'

'Dus dan rijst de vraag naar het recht van de staat om de hersenen van mensen open te leggen?'

'Zeker.' Het lijkt of Greely daarop door wil gaan, maar dan zet hij zijn blikje cola weg en merkt op dat het zo heerlijk simpel zou zijn als iemand de spits af zou bijten door vrijwillig in een concrete rechtszaak om een MRI-test te vragen. Maar dan nog.

304

'Men kan er natuurlijk nog steeds voor kiezen om het verzoek af te wijzen met als argument dat de test een te sterk bewijs is.'

'Dat begrijp ik niet goed.'

'Kijk, vier van de negen leden van het Hooggerechtshof hebben al een document ondertekend waarin staat dat MRI-leugendetectie niet zou moeten worden gebruikt, zelfs als die betrouwbaar is. Simpelweg omdat dat de jury haar macht zou ontnemen. Ik denk dat we meer van dat soort reacties zullen krijgen. Zelfs als een vrijwilliger opstaat zou het nog mogelijk zijn dat MRI-leugendetectie wordt afgewezen met als argument dat de jury of de rechter te veel geïmponeerd zouden raken door de technologie zelf. Daardoor zou de technologie te veel gewicht krijgen en daarmee vooringenomenheid in de zaak veroorzaken.'

Toch vermoedt Greely dat het rechtssysteem uiteindelijk MRI zal toestaan.

'Maar dan komen er vragen in verband met getuigen,' zegt hij en werpt in een snelle beweging zijn grote lijf naar voren. 'Kun je die dwingen om een test te doen om te bepalen of hun getuigenis juist is? Of als ze aankomen met een getuigenverklaring die door hun eigen test wordt ondersteund, kan de tegenpartij ze dan dwingen om een test te doen waar zíj voor staan?'

De jurist in de professor komt naar boven, en je kunt zien hoe hij geniet van het interne schaakspel met vraag en tegenvraag.

'Om terug te komen op wat je zei, over het recht van de staat om de hersenen van mensen te openen,' zegt hij. 'Je zou je kunnen afvragen in hoeverre een huiszoekingsbevel om het huis of kantoor van een verdachte te doorzoeken ook toestaat dat zijn hersenen worden onderzocht.'

Ik speel het spel mee. 'Hoe verhoudt zich in dat geval,' zeg ik, 'ons recht op privacy tot het recht van de samenleving om te proberen erachter te komen wat we weten, en of we de waarheid spreken?'

305

'Ja, en uiteindelijk misschien wat we denken en voelen,' vult Greely aan en glimlacht breed, om dan zonder te antwoorden een ander onderwerp aan te snijden.

'Je kunt je afvragen in hoeverre er überhaupt sprake is van een nieuw terrein. We proberen voortdurend om de gedachten van anderen te lezen, we zijn sociale dieren en moeten steeds de bedoelingen en de kennis van anderen achterhalen. Twee dingen zouden anders zijn aan MRI. Ten eerste is de techniek heel effectief, en ten tweede kijken we niet langer naar indirecte aanwijzingen, maar naar de hersenen zelf, het orgaan dat onze gedachten en kennis en ons zelf voortbrengt.'

Hij kijkt naar het plafond. 'Ik weet niet of het eigenlijk iets uitmaakt. Je kunt proberen een scherpe grens te trekken bij de schedel en zeggen dat alles binnen het bot verboden terrein is, maar dat alles daarbuiten vrijuit kan worden gelezen.'

Dat is het onderwerp waarover Greely steeds opnieuw debatteert met zijn collega, de bio-ethicus Paul Root Wolpe van de University of Pennsylvania.

'Hij meent dat het absoluut doorslaggevend is dat we nu binnen in mensen kunnen kijken, maar zelf ben ik er niet zo zeker van dat dat de zaak moreel of ethisch anders maakt.'

'Wordt het soms tijd om te discussiëren over cognitieve vrijheid?' vraag ik snel. Ik weet dat Greely ook het Center for Cognitive Liberty kent, waar een kleine groep vrijwillige juristen en sociologen probeert om gelijke tred te houden met de neurorevolutie. Ze praten er al een paar jaar over hoe de neurowetenschap de deur openzet naar een samenleving waar het oeroude maar wat etherische idee over vrijheid van denken plotseling heel letterlijk moet worden opgevat.

'Het begrip cognitieve vrijheid dekt veel. Daar bij het centrum gaat het veel over het recht van het individu om zijn mentale toestand met drugs te veranderen, en ik weet niet goed hoe urgent die zaak is.'

'Maar het recht op mentale privacy?'

'Dat moeten we beslist onder ogen zien. We hebben altijd gedebatteerd over het recht om gedachten en meningen voor onszelf te houden, maar het vooruitzicht van effectieve middelen om de mentale inhoud te lezen maakt een maatschappelijk debat urgent. Het is duidelijk dat de ontwikkeling van de neurowetenschap mogelijkheden zal scheppen om elektrische activiteit en doorbloeding van de hersenen steeds beter in verband te brengen met bepaalde mentale toestanden.'

Opeens steekt Greely een pink omhoog. Wanneer hij hem heen en weer beweegt lijkt het net een gestopt worstje.

'Tegenwoordig kunnen we de beweging van een vinger correleren aan activiteit in de motor cortex, en zien, horen en spreken kunnen we tot andere delen van de hersenschors herleiden. In de toekomst zullen we misschien andere, meer subtiele toestanden kunnen correleren.'

'Zoals?'

'Ik moet zeggen dat dit alles me sterk doet denken aan mijn werk met genetica. Er bestaan genen die een heel sterk effect op mensen hebben, het gen voor de ziekte van Huntington en dergelijke. Dan zijn er andere genetische verbanden die veel zwakker zijn. Ik denk dat we bij mentale toestanden hetzelfde zullen zien. Mijn vingerbeweging hier is heel gemakkelijk in de hersenen te zien, maar dat ik zin heb in nog een Cola light is toch een zwakkere correlatie. En aangezien we meer geïnteresseerd zijn in vragen zoals of je liberaal, moslim of christen bent en of je een terroristische aanslag beraamt, wordt het lastig. Maar dat is een empirische vraag, en we moeten afwachten.'

Hank Greely wil de juridisch interessante vragen graag in twee categorieën indelen.

'Gedachtenlezen is één. Dat kan leugendetectie zijn, of metingen of we pijn en ongemak voelen en daarom recht hebben op compensatie na een ongeluk, of zoiets. Het kan er ook om gaan of iemand de plek van een misdaad herkent, en er zijn aanwijzingen dat dat met Brain Fingerprinting kan worden vastgesteld.'

Naast gedachtenlezen zijn er voorspellingen.

'Krijg je alzheimer? Ontwikkelt een schijnbaar normale tiener schizofrenie? Heeft een man aanleg voor seksuele overtredingen, of heeft hij een gewelddadige persoonlijkheid?'

'Of is hij een psychopaat?' breng ik in. 'Met een snelle hersenscan zou dat misschien vroeg kunnen worden vastgesteld.'

'Mee eens. Er bestaan studies over psychopaten, en ongetwijfeld komen er meer. Maar hier moet ik weer teruggrijpen op de genetica. Er is namelijk gebleken dat bepaalde zaken een subtiele interactie vereisen tussen genetica en milieu.'

Ik ken zijn voorbeeld goed; iedereen komt ermee aanzetten.

Een onderzoek in Nieuw-Zeeland toonde aan dat een variant van het zogeheten MAO-A-gen, dat codeert voor een enzym in de hersenen, het risico voor uiterst gewelddadig gedrag kan verhogen. Maar dat doet het alleen als de drager ook een ellendige jeugd heeft gehad met verwaarlozing en stress. Een volmaakt voorbeeld dat het niet gaat om erfelijkheid óf milieu, maar om erfelijkheid én milieu.

'Parallel hiermee denk ik dat zaken als alzheimer gemakkelijk voorspelbaar zullen blijken te zijn, terwijl gewelddadigheid lastiger en onzekerder is en afhankelijk van meerdere factoren. Maar tegelijk ben ik ervan overtuigd dat metingen in de hersenen veel betere voorspellingen zullen blijken te geven dan veel van de genetica, omdat het activiteit en patronen betreft die hier en nu in de betreffende persoon aanwezig zijn.'

Maar als hersenscans een grotere voorspellende waarde blijken te hebben, dan is het toch urgent om onze houding te bepalen ten aanzien van wat we met die kennis doen, bijvoorbeeld bij gewelddadige of seksuele overtredingen.

'Ja... ja...' zegt Greely en is even stil. 'Mensen hebben de neiging om het als of-of te zien. Of we sluiten ze op, of we laten ze met rust. Maar je kunt ook gaan kijken naar mogelijkheden voor

therapie en counseling, misschien ook met medicatie. En je kunt
de buren waarschuwen of besluiten dat mensen met grote risico's
een elektronisch apparaatje moeten dragen zodat ze altijd kunnen
worden gevolgd. Of,' zegt Greely met een duivelse glimlach, 'je
kunt een grote scharlaken V van Verkrachter op hun voorhoofd
tatoeëren.'

Hij denkt dat er in het echte leven nieuwe alternatieven zullen
ontstaan, niet doordat politici die erdoor duwen maar doordat
iemand zich vrijwillig aanbiedt en vraagt om uit de gevangenis
te mogen blijven en in plaats daarvan een pil of een elektronische
halsband te krijgen.

'In de Verenigde Staten is het al zo dat bepaalde staten sekscri-
minelen de mogelijkheid bieden om uit de gevangenis te blijven, als ze ervoor kiezen zich te laten castreren, chemisch of
chirurgisch.'

'Chirurgisch??' Ik ben lichtelijk geschokt. 'Is dat iets wat daar-
beneden in het zuiden gebeurt?'

'Hoe raad je dat? Inderdaad, in Texas.'

Toch meent Greely dat het voorspellen van ziekten in een
stroomversnelling zal raken voordat men zich op seks en geweld
zal storten.

'Daarbij wil ik het effect van wetgeving met betrekking tot
discriminatie niet onderschatten. Kun je een verzekering afsluiten
als je alzheimer gaat krijgen, of kun je politieagent worden als je
met grote waarschijnlijkheid schizofrenie zult gaan ontwikkelen?'

'Kun je in het leger gaan?' vraag ik terugdenkend aan Colin
Camerer.

'Ja, of toegelaten worden tot de goede universiteiten? Wat dacht
je van politici – moeten die misschien gedwongen worden om hun
neurologische vooruitzichten te vermelden? Moeten wij als kiezers
het niet weten als de man die misschien het land gaat leiden naar
alle waarschijnlijkheid over drie jaar tekenen van alzheimer zal
gaan vertonen?'

Ik merk op dat Ronald Reagan volgens diverse meer of minder nabije waarnemers krachtige symptomen van alzheimer vertoonde gedurende een groot deel van zijn presidentschap. Greely knikt heftig en slaat zijn ogen op naar het plafond.

'Mogelijkheden om criminaliteit en seksuele pathologie te voorspellen klinken mensen meer sexy en prikkelend in de oren dan diagnostische tests voor ziekten. Maar het is minder waarschijnlijk dat die werkelijkheid zullen worden, dus we moeten uitkijken dat we daardoor niet worden afgeleid.'

'En hoe zit het met de neuro-economen?' vraag ik. Die geloven dat de manier waarop iemands hersenen zich gedragen in investeringssituaties een werktuig kunnen worden voor de grote fondsen en investeringsbanken om mensen aan te stellen.

'Dat is mogelijk. Het is in het algemeen interessant dat we steeds meer weten over hoe mensen keuzes maken, nietwaar? Dat baart me soms zorgen in verband met manipulatie. Als eenmaal bekend is dat je bijvoorbeeld een gemakkelijke prooi bent voor sentimentele pleidooien, zou Google dan niet zijn reclame voor jou precies daarnaar kunnen inrichten?'

'Dat zou kunnen,' anwoord ik, en de volgende logische vraag schiet me te binnen. Hoe ziet het er uit voor de vrije wil bij heel die neurorevolutie?

'Ah, daar zijn mensen gek op, praten over verantwoordelijkheid en vrije wil,' zegt Greely. 'En dat bevalt me niet. Het zijn vooral de filosofen die door het onderwerp aangetrokken worden als vliegen door de stroop. Ze hebben blijkbaar geen vrije wil om het te ontlopen. Het levert alleen niets anders op dan eindeloze argumenten over de vraag of we überhaupt nog een rechtssysteem zullen hebben als de neurowetenschappen aantonen dat de vrije wil niet bestaat. Natuurlijk zullen we dat,' zegt de jurist luid. 'We zullen doen alsof we een vrije wil hebben, ongeacht wat een stel onderzoekers daarover kan zeggen.'

'Mag ik je hier even onderbreken? Het is toch belangrijk als bijvoorbeeld valt aan te tonen dat een psychopaat niks doet wat volgens zijn mening of gevoel verkeerd is,' zeg ik verwijzend naar Marc Hauser in Boston. 'Dan is hij toch niet schuldig in de gebruikelijke zin, en wat doen we dan?'

'Ik garandeer je dat we nog steeds íéts zullen doen,' reageert Greely onaangedaan. 'Ik denk dat we zullen doorgaan met veroordelen en ingrijpen bij mensen die de vastgestelde regels overtreden, of we nu menen dat ze toerekeningsvatbaar zijn of niet. Tegenwoordig zien we immers dat een pleidooi dat is gebaseerd op krankzinnigheid of ontoerekeningsvatbaarheid ermee eindigt dat de veroordeelde in een instelling wordt opgesloten, vaak voor onbepaalde tijd. Ze gaan toch niet vrijuit, nietwaar.'

'Alsjeblieft niet! Maar als nu ideeën over schuld en wie er schuldig is veranderen op basis van onderzoek,' begin ik weer. 'Zou dat niet kunnen leiden tot druk vanuit het publiek om veel overtreders een andere behandeling te geven dan gevangenisstraf?'

'Ik betwijfel het,' zegt Greely en het is hem aan te zien. 'Het is natuurlijk een open vraag, maar ik denk dat we zullen blijven vinden dat mensen die regels overtreden moeten worden gestraft. Als de neurowetenschap ons betere manieren om in te grijpen kan tonen dan die we tegenwoordig hebben, zullen ze mogelijk luisteren. Het is waarschijnlijker dat onderzoek effect zal hebben op de juridische praktijk – niet op de vraag naar schuld, maar op de praktische interventiemaatregelen.'

Dan geeft hij zich alsnog over aan speculaties. Het zou best kunnen dat we over een paar jaar een verandering zullen zien ten aanzien van wie we als geestelijk gestoord beschouwen, en wat betreft de mogelijkheden om te testen of iemand simuleert. Misschien kunnen hersenscans uitwijzen of iemand hallucinaties heeft of niet. Misschien kunnen scanners ook onthullen of de condities in de cortex cingularis anterior van een persoon ervoor zorgen dat de betreffende persoon zijn impulsen niet kan beheersen.

'Maar toerekeningsvatbaarheid is niet alleen een vraagstuk in

311

verband met criminaliteit. Het draait er ook om in hoeverre mensen in staat zijn om voor zichzelf, en niet in de laatste plaats voor hun geldzaken te zorgen. Ik kan me een samenleving indenken waarin bejaarden een hersenscan moeten ondergaan voordat ze een testament mogen opmaken.'

'Kan de neurorevolutie leiden tot een herwaardering van het evenwicht tussen de vrijheid van het individu en de zorg voor het collectief? Als we de mogelijkheid hebben om te voorspellen of vast te stellen dat enkele individuen een gevaar vormen voor velen – wordt het dan niet opeens belangrijker om onszelf te beschermen dan hen?'

'Dat zou kunnen.'

'Ja maar, leent deze tijd met al zijn bezorgdheid en terreur zich daar niet juist toe?'

'Elke tijd leent zich daartoe. Er zijn altijd dreigingen, oorlogen, invasies en weet ik veel meer geweest. Onze houding ten aanzien van individuele vrijheid staat nu onder druk vanwege terrorisme, maar we hebben dat eerder gezien – in dit land kun je wijzen op de internering van Japanse Amerikanen tijdens de Tweede Wereldoorlog, en op het mccarthyisme met zijn communistenjacht in de jaren vijftig. Allemaal pure angst. De neurowetenschap kan ons betere en meer nauwkeurige gereedschappen geven die in tijden van crisis kunnen worden gebruikt, dat ben ik met je eens. Maar ik denk niet dat dat op zichzelf het evenwicht tussen individu en collectief permanent zal wijzigen.'

Als Greely na zijn laatste slok cola light voortzet is zijn toon lichter.

'Of als dat wel het geval is, dan is het misschien meer in de richting van het individu. In de hersenen van mensen kijken biedt bovenal een mogelijkheid om te tonen hóé verschillend en individueel we allemaal zijn.'

Het kan best zijn dat Hank Greely zich ergert aan leunstoelfilosofen en als jurist er niet veel voor voelt om te debateren over de vrije wil. Maar na onze ontmoeting blijft nu juist die vraag in mijn eigen hoofd rondspoken. Het begrip vrije wil is het fundament van ons rechtssysteem, en al onze ideeën over schuld in het algemeen zijn onlosmakelijk verbonden met de vraag of de schuldige het met opzet doet.

Nu komt daar het hersenonderzoek en vraagt met een groot vet vraagteken of de wil ook werkelijk vrij is. De meeste onderzoekers zullen zeggen dat de klassieke opvatting van een 'vrije wil' noodzakelijkerwijs van tafel wordt geblazen als we accepteren dat een mens een uitsluitend fysiek wezen is. Je kunt niet over de wil spreken als over een volslagen ongebonden grootheid die handelt binnen een soort mentaal vacuüm, waar hij boven alle oorzakelijkheid verheven is. Het zijn de hersenen die beslissingen nemen, en de hersenen zijn fysieke systemen die causaal te werk gaan – elke toestand is afhankelijk van de toestand die eraan voorafging.

Hierover voert onder anderen Patricia Churchland, neurofilosoof bij de University of San Diego, aan dat het tijd wordt om de metafysische opvatting van de vrije wil bij te stellen. In plaats daarvan moeten we het hebben over zelfbeheersing. Hier hebben we een veel minder vage eigenschap die, zoals we duidelijk kunnen zien, in diverse gradaties voorkomt, en die al even duidelijk kan worden onthuld en begrepen. De beperkingen en voorwaarden voor zelfbeheersing die in verschillende hersenen en onder verschillende omstandigheden bestaan kunnen rechtstreeks worden onderzocht. Onderzoekers kunnen vaststellen welke hersenstructuren betrokken zijn bij de controle over verschillende soorten gedrag, en hoe die controle kan worden verzwakt of versterkt.

Zijn we in een modern rechtssysteem niet simpelweg genoodzaakt om onze houding ten aanzien van dat debat te bepalen? Begrippen als schuld en verantwoordelijkheid zijn rechtstreeks verbonden met het idee van controle.

Hersenonderzoek moet de steen des aanstoots zijn die een fundamenteel debat op gang brengt over hoe het rechtssysteem moet fungeren. We hebben het nooit over de uitgangspunten van het systeem, maar blijven binnen de gegeven kaders en hebben grof gezegd uitsluitend een mening over de vraag hoeveel de straffen moeten worden opgeschroefd. De ene week zijn het pedofielen, de volgende week mensen die doorrijden na een aanrijding, die strenger moeten worden gestraft. Praten over wraak in verband met straf is niet langer taboe, en sommigen menen dat wraak ook heel gezond is. Persoonlijk zou ik het primitief willen noemen. Maar het wordt tijd om de onderliggende intenties boven tafel te krijgen. We missen een debat over de vraag met welk doel we straffen, en wat we als samenleving daarmee willen bereiken.

Als we werkelijk straffen om tegemoet te komen aan de behoefte van de bevolking aan wraak, dan kunnen we natuurlijk gewoon doorgaan met het opsluiten van misdadigers zonder op iets anders te letten dan de daad die ze hebben begaan. Dan heeft persoonlijke verantwoordelijkheid geen betekenis. Maar als het de bedoeling is om criminaliteit in het algemeen en zware criminaliteit in het bijzonder te verminderen, dan is het misschien goed om er inzicht bij te betrekken in de redenen waarom mensen doen wat ze doen. Als we neurobiologisch inzicht in achtergronden hebben, dan kunnen we de neurobiologie waarschijnlijk voor preventie gebruiken.

Ja maar, criminaliteit is toch geen ziekte, zullen sommigen zeggen onder het slaan van een kruisje. In verreweg de meeste gevallen is ze dat ook niet, maar criminaliteit is deels een uitdrukking van biologische variatie. Niet het toeval bepaalt wie zichzelf niet in de hand kan houden. Naarmate onderzoek zich kan uitspreken over de vraag hoeveel zelfbeheersing een individu heeft, en misschien in welke situatie de betreffende persoon bijzonder kwetsbaar is, wordt het misschien tijd om die kennis te gebruiken. We kunnen gaan praten over het in veel hogere mate baseren van straffen op inschattingen van het risico op herhaling. Misschien kunnen we zelfs een debat beginnen over de vraag of we bijzonder kwetsbare personen zouden kunnen opsporen vóórdat ze misdaden begaan.

Dit zijn explosieve onderwerpen, maar gegarandeerd ook onderwerpen die zich zullen opdringen naarmate de resultaten uit de gevoelige scanners zullen stromen.

verlos ons van onszelf

Wat gebeurt er met de menselijke geest als hij zichzelf volledig zal leren kennen?

Tom Wolfes messcherpe en provocerende vraag was de aanleiding voor mijn reis in de wereld van het hersenonderzoek, en hij staat na afloop nog steeds overeind. Onderweg was dit de essentiële vraag waarover juristen, filosofen en onderzoekers elk op hun eigen manier en via hun eigen dagelijkse filter hun standpunt probeerden te bepalen.

Oké, het idee dat wij onszelf volledig kunnen begrijpen moeten we met een korrel zout nemen; het is een uitdrukking van de overmoed die een enthousiast persoon eigen is. De hersenen zijn gewoon te complex om al hun geheimen prijs te geven, zullen veel onderzoekers zeggen, en ze konden best eens gelijk hebben. Volledigheid is ook niet nodig. Want niemand twijfelt eraan dat we tenminste een wezenlijk inzicht kunnen verkrijgen in dit eeuwig fascinerende orgaan. Het is nog vroeg, en de onderzoekers krabbelen alleen maar met een nagelpuntje aan de buitenkant als ze mentale verschijnselen verbinden met een gewijzigde doorbloeding hier en elektrische activiteit daar. Maar in enkele tientallen jaren hebben ze al enorme stappen gezet, en het is niet onredelijk om in de komende tien tot twintig jaar nog een tijgersprong of twee te verwachten. Hoe ver ze over veertig of vijftig jaar in onze hoofden zullen zijn doorgedrongen, daarnaar kunnen we alleen maar gissen. Hoe dan ook trekt het neuroveld zoveel geld, belangstelling en knappe koppen aan dat doorbraken onontkoombaar zijn.

Wat kunnen we verwachten?

Ongetwijfeld grote dingen. Een beter inzicht in de hersenen zal direct – en direct zichtbaar – leiden tot een beter begrip en betere behandeling van ziekten die tegenwoordig nog min of meer een raadsel zijn: alzheimer, schizofrenie en depressie, om maar een paar van de meest opvallende te noemen. Die vooruitgang is tastbaar en voelbaar. Maar ook in meer futuristisch opzicht zullen we waarschijnlijk met open mond naar nieuwe technologie staan kijken. Nu al kan elektronica die rechtstreeks met zenuwweefsel is verbonden dove mensen laten horen en blinde mensen laten zien, en reken maar dat intelligente chips allengs ook de lammen zullen laten lopen. Ook wordt er voorspeld dat computertechnologie op den duur normale neurologische functies zal kunnen opwaarderen door hersenen te verbinden met computers, wat ons in staat zal stellen om informatie rechtstreeks te importeren en exporteren. Tegelijk zal informatie óver de hersenen op veel terreinen worden toegepast, waaronder marketing, leugendetectie en management. Als we over amper een halve eeuw achteromkijken zullen er dingen gebeurd zijn die we ons tegenwoordig helemaal niet kunnen voorstellen.

319

Maar het interessantste zal niet de techniek zelf zijn. Zoals Tom Wolfe allang inzag, vindt de belangrijkste en ingrijpendste verandering plaats in het mentale domein, in de geest. Feitelijk kunnen we een parallel trekken met de DNA-revolutie, die net

vijftig jaar geleden begon. Want wat is er gebeurd? In de loop van
de laatste vijf decennia glipten genetische informatie en gentechnologie geleidelijk overal naar binnen en gingen globaal gezien
in alle maatschappelijke sectoren een rol spelen. Genetische codes
worden gekraakt en de informatie wordt op talloze manieren
toegepast, van levensmiddelenproductie via de industrie tot aan
de gezondheidszorg. Tegelijk is het concépt van gentechnologie in
ons dagelijkse denken gegleden als een mogelijkheid die voor de
hand ligt en – met wat goede wil – als iets wat heel natuurlijk is.
Dit heeft mensen voor het eerst tot 'heren der schepping' gemaakt.
Gentechnologie heeft ons in staat gesteld om aan levende organismen te sleutelen, en daarmee heeft ze ons in feite boven de beperkingen van de evolutie uit getild. En met al die mogelijkheden is
de genetische revolutie volop bezig om ons psychologische landschap anders in te richten. Onze kijk op het leven en onze verhouding tot de natuur zijn aan het veranderen. Het wordt duidelijk
dat het leven geen vaste vormen kent maar in wezen een informa-
tiestroom is, dat die informatie willekeurig kan worden gecombi-
neerd, en dat natuur daarmee iets is wat wíj op gelijke voet met
de evolutie kunnen construeren.

Wat worden de grote mentale stappen in de neurorevolutie?
Volgens mij staan we voor een bevrijding. De overkoepelende
boodschap die in de talrijke onderzoeksresultaten schuilgaat is
er een van vrijheid. Klinkt dat misschien hoogdravend of al te
bloemrijk? Het spreekt voor zich als we bedenken wat al dat
hersenonderzoek in wezen doet. Het geeft ons zelfinzicht, radicaal zelfinzicht; het duwt ons voorbij gissingen, vermoedens en
vage voorstellingen en toont ons wie we echt zijn. De scanners en
uitgekiende experimenten maken zichtbaar wat binnen de for-
midabele homo sapiens schuilgaat. Ten diepste gaat het erom dat
neuro-onderzoek ons zó diep in de menselijke natuur laat kijken
dat we in staat zijn om ons boven die natuur te verheffen, en om
onszelf te overtreffen.

Dat wordt mogelijk omdat we worden toegerust met een zelfkennis die ons van een afstand laat nadenken over ons eigen wezen, over al onze waarnemingen, motieven, houdingen en handelingen, en dat alles op een hoger niveau dan we ooit daarvoor hebben gekund. We zijn niet langer overgeleverd aan het uitsluitend subjectief voelen en beleven van situaties, maar we weten tegelijkertijd zuiver rationeel welke processen zich achter het subjectieve afspelen. We zijn onze ogen aan het openen voor wat emoties zijn: snelle inschattingen op een onbewust niveau, die noch helemaal juist, noch praktisch hoeven te zijn. Anders gezegd: signalen die we niet noodzakelijkerwijs hoeven te volgen.

Denk maar aan de trendy neuro-economen en hun onderzoek naar onze besluitvorming. Als we eenmaal begrijpen waarom we in een keuzesituatie reageren zoals we doen, en begrijpen waarom we een aantal specifieke emoties of behoeften hebben, dan wordt het opeens gemakkelijker om er nuchter tegenaan te kijken. Neem bijvoorbeeld de straf die we maar al te graag aan onze medemensen uitdelen. Me dunkt dat we het daarmee wat kalmer aan zullen doen wanneer we weten dat de drang tot sancties en straf gewoon een geërfd biologisch mechanisme is dat ooit een functie had bij het overleven. Zowel ouders als docenten, en later in het leven collega's en zelfs politici, preken verdraagzaamheid in de dagelijkse omgang met als argument dat de zaken dan wat soepeler verlopen. Maar vermoedelijk is het veel effectiever en overtuigender als we zelf precies kunnen zien waar en waarom onverdraagzaamheid ontstaat. Dat geldt ook voor alle mogelijke andere gevoelens en ervaringen.

Natuurlijk moeten we ons de kennis die uit het nieuwe hersenonderzoek komt eigen maken en omsmeden tot een collectieve algemene kennis. Net zoals we ons tegenwoordig ook de freudiaanse manier van denken volledig eigen hebben gemaakt. Zonder erbij na te denken, en vaak helemaal zonder te weten waar het vandaan komt, analyseren we de wereld om ons heen en de

321

drijfveren, uitspraken en handelingen van andere mensen met thema's van Freud in ons achterhoofd. Jeugdtrauma's die volwassenen hebben gevormd en nog steeds kenmerken, seks als alomtegenwoordige drijfveer, enzovoort. Het is verhelderend, een deel van onze cultuur en vrijwel onmogelijk om je ervan los te maken.

Een van de meest ingrijpende veranderingen in de neuromaatschappij zal onze kijk op de mens betreffen, onze opvattingen over wie we zijn. Het betreft een punt dat geluksonderzoeker Richard Davidson maakte, namelijk dat het Zelf een veel veranderlijker ding is dan waarvoor we het lang hebben gehouden. 'Een vloeiender ik,' zoals hij het uitdrukte. Dat beeld dringt zich onweerstaanbaar op als het idee van een onstoffelijke ziel verdwijnt en het Ik onontkoombaar in de hersenen wordt gelokaliseerd en aan een samenspel van cellen en chemische stoffen wordt toegeschreven. Want wanneer je naar het Zelf gaat zoeken kun je het niet echt vinden. De onderzoekers, die zo langzamerhand de grote vragen te lijf gaan, kunnen gewoon geen specifieke plek in de hersenen vinden waar het zelfbewustzijn wordt gevormd of thuishoort. Ze zeggen dat er waarschijnlijk een serie circuits bestaat die elk afzonderlijk een aspect vormen van wat wij als het Zelf beschouwen. Het is een interessante breuk met de traditionele manier van denken. Want hoe reageren we op demente mensen bij wie het karakter langzaam verandert, of op mensen die na een hersenbloeding bijkomen en hun oude leven maar moeilijk kunnen hervinden?

'Ze zijn zichzelf niet meer,' zeggen we. Maar het is eerder zo dat er geen Zelf in die zin bestaat. Onze identiteit heeft geen vaste essentie.

De Duitse filosoof Thomas Metzinger van de universiteit in Mainz formuleert het heel mooi in zijn 'fenomenale Zelf-model', dat hij onder andere beschrijft in zijn boek *Being No One*. Terwijl we vanouds 'iemand' waren en ons voorstellingen maakten van een onaantastbare Ik-kern, moeten we nu erkennen dat het Zelf geen substantie is, maar een afspiegeling van de informatie die in de hersenen wordt verwerkt. Het verschijnsel Zelf is als het licht in een peertje: een vluchtig dynamisch fenomeen, dat ontstaat als bijverschijnsel van enkele processen. Ja, wij zíjn die processen. Er zit geen klein mensje binnen in ons hoofd, en het gevóél dat er een dergelijk Ik bestaat is niet meer dan een eigenschap die in het systeem zit ingebakken. Zoals Metzinger schrijft: 'Bepaalde organismen bezitten bewuste modellen van hun Zelf, maar dergelijke modellen zijn in geen enkel opzicht een Zelf; het zijn alleen maar complexe configuraties of toestanden van de hersenen.'

Een toestand, een Zelf, een andere toestand, een ander Zelf, zou je kunnen zeggen. De erkenning van dit vloeiende Ik maakt de weg vrij voor een ander levensdoel: niet het vinden van jezelf, maar meer het kiezen van een Zelf of het vormen van jezelf in een richting die je wilt. Weer is er een boodschap van vrijheid: je biologie is geen gevangenis maar een klomp boetseerklei die je zelf mede vorm kunt geven.

Zelfontplooiing is natuurlijk niets nieuws. Freud en de psychologische revolutie doordrongen ons ervan dat we onze geest kunnen veranderen. Het idee van zelfontplooiing is een diepgewortelde trend in de laatmoderne westerse samenleving. In de toekomst zal zelfontplooiing vermoedelijk veel doelgerichter worden. De acceptatie van het vloeiende Zelf zal heel vanzelfsprekend verlopen, vooral omdat het idee voortborduurt op de moderne gedachte dat identiteit iets is waarmee je kunt spelen. Zo leerden we in de tweede helft van de 20e eeuw dat sekse iets was waarmee we konden experimenteren in kleding en gedrag. Ook de seksualiteit zelf werd een min of meer open domein waar de grenzen van het normale en het geaccepteerde voortdurend werden verlegd. Recentelijk hebben we met de virtuele werkelijkheid – het grenzeloze cyberuniversum – een heel nieuw domein gekregen waarin we ons kunnen ontplooien en waarbinnen alle gebruikelijke regels zijn opgeschort. Hier kan identiteit volkomen vrij worden gekozen, onafhankelijk van de fysieke werkelijkheid.

323

Op een vergelijkbare manier zal de toekomstige neurotechnologie een middel zijn om het fysieke Zelf te wisselen en te vormen, of het nu gaat om cognitieve technieken, doelgerichte medicatie of elektronische implantaten. We zullen deze mogelijkheden zonder enige angst als gereedschappen toepassen op onze persoonlijke projecten, omdat ons individuele Ik een onderdeel zal zijn van een breed scala aan mogelijke Ikken.

Klinkt dat verleidelijk, of wat al te rooskleurig? Je kunt natuurlijk aanvoeren dat dit de positieve interpretatie is, een soort *best-case scenario*. Want in werkelijkheid zal aanvankelijk zeker niet iedereen staan te juichen bij al dat zelfinzicht dat de neurorevolutie op een zilveren schaal komt aanbieden. Met het aannemen van een vloeiend en strikt fysiologisch-chemisch Ik maken we een krachtige en brute ruk naar een volledig naturalistisch mensbeeld, waar we nooit eerder in de geschiedenis mee te maken hebben gehad. Tot nu toe was het overheersende model metafysisch. De mens is méér dan wat we kunnen meten en wegen. Het weghalen van dit 'meer' zal een existentiële schok geven die door de culturen moet worden geabsorbeerd, en die uiteraard weerstand zal oproepen.

Hierbij kunnen we leren van het oprukken van de gentechnologie, wat ook niet gladjes is verlopen. In het grootste deel van de westerse wereld werd er de laatste vijftien jaar luidruchtig en verbeten geprotesteerd tegen genetisch gemodificeerde gewassen en gemanipuleerd *Frankenfood*. Momenteel is er een verhit debat gaande over klonen en embryonale stamcellen. Al die commotie is grotendeels een uitdrukking van het feit dat we ons in een overgangsperiode bevinden. Mensen voelen zich onzeker en veel mensen voelen ook een zekere instinctieve afkeer van de hele manier van denken.

Ook de neurorevolutie zal afkeer wekken. Alleen al het feit dat de mogelijkheden om je eigen leven te beïnvloeden toenemen, zal voor velen gelijk opgaan met een even grote frustratie: wat moet je kiezen? Tegelijk zullen een heleboel mensen onder emotionele

druk komen te staan omdat ze zonder metafysische krukken ach-
terblijven. Een onontkoombaar gevolg van het uiteindelijke ver-
trek van de ziel is immers, dat het bestaan geen betekenis heeft. Je
kunt niets van boven halen, of uit de biologie of de fysieke wereld
zelf. Integendeel, de boodschap is dat we ieder afzonderlijk zelf
ons leven en de manier waarop we het leiden een eigen betekenis
moeten geven. En hoeveel troost biedt dat?

Het is voorstelbaar dat we twee tegengestelde ontwikkelingen
gaan zien. Enerzijds zullen steeds meer mensen zich aanpassen
en leven met een natuurwetenschappelijk wereldbeeld, dat flink
wordt voortgeholpen door de resultaten van het neuro-onderzoek.
Anderzijds zullen datzelfde onderzoek en de daaruit voortvloei-
ende onttakeling van de mens sommigen tot een tegenreactie drijven. Degenen die het niet kunnen verdragen om de metafysica en
een geestelijk standpunt vaarwel te zeggen zullen alleen maar hun
toevlucht kunnen nemen bij de fundamentalistische religie – daar
waar geloof de waarheid mag monopoliseren en al het andere mag   325
afwijzen. Tussen deze twee extremen zal 'het kleine onbehagen'
een plek vinden. Dat zal zich manifesteren als weerstand tegen
concrete neurotechnologieën.

Als het langzamerhand praktisch uitvoerbaar wordt om meer
en meer aspecten van onze mentale toestand af te lezen, zullen
er bezorgde groepen komen die de boel ophitsen. Want mag het
werkgevers, verzekeringsagenten of officieren van justitie wel
worden toegestaan om onze hersenen binnen te dringen en onze
gedachten en gevoelens bloot te leggen? En hoe zit het met kleine
kinderen? Mogen hun ouders hen de scanner in dwingen om een
overzicht te krijgen van het potentieel dat daarbinnen schuilgaat?
Leidt alleen al het bestaan van deze technieken niet linea recta
naar een maatschappij die is doordrenkt van een verlangen naar
gedachtenpolitie en controle? Zetten vakgebieden als neuromarketing en neuromanagement de deur niet wagenwijd open voor de
grofste vormen van manipulatie van mensen en misschien de hele

samenleving? Om maar niet te spreken over de mogelijkheden op de lange termijn om het Zelf te veranderen. Moet iedereen die het kan betalen vrijuit toestemming krijgen om elke neurotechniek die er maar op dat moment bestaat te gebruiken om zichzelf op te waarderen? En dan de samenleving – moeten de autoriteiten mogelijkheden krijgen om speciale technologieën te gebruiken voor preventie of behandeling als het afwijkende personen betreft die op de een of andere manier een gevaar vormen voor zichzelf of voor anderen?

Tot nu toe krijgen dit soort vragen en speculaties in het flakkerende publieke besef niet veel ruimte, en het weinige wat er wel gebeurt, speelt zich af in zeer beperkte kringen. Al een paar jaar geleden deed het woord 'neuro-ethiek' zijn intrede tijdens een congres voor bio-ethici, en tegenwoordig bestaat er een klein internationaal gezelschap van zelfbenoemde neuro-ethici. Die debatteren op academische wijze tijdens bijeenkomsten en in tijdschriften. Daarnaast is er een handjevol blogs en websites waar geïnteresseerde mensen standpunten uitwisselen over de nieuwe onderzoeksresultaten en steeds weer tegenover elkaar benadrukken dat we nu toch heel snel een breed maatschappelijk debat op gang moeten brengen.

Ze hebben natuurlijk gelijk. Het onderwerp schreeuwt om een verbreding van het debat, vooral het politieke, en om het verwijderen van de oogkleppen en de oordoppen. Politici praten zalvend over de kennismaatschappij en over de noodzaak een technologische leiderspositie in te nemen, en ze zijn erop gebrand om alert te zijn, juist bij nieuwe kennis en technologie. Maar het is alsof ze de ernst van de situatie niet helemaal doorhebben. Bij de gentechnologie lagen ze jarenlang te pitten en stonden ze in hun hemd toen het volk reageerde. Ze hebben de achterstand nooit helemaal ingehaald maar hinken nog steeds zonder duidelijk standpunt achter het debat aan.

Nu hebben politici de kans om aan boord te springen bij de volgende grote omwenteling, en het is hun verantwoordelijkheid om zich niet omver te laten lopen door angst voor techniek. Op de drempel naar de neurorevolutie is de grote uitdaging namelijk om ons niet te laten overweldigen door onze bijna automatische angst voor de toekomst. Om niet toe te geven aan een gevoel dat al het nieuwe dat ooit komt noodzakelijkerwijs slechter is dan het oude dat ooit was. We moeten niet met de pootjes omhoog gaan liggen en ons intellect opzij schuiven ten behoeve van gevoelens en vermoedens, maar we moeten juist ons intellect gebruiken en nieuwsgierig onze tanden zetten in de nieuwe mogelijkheden. Zo krijgen we een vruchtbaar debat over de vraag hoe kennis over de hersenen en hersentechnologie offensief gebruikt kan worden met een goed leven als doel. Daarmee zijn we terug bij de opmerking van de heren Iacoboni en Damasio, namelijk dat al dat fascinerende hersenonderzoek niet alleen plaatsvindt om academische belangstelling te prikkelen. Het kan en moet ook een weg zijn om zowel de individuele mens als de maatschappij als geheel te verbeteren.

Wat is er nodig om belangstelling te wekken en het debat op gang te brengen?

Die vraag stelde ik aan socioloog Paul Root Wolpe, die intens betrokken is bij de neuro-ethiek, en hij antwoordde zonder aarzelen. Hij zei: 'Er is een of andere schokkende zaak nodig als die van het schaap Dolly, eer de publieke opinie doorkrijgt dat het belangrijk is.' En na een bijna onmerkbare pauze voegde hij daaraan toe: 'En ik ben ervan overtuigd dat die er ook komt.'

327

noten en literatuurverwijzingen

Hoofdstuk 1

1 Elger et al. 2004, *Gehirn und Geist*, vol. 6, pp. 30-39

Hoofdstuk 2

2 Darwin, Charles, *The Descent of Man*, p. 69
3 Kelemen 2004, *Psychological Science*, vol. 15, no. 5, pp. 295-301
4 Newberg et al. 2006, *Psychiatry Research: Neuroimaging*, vol. 148, no. 1, pp. 67-71
5 Beauregard et al. 2006, *Neuroscience Letters*, vol. 405, pp. 186-190
6 Persinger & Koren 2001, *Perception and Motor Skills*, vol. 92, no. 1, pp. 35-36
7 Baker-Price & Persinger 2003, *Perception and Motor Skills*, vol. 96, pp. 965-974

Hoofdstuk 3

8 Voormalig president George W. Bush heeft gestudeerd aan Yale University.

9 Hauser et al. 2007, *Mind and Language*, vol. 22 (1), pp. 1-21

10 Hauser M.D. et al. 2006, *Social Cognitive and Affective Neuroscience Advance Access*, oct., 20.

11 Immanuel Kant 1785, *Grundlegung zur Metaphysik der Sitten*

12 Greene et al. 2001, *Science*, vol. 293, pp. 2105-2108

13 Greene et al. 2004, *Neuron*, vol. 44, pp. 389-400

14 Brosnan et al. 2003, *Nature*, vol. 425, pp. 297-299

15 http://www.mises.org/story/1893

16 Een verwijzing naar een beroemd citaat van generaal Carl von Clausewitz (1780 – 1831): '*Der Krieg ist eine bloße Fortsetzung der Politik mit anderen Mitteln.*'

17 Knobe et al. 2003, *Analysis*, vol. 63, pp. 190-193

Hoofdstuk 4   331

18 Urry et al. 2004, *Psychological Science*, vol. 15, no. 6, pp. 367-372

19 Richard Davidson 2004, *Philosophical Transactions of the Royal Society*, vol. 359, pp. 1395-1411

20 Lyubomirksy et al. 2005, *Review of General Psychology*, vol. 9, no. 2, pp. 111-131

21 Lyubomirsky & Ross 1997, *Personality and Social Psychology*, vol. 73, pp. 1141-1157

22 Boehn & Lyubomirsky 2007, in S.J. Lopez (ed.), *Handbook of Positive Psychology*, Oxford University Press

23 Lykken & Tellegen 1996, *Psychological Science*, vol. 7, nr. 3, pp. 186-189

24 Urry et al. 2004, *Psychological Science*, vol, 15, no. 6, pp. 367-372

25 Buss et al. 2003, *Behavioural Neuroscience*, vol. 117, no. 1, pp. 11-20

26 Lutz et al. 2004, *PNAS*, vol. 101, pp. 16369-16373

27 Davidson et al. 2003, *Psychosomatic Medicine*, vol. 66, pp. 564-570
28 Urry et al. 2006, *Journal of Neuroscience*, vol. 26, pp. 4415-4425

Hoofdstuk 5

29 Phelps et al. 2000, *Journal of Cognitive Neuroscience*, vol. 12, no. 5, pp. 729-738
30 Cunningham et al. 2004, *Psychological Science*, vol. 15, no. 12, pp. 806-813
31 Wilson et al. 2004, *Nature Neuroscience*, vol. 7, no. 7, pp. 701-702
32 Iacoboni, persoonlijke mededeling
33 Keysers et al. 2004, *Neuron*, vol. 42, no. 2, pp. 335-346
34 Iacoboni et al. 2005, *PloS Biology*, vol. 3, no. 3, pp. 529-535
35 Dapretto et al. 2006, *Nature Neuroscience*, vol. 9, no. 1, pp. 28-30

Hoofdstuk 6

36 Sanfey et al. 2003, *Science*, vol. 300, pp. 1755-1758
37 McClure et al. 2004, *Science*, vol. 306, pp. 503-507
38 Berns et al. 2006, *Science*, vol. 312, pp. 754-758
39 Dominique et al. 2004, *Science*, vol. 305, pp. 1254-1258
40 Kosfeld et al. 2005, *Nature*, vol. 435, pp. 673-676
41 King-Casas et al. 2005, *Science*, vol. 308, no. 5718, pp. 78-83
42 Lo & Repin 2002, *Journal of Cognitive Neuroscience*, vol. 14, pp. 323-339
43 Kuhnen & Knutson 2006, *Neuron*, vol. 47, pp. 763-770

Hoofdstuk 7

44 McClure et al. 2004, *Neuron*, vol. 44, pp. 379-387

Hoofdstuk 8

45 Langleben et al. 2002, *Neuroimage*, vol. 15, pp. 727-732

46 Ganis et al. 2003, *Cerebral Cortex*, vol. 13, no. 8, pp. 830-836

47 Vendemia et al. 2005, *American Journal of Psychology*, vol. 118, no. 3, pp. 413-429

48 Farwell and Smith 2001, *Journal of Forensic Sciences*, vol. 46, no. 1, pp. 1-9

49 Kozel et al. 2005, *Biological Psychiatry*, vol. 58, no. 8, pp. 605-613

register

341

342

Register